당신의 첫 코딩 친구AI와 함께라면걱정 없습니다. “코딩 몰라도 OK”

머리말

'코딩, 암기가 아니라 '소통'입니다'

우리는 지금 인류 역사상 가장 강력한 도구인 인공지능(AI)과 함께 살아가고 있습니다. 불과 몇 년 전까지만 해도 코딩을 배운다는 것은 두꺼운 문법책을 외우고, 쉼표 하나 때문에 발생하는 에러와 밤새 씨름하는 것을 의미했습니다. 하지만 생성형 AI의 등장으로 코딩의 정의는 완전히 바뀌었습니다. 이제 코딩은 기계와 대화하는 언어이자, 내 아이디어를 가장 빠르게 현실로 만드는 도구가 되었습니다.

저는 콥스랩(COBSLAB)을 운영하며 삼성전자, LG CNS, 현대자동차, SKT 등 국내 유수의 기업 현장에서 AI 기술을 실무에 적용하는 프로젝트를 이끌어왔습니다. 수많은 현장 엔지니어와 실무자들을 만나며 깨달은 사실은 하나입니다. "중요한 것은 복잡한 문법을 외우는 것이 아니라, AI라는 똑똑한 동료에게 일을 시키는 방법을 아는 것"입니다.

이 책은 바로 그 지점에서 출발합니다. 파이썬(Python)이라는 언어를 배우지만, 단순히 문법을 나열하는 방식은 지양했습니다. 대신 AI를 활용해 코딩의 진입장벽을 낮추고, 실질적인 결과물을 만들어내는 '경험'에 초점을 맞췄습니다.

이 책은 크게 세 단계로 여러분을 안내합니다.

첫째, AI와 함께하는 코딩의 기초를 다집니다.

둘째, '내 손안의 도구'를 직접 만들어봅니다.

셋째, AI API를 활용해 진짜 '지능'을 코드에 담습니다.

이 책을 집어 든 여러분은 이미 변화의 파도 위에 있습니다. 이제 파이썬이라는 언어와 AI라는 날개를 달고, 여러분이 상상하는 것을 마음껏 현실로 구현해 보시길 바랍니다.

코딩은 더 이상 두려운 대상이 아닙니다. AI와 함께하는 가장 즐거운 창작 활동이 될 것입니다.

저자 류태선 드림

목차

코딩이란 무엇인가? 왜 반드시 알아야 할까?

1. 디지털 세상의 언어, 코딩
2. AI와 함께 코딩하면 달라지는 것

PYTHON PROGRAMMING

우리의 생각을 컴퓨터가 이해할 수 있는 형태로 표현하는 것이 바로 코딩입니다. 스마트폰 앱, 게임, 웹사이트부터 인공지능, 로봇까지 모든 디지털 기술이 이를 통해 탄생합니다. 이러한 기술을 익히면 디지털 시대의 창의적 가능성을 크게 넓힐 수 있습니다.

디지털 세상의 언어, 코딩

코딩은 컴퓨터와 소통하기 위해 사용하는 특별한 언어입니다. 그중에서도 파이썬은 직관적이고 이해하기 쉬워 처음 배우는 사람에게 적합한 언어입니다. 우리가 사용하는 다양한 디지털 기기들이 복잡한 작업을 수행하는 것도 코딩으로 미리 명령을 만들어두었기 때문입니다. 이러한 이유로 코딩은 현대 사회에서 점점 더 중요해지고 있는 핵심적인 소통 수단입니다.

1 코딩의 정의와 역할

여러분은 스마트폰으로 게임을 하거나 유튜브에서 영상을 보신 적이 있으신가요? 혹은 친구에게 메시지를 보내거나, 지하철 도착 시간을 확인하는 앱을 사용해보신 적도 있을 것입니다. 이처럼 우리가 일상에서 자주 사용하는 다양한 서비스와 기기에는 공통적으로 '코딩'이라는 기술이 사용되고 있습니다.

이번 장에서는 코딩이란 무엇인지, 어떤 원리로 작동하는지, 그리고 왜 우리가 코딩을 배워야 하는지를 함께 알아보겠습니다. 처음에는 조금 어렵게 느껴질 수 있지만, 익숙한 생활 속 예시를 통해 쉽고 재미있게 설명해 드리겠습니다.

코딩이란 무엇인가?

우리가 친구들과 이야기를 나눌 때 한국어나 영어 같은 말을 사용하듯이, 컴퓨터와 이야기를 나눌 때는 프로그래밍 언어를 사용합니다. 프로그래밍 언어 중에서 가장 많이 사용되는 언어로는 파이썬(Python), 자바(Java), 자바스크립트(JavaScript), C++ 등이 있습니다. 이처럼 다양한 프로그래밍 언어가 존재하는 이유는 각각이 서로 다른 용도에 특화되어 있기 때문입니다. 파이썬은 데이터 분석과 AI 개발에, 자바스크립트는 웹 개발에, 자바는 기업용 애플리케이션에, C++는 게임이나 시스템 프로그래밍에 주로 사용되며, 개발자들은 프로젝트의 목적에 따라 가장 적합한 언어를 선택합니다. 그 중 우리가 배울 파이썬은 배우기가 쉽고 간편해서 처음 배우는 사람들이 선호하는 프로그래밍 언어입니다.

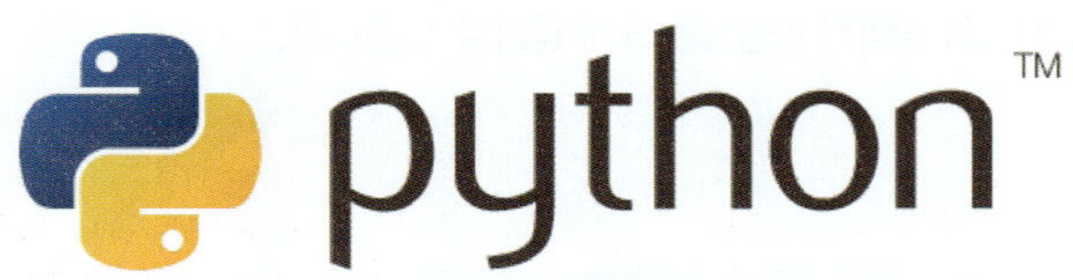

그림 1-1 파이썬 로고

우리 주변에서 일어나는 다양한 작업들을 살펴보면, 대부분이 프로그래밍을 기반으로 작동합니다. 스마트폰 게임, 메시지 전송, TV 채널 변경, 세탁기 자동 세탁, 자동차 네비게이션까지 모두 프로그래밍된 시스템이 처리하는 작업들입니다. 로봇 청소기의 자동 청소, 대중교통의 정시 운행, 온라인 쇼핑 추천 서비스도 마찬가지입니다.

이러한 모든 프로그래밍 작업을 실현하기 위해서는 코딩이 필수적입니다. 코딩은 컴퓨터와 디지털 기기들이 우리가 원하는 작업을 수행할 수 있도록 명령어를 작성하는 과정이기 때문입니다. 프로그래머들은 코딩을 통해 복잡한 계산 처리, 사용자 요청 분석, 적절한 결과 제공 시스템을 구축합니다.

따라서 코딩을 배우는 것은 디지털 세상의 작동 원리를 이해하고 직접 참여할 수 있는 능력을 기르는 것입니다. 코딩을 통해 창의적인 아이디어를 실현하고, 일상의 불편함을 해결하며, 다른 사람들의 삶을 편리하게 만드는 기술을 개발할 수 있습니다.

코딩의 기본 원리

코딩에서 가장 중요한 것은 문제를 논리적으로 생각하는 것입니다. 논리적으로 생각해야 하는 이유는 코드가 순차적이고 체계적인 구조로 구성되며 컴퓨터가 명령을 위에서 아래로 한 줄씩 차례대로 실행하기 때문입니다. '논리적으로 생각한다'는 말은 어떤 문제를 해결할 때 무엇을 먼저 하고 그 다음에 무엇을 해야 할지 차례로 생각하고 정리하는 것을 의미합니다.

이렇게 정리된 생각을 컴퓨터가 알아들을 수 있는 코드로 바꾸는 과정이 바로 코딩이고, 이때 사용하는 것이 '알고리즘'입니다. 알고리즘은 문제를 해결하기 위한 명령들을 순서대로 나열한 것으로, 순차, 조건, 반복 구조로 구성됩니다.

순차 구조는 옷 입기, 세수하기, 가방 챙기기처럼 정해진 순서를 차례대로 따르는 것이고, 조건 구조는 라면을 끓일 때 물이 끓는다면 면을 넣는 것처럼 상황에 따라 다른 행동을 선택하는 것입니다. 반복 구조는 매일 아침 일어나서 학교 가고 집에 오는 하루 일정을 매일 되풀이하는 것과 같습니다. 이 세 가지 구조를 조합하면 복잡한 문제도 체계적으로 해결할 수 있는 알고리즘을 만들 수 있습니다.

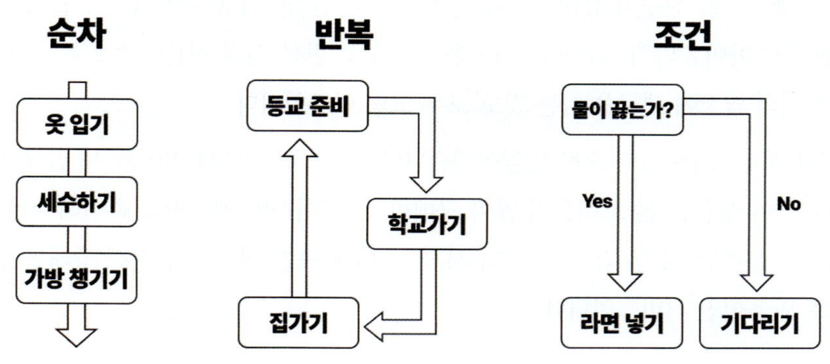

그림 1-2 코딩의 기본 원리

코딩이 왜 중요할까요?

코딩을 배우면 여러 가지 좋은 점들이 있습니다. 코딩을 하다 보면 다양한 문제를 마주하게 되는데, 이 문제들을 해결하는 과정에서 생각하는 능력이 점점 좋아집니다. 예를 들어 게임을 만들면서 캐릭터가 장애물을 만나면 어떻게 피해 갈지 고민하고 방법을 찾는 과정이 문제 해결 능력을 키우는 데 도움이 됩니다.

또한 반복적인 일을 자동화하여 시간을 절약할 수 있습니다. 숙제를 자주 잊어버린다면 자동으로 숙제를 기억하게 해주는 앱을 만들어서 숙제를 잊지 않도록 도와줄 수도 있고, 매일 아침 같은 시간에 알람을 울리게 하거나 방 청소를 해야 할 시간을 알려주는 프로그램을 만들어 일상을 더 효율적으로 관리할 수 있습니다.

창의력을 키우는 데도 큰 도움이 됩니다. 자신만의 게임이나 웹사이트, 블로그 등을 만들면서 자신만의 아이디어를 실제로 표현할 수 있기 때문입니다. 친구들과 함께 즐길 수 있는 간단한 퀴즈 게임을 만들거나, 자기만의 캐릭터와 스토리가 담긴 재미있는 만화를 만들어 친구들에게 자랑할 수도 있습니다. 무엇보다 코딩을 잘하면 미래에 다양한 직업을 가질 수 있는 기회를 얻을 수 있습니다.

프로그래머, 앱 개발자, 게임 개발자, 웹 디자이너, 로봇 엔지니어 등 다양한 직업을 선택할 수 있으며, 특히 로봇이나 인공지능처럼 미래를 이끌 새로운 기술 분야에서도 코딩 능력이 매우 중요한 역할을 합니다.

코딩이 활용되고 있는 생활 분야

코딩은 우리 생활 속 아주 다양한 분야에서 활용되고 있습니다. 코딩은 우리가 상상하는 것 이상으로 우리 삶에 깊이 자리 잡고 있습니다. 지금부터 코딩이 어떤 분야에서 어떻게 활용되고 있는지 하나씩 살펴보겠습니다.

우선 스마트폰 앱입니다. 우리가 매일 사용하는 카카오톡이나 인스타그램 앱 같은 것들은 모두 코딩을 통해 만들어졌습니다. 예를 들어, 카카오톡에서 친구에게 "안녕!"이라고 메시지를 보내면, 코딩된 프로그램이 이 메시지를 친구의 휴대폰으로 전송합니다. 인스타그램에서 사진을 올리고 하트를 누르는 것도, 멜론에서 아이유의 "Love wins all"을 재생하고 반복 재생 버튼을 누르는 것도, 유튜브에서 좋아하는 유튜버의 영상에 댓글을 다는 것도 모두 코딩 덕분입니다.

일상 속 편리한 서비스들도 코딩으로 만들어졌습니다. 쿠팡에서 "무선 이어폰"을 검색하면 수많은 상품이 나타나고, "이 상품을 본 고객들이 많이 구매한 상품"이라며 에어팟을 추천해주는 것, 배달의민족에서 치킨을 주문하면 "주문 접수 → 조리 시작 → 배달 출발"이라는 실시간 상태를 알려주는 것도 모두 코딩으로 만들어진 서비스입니다.

이처럼 코딩은 우리의 일상생활 곳곳에서 다양한 형태로 활용되고 있으며, 우리의 삶을 더욱 편리하고 즐겁게 만들어줍니다. 앞으로도 코딩은 더욱 다양한 분야에서 활발히 사용될 것이며, 코딩을 배우면 미래를 더욱 밝고 편리하게 만들어갈 수 있습니다. 그래서 여러분이 지금 코딩을 배우는 것은 현명한 선택입니다.

그림 1-3 코딩으로 구성된 스마트폰, PC, 태블릿 서비스

코딩의 미래

앞으로의 세상에서 코딩은 지금보다 훨씬 더 중요한 기술로 자리 잡을 것입니다. 이미 우리 주변을 둘러보면 코딩이 만들어낸 기술들이 넘쳐나고 있습니다. 예를 들어, 로봇 청소기는 집 안을 스스로 돌아다니며 청소 경로를 계산하고, 장애물을 피하면서 청소를 마칩니다. 스마트폰 속 앱들도 우리가 버튼 하나만 누르면 다양한 기능을 실행해주는데, 이 모든 기능은 코딩으로 구현된 프로그램 덕분에 가능한 일입니다. 인공지능 서비스 역시 방대한 데이터를 분석하고, 사람처럼 말하거나 판단을 내릴 수 있게 해주는 기술의 핵심이 바로 코딩입니다.

앞으로는 우리가 지금 상상하기 어려운 일들도 점점 현실이 될 것입니다. 예를 들어, 자동차가 스스로 운전하면서 사람 없이도 목적지까지 안전하게 도착하게 해주고, 냉장고가 안에 있는 식재료의 수량을 파악해서 자동으로 부족한 식품을 주문해 주는 세상도 이미 다가오고 있습니다. 스마트시티, 자율주행, 로봇 간호사, 맞춤형 인공지능 비서 등 미래 사회의 핵심 기술은 모두 코딩 없이는 작동할 수 없습니다. 다시 말해, 미래를 바꾸고 이끌어가는 힘은 '코딩'에 있다고 해도 과언이 아닙니다.

코딩은 더 이상 전문가만을 위한 기술이 아닙니다. 앞으로는 다양한 직업에서 기본적인 수준의 코딩 지식이 요구될 가능성이 높습니다. 의사나 농부, 건축가, 예술가도 데이터와 기술을 다루는 데 코딩이 필요할 수 있습니다. 의사들은 파이썬으로 의료 영상에서 암세포를 자동 탐지하고, 유전자 데이터 분석을 통한 맞춤형 치료법을 개발하며, 웨어러블 기기 데이터로 질병을 조기 발견하고 있습니다. 농부들은 드론 이미지 분석으로 병충해를 발견하고, IoT 센서로 자동 관개 시스템을 운영하며, 머신러닝으로 최적 수확 시기를 예측하는 스마트팜을 구현하고 있습니다. 건축가들은 파라메트릭 디자인으로 복잡한 구조물을 설계하고, 시뮬레이션을 통한 구조 최적화와 IoT 기반 스마트 빌딩으로 에너지 효율성을 높이고 있습니다. 예술가들은 알고리즘 기반 제너러티브 아트를 창작하고, 인터랙티브 설치 작품을 제작하며, AI 협업 작품과 NFT 아트로 새로운 예술 영역을 개척하고 있습니다. 이처럼 각 전문 분야에서 코딩은 혁신과 효율성을 가져다주는 핵심 도구로서, 전통적인 영역과 IT 기술의 융합을 통해 완전히 새로운 가치와 가능성을 창출하고 있습니다.

그림 1-4 코딩을 활용한 스마트 팜 구축

지금 코딩을 배우는 것은 단지 '기술'을 배우는 것이 아닙니다. 변화하는 미래를 주도하고, 스스로 원하는 삶을 설계하며, 더 나아가 사회에 긍정적인 영향을 줄 수 있는 능력을 기르는 첫걸음입니다. 오늘의 코딩 학습이 내일의 큰 가능성을 여는 열쇠가 될 수 있습니다.

2 코딩을 배우는 이유: 문제 해결부터 창작까지

여러분은 일상에서 불편함을 느낀 적이 있으신가요? 예를 들어, 매일 반복되는 작업을 자동으로 처리할 수 있다면 훨씬 편리할 것입니다. 코딩은 이러한 단순 반복 문제를 해결하는 데 강점을 보입니다. 게다가 코딩을 배우면 단순히 프로그램을 만드는 것을 넘어서, 문제를 분석하고 해결하는 능력을 기를 수 있습니다. 또한, 게임, 앱, 웹사이트 등을 직접 만들며 창의력을 발휘할 수 있는 기회도 많습니다.

일상 속 불편함을 해결하는 디지털 도구

코딩은 점점 우리 사회와 생활에서 중요한 능력으로 자리를 잡아가고 있습니다. 이는 일상과 업무의 반복적 문제를 해결하고 효율성을 높이는 강력한 도구입니다. 회사원 A씨는 매일 아침 8시가 되면 같은 일을 반복합니다. 각 부서에서 보내온 자료를 수집해 엑셀 파일로 정리하고, 이를 보고서 형태로 가공한 뒤 전 직원에게 공유 메일을 발송하는 것이죠. 처음엔 30분이면 끝날 줄 알았던 이 업무가 실제로는 한 시간 반이나 걸리고, 가끔 실수로 잘못된 데이터를 보내 당황스러운 상황을 겪기도 합니다.

하지만 코딩을 배운다면? 이 모든 과정을 자동화해 클릭 한 번으로 완벽한 보고서가 완성되고, 정해진 시간에 자동으로 메일까지 발송되는 놀라운 변화를 경험할 수 있을 것입니다.

예를 들어 구글 앱스 스크립트로 나만의 맞춤형 자동화 시스템을 구축할 수 있습니다. 구글 폼 데이터를 직접 작성한 코드로 분석하고 가공한 뒤, 원하는 형태의 보고서를 자동 생성하는 프로그램을 만들어 매일 아침 7시마다 자동 실행되도록 설정할 수 있습니다. 캘린더 정보와 연동하여 회의 중복 검사 알고리즘을 직접 개발하고, 참석자별 맞춤 알림 메시지를 자동 생성하는 코드까지 작성하면 기성 소프트웨어의 한계를 뛰어넘는 솔루션이 완성됩니다.

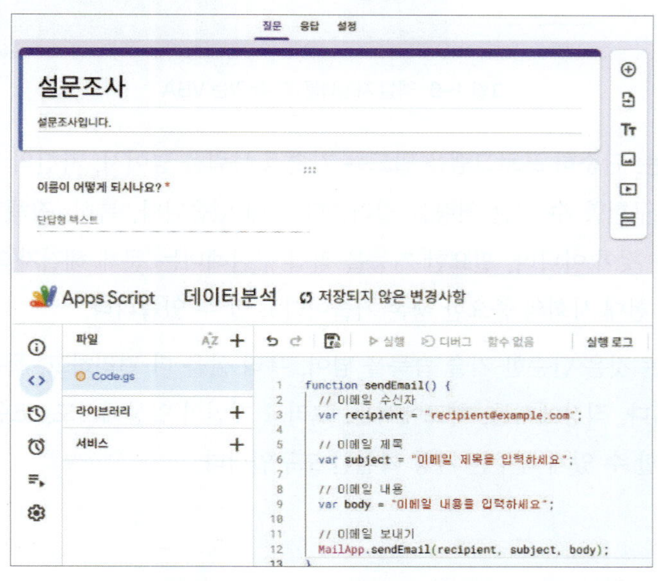

그림 1-5 구글 폼 데이터를 자동화할 수 있는 구글 앱스 스크립트

학교에서는 파이썬으로 나만의 스마트 과제 관리 시스템을 직접 개발할 수 있습니다. 과목별 자동 분류 알고리즘과 마감일 기반 정렬 로직을 직접 프로그래밍하고, 개인 시간표 파싱 코드를 작성하여 우선순위 시각화 차트를 자동 생성합니다. 푸시 알림 시스템도 직접 코딩하여 제출 전 맞춤형 메시지가 전송되도록 하면, 시중 어떤 앱보다 강력한 도구가 됩니다.

발표 자료 제작에서는 많은 사람들이 모르는 숨겨진 기능을 활용할 수 있습니다. 파워포인트, 엑셀 같은 오피스 프로그램들은 VBA를 통해 완전히 제어 가능한 플랫폼입니다. 이미 업무 고수들은 VBA 코드를 직접 작성하여 슬라이드 템플릿 자동 적용, 반복 콘텐츠 일괄 복사, 이미지 자동 리사이징까지 구현해 수십 장의 슬라이드를 몇 초 만에 완성합니다.

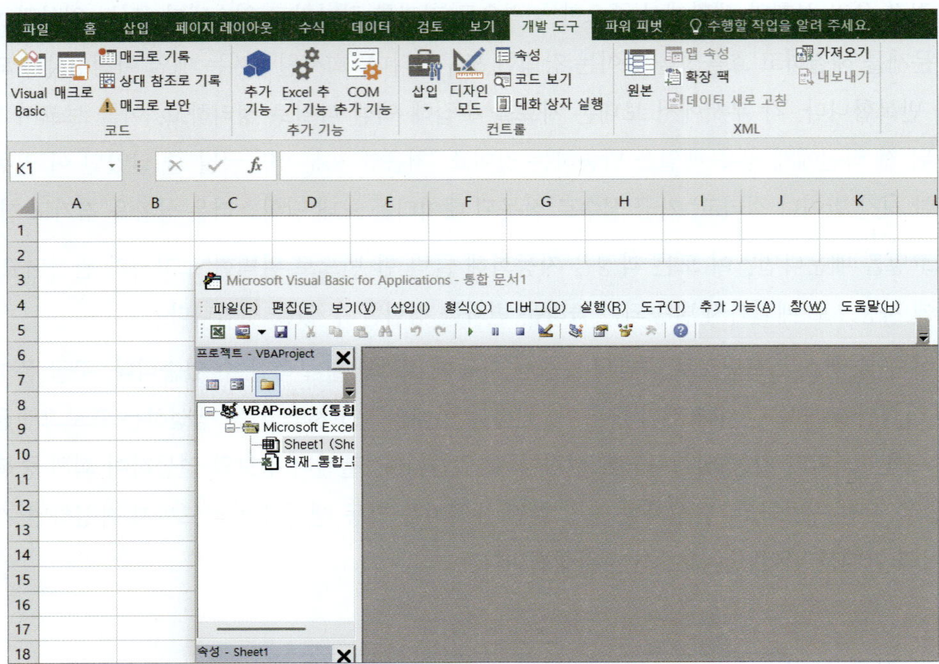

그림 1-6 엑셀 자동화를 할 수 있는 VBA

코딩의 진정한 가치는, 단순히 프로그램을 만드는 기술적 능력을 넘어서, 자신의 필요에 맞는 솔루션을 스스로 설계하고 구현할 수 있는 역량을 길러준다는 데 있습니다. 특히, 정해진 도구나 시스템을 수동적으로 사용하는 것이 아니라, 필요한 기능을 직접 구현해내는 '문제 해결자'의 마인드를 갖게 된다는 점에서, 코딩은 현대 사회의 중요한 생존 기술이라고 할 수 있습니다.

결국 코딩을 배운다는 것은 단순한 기술 습득을 넘어, 우리 삶을 더 편리하고, 똑똑하고, 창의적으로 변화시키는 여정입니다. 직장에서든, 학교에서든, 그리고 개인의 일상에서도, 코딩은 내가 마주한 문제를 내가 직접 해결할 수 있게 해주는 가장 확실한 도구입니다.

창의력을 키우는 디지털 상상 실현

코딩은 상상력을 현실로 구현하는 도구입니다. 머릿속 아이디어나 필요한 기능을 실제 동작하는 형태로 만들어줍니다. 코딩은 단순한 기술 학습이 아니라, 창의력을 디지털로 실현하는 방법입니다.

예를 들어, 직장에서 매주 반복되는 회의록 작성을 자동화해 보고 싶다고 상상해봅시다. 팀원들이 회의 중 작성한 메모를 공유 문서로 올리면, 코드는 이를 자동으로 정리하고 요약해 포맷에 맞는 회의록 문서로 변환합니다. 여기서 한 발 더 나아가, 요약된 내용을 팀원들에게 자동으로 이메일로 전송하거나, 슬랙(Slack)이나 디스코드(Discord) 같은 협업 툴에 전송하는 기능까지 추가할 수 있습니다.

또 구직 활동 중 여러 기업에 지원서를 넣다 보면, 유사한 내용의 자기소개서를 반복해서 수정하고 붙여넣는 일이 많아집니다. 이럴 때 자신의 경험과 강점을 입력하면, 해당 기업의 인재상이나 채용 공고와 연결하여 맞춤형 자소서를 자동 생성하거나 추천 문장을 제시해주는 프로그램을 만들어 활용할 수 있습니다.

실제로 이런 단순한 아이디어에서 시작된 성공적인 앱들이 많습니다. 예를 들어, 인스타그램은 창립자들이 사진을 더 쉽게 공유하고 싶다는 작은 아이디어에서 출발했고, 노션(Notion)은 복잡한 업무 도구들을 하나로 통합하고 싶다는 불편함에서 시작되었습니다. 슬랙 역시 팀 내부 소통을 더 효율적으로 만들고 싶다는 창업자의 개인적 필요에서 탄생했죠. 이처럼 일상의 작은 문제 해결에서 시작된 아이디어가 전 세계 수백만 명이 사용하는 서비스로 성장한 사례들이 무수히 많습니다.

그림 1-7 작은 아이디어에서 출발한 슬랙과 노션

이 모든 사례는 복잡한 기술이 필요한 것도 아닙니다. 파이썬의 기본 문법만 알아도 충분히 만들 수 있습니다. 중요한 것은 코드를 완벽히 아는 것이 아니라, “이걸 코드로 해결할 수 있을까?”라는 상상에서 출발해 직접 시도해보는 창의적인 태도입니다.

코딩은 “무에서 유를 창조”하는 과정입니다. 빈 화면 위에 텍스트 한 줄로 시작해 점점 기능이 추가되고, 시각적인 요소가 더해지며, 마침내 하나의 완성된 프로그램이 탄생합니다. 이 과정은 마치 디자이너가 화면을 구성하듯, 작곡가가 악보를 쓰듯, 자신의 생각과 아이디어를 논리적으로 정리하고 시각화하는 창의적인 활동입니다.

결국, 코딩은 단순히 개발자가 되는 수단이 아니라, 자신만의 아이디어를 실현하고 세상과 연결하는 가장 실용적이고 창의적인 도구입니다. 지금 당신의 머릿속에 떠오르는 "이런 기능 있었으면 좋겠다"는 상상이 있다면, 그것은 곧 당신의 첫 프로젝트가 될 수 있습니다. 작고 단순한 기능이라도 코드로 직접 만들어보는 경험이, 디지털 시대에 필요한 창의력과 문제 해결력의 시작점이 되어줄 것입니다.

그림 1-8 무에서 유를 만드는 프로그래밍

미래의 언어를 지금부터 익히다

우리가 사는 세상은 점점 더 빠르게 디지털화되고 있습니다. 스마트폰 하나로 은행 업무, 식사 주문, 건강 관리까지 가능한 시대. 이처럼 디지털 기술이 삶의 구석구석에 녹아들면서, 그 기반이 되는 코딩은 더 이상 일부 전문가만의 기술이 아닌, 누구나 다뤄야 할 미래의 언어가 되고 있습니다. 지금 코딩을 배우는 것은, 단순한 기술 습득을 넘어 다가올 미래를 준비하는 일입니다.

예전에는 영어가 국제 사회에서 소통을 위한 기본 언어였다면, 이제는 코딩이 디지털 세상과 소통하기 위한 새로운 기본 언어가 되고 있습니다. AI, 빅데이터, IoT(사물인터넷), 메타버스, 로봇 등 우리가 매일 듣는 첨단 기술들은 모두 코딩으로 작동합니다. 이 기술들은 단순한 유행이 아니라, 교육, 산업, 문화, 의료 등 모든 분야를 근본적으로 변화시키고 있으며, 그 중심에는 언제나 코드가 있습니다.

예를 들어, 병원에서는 AI를 활용한 진단 보조 시스템이 도입되고 있고, 교사는 학생의 학습 데이터를 분석해 개인화된 교육 콘텐츠를 제공합니다. 마케팅 담당자는 웹 분석 도구로 고객 행동을 추적하고, 농업 분야에서도 센서와 자동화 시스템으로 작물 상태를 실시간으로 관리합니다. 이처럼 코딩은 특정 직업에 국한되지 않고, 모든 산업에서 핵심 능력으로 확장되고 있습니다.

그래서 최근에는 코딩을 배우는 대상도 달라졌습니다. 개발자나 엔지니어가 아니라도, 디자이너가 코딩을 활용해 인터랙티브한 웹 디자인을 구현하고, 영업 사원이 엑셀 자동화를 위해 파이썬을 배우며, 심지어 인문학 전공자도 데이터 분석을 위해 파이썬이나 SQL을 공부합니다. 코딩은 이제 '어떤 일을 하느냐'보다 일을 더 잘하기 위해 필요한 사고 도구로 자리잡고 있는 것입니다.

미래에는 더 많은 일들이 자동화되고, 많은 반복 업무가 사라질 것입니다. 대신, 데이터를 해석하고, 기술을 이해하며, 창의적인 솔루션을 설계하는 사람이 더욱 필요해질 것입니다. 그리고 그 중심에는 '기술을 이해하고, 기술과 협력할 수 있는 사람', 즉 프로그래밍을 이해하는 사람이 있게 됩니다.

지금 코딩을 배운다는 것은, 그저 앱을 만들고 웹사이트를 개발하는 수준을 넘어, 미래의 기술 환경에 적응하고, 주도적으로 참여할 수 있는 기반을 다지는 일입니다. 영어를 몰라도 해외 여행은 가능하지만, 영어를 알면 훨씬 자유롭고 풍부한 경험을 할 수 있듯이, 코딩도 마찬가지입니다. 디지털 시대에 필요한 주체적인 사용자, 창의적인 생산자가 되기 위해 코딩은 더 이상 선택이 아닌 필수입니다.

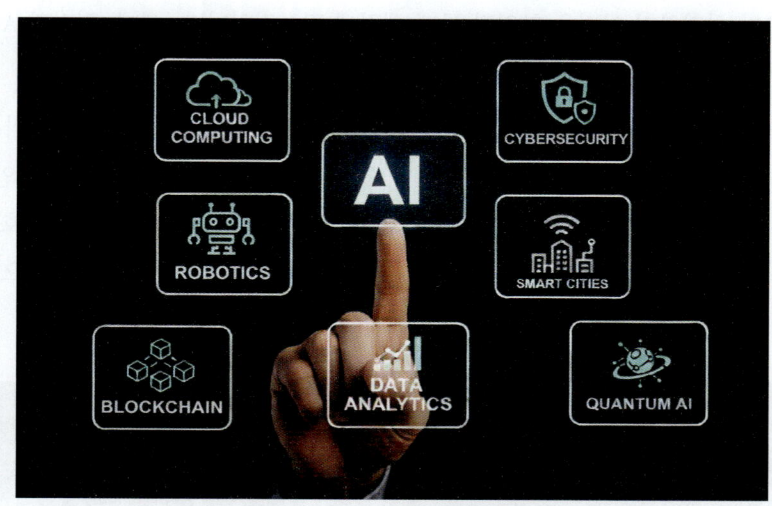

그림 1-9 코딩이 필요한 미래 분야

3 AI 시대와 코딩: 트렌드를 선도하는 기술

인공지능(AI)은 이제 우리 생활 곳곳에 자리 잡고 있습니다. 음성 인식, 번역, 추천 서비스 등 대부분의 AI 기술은 코딩을 기반으로 작동합니다. AI 시대에는 단순 업무가 자동화되며, 사람은 더 창의적인 역할을 담당하게 됩니다. 이때 코딩을 이해하는 능력은 필수 역량이 됩니다. AI의 작동 원리를 파악하고 문제 해결 과정을 논리적으로 구조화하는 사고력이 창의적 업무 수행에 핵심이 되기 때문입니다. 또한 AI 도구를 효과적으로 활용하거나 원하는대로 수정하려면 기본적인 프로그래밍 지식이 뒷받침되어야 합니다. 앞으로의 사회는 디지털 기술에 익숙한 인재를 요구합니다. AI를 단순히 소비하는 사람을 넘어, 직접 만드는 사람이 되기 위해서는 지금 코딩을 배워야 합니다.

AI 혁명 속 코딩의 중요성

인공지능(AI)은 1956년 다트머스 학회에서 처음 정의된 이후, 규칙 기반 시스템에서 머신러닝, 딥러닝을 거쳐 현재의 생성형 AI까지 진화했습니다. 특히 2020년대 ChatGPT 등 대규모 언어 모델의 등장으로 AI는 일반 대중에게까지 널리 보급되며 새로운 전환점을 맞고 있습니다.

AI 기술은 초기 금융 분야의 알고리즘 트레이딩에서 시작되어 의료의 진단 보조, 제조업의 스마트 팩토리, 교육의 개인 맞춤형 학습까지 모든 산업에 침투했습니다. 앞으로는 멀티모달 AI와 AGI 기술 발전으로 창의적 업무와 복합적 의사결정 영역까지 AI가 담당하게 될 전망입니다.

이러한 급격한 변화 속에서 개인이 경쟁력을 유지하려면 코딩 역량이 필수가 되었습니다. 코딩은 AI 시대의 새로운 문해력으로, 세 가지 측면에서 중요합니다. 첫째, AI 알고리즘을 이해하고 모델을 커스터마이징하여 업무에 최적화할 수 있습니다. 둘째, 복잡한 문제를 논리적으로 해결하는 사고력을 기르며, 이는 AI가 처리하기 어려운 창의적 문제 해결에 필수적입니다. 셋째, 인간과 AI 시스템 간의 효과적인 소통 인터페이스 역할을 수행합니다.

2025년 가트너가 발표한 전략 기술 트렌드에 따르면 AI, 컴퓨팅, 인간-기계 협력이라는 세 가지 축을 중심으로 전개됩니다. AI 분야에서는 에이전틱 AI, 거버넌스 플랫폼, 허위 정보 보안이 강조되며, 이는 신뢰성과 위험 관리의 중요성을 보여줍니다. 컴퓨팅 영역에서는 포스트 양자 암호화, 보이지 않는 지능, 에너지 효율, 하이브리드 컴퓨팅이 새로운 가능성을 열고 있습니다. 마지막으로 인간-기계 시너지는 공간 컴퓨팅, 다기능 로봇, 신경학적 강화로 혁신을 이끌 전망입니다.

그림 1-10 가트너 2025 전략 기술 트렌드

생성형 AI와 코딩

최근 인공지능 기술의 급속한 발전은 우리의 일상과 산업 전반에 걸쳐 커다란 변화를 가져왔습니다. 특히 생성형 AI(Generative AI)의 등장은 기존의 코딩 환경과 개발 패러다임을 완전히 바꾸고 있습니다. 생성형 AI는 2021년 6월 GitHub Copilot 출시를 시작으로 코드 작성 분야에 급속히 도입되어, 현재 전문 개발자의 63%가 실제 개발 과정에서 AI를 활용하고 있습니다. 2024년 기준으로 전체 코드의 41%가 AI에 의해 생성되고 있으며, 한 해 동안만 2,560억 줄의 코드가 AI로 작성되었습니다. Google과 같은 대기업에서도 신규 제품 코드의 25% 이상을 AI가 담당하고 있어, AI 코드 생성이 실험적 단계를 넘어 실무에서 핵심적인 역할을 하고 있음을 보여줍니다.

이러한 변화의 중심에는 GPT(Generative Pre-trained Transformer)와 같은 대규모 언어모델(LLM)이 자리하고 있습니다. LLM는 대규모의 데이터를 바탕으로 사람과 같은 자연스러운 언어를 생성할 뿐 아니라, 프로그래밍 코드까지 자동으로 작성할 수 있는 능력을 지니고 있습니다. 이로 인해 개발자들은 이제 LLM를 통해 반복적인 작업이나 간단한 기능 구현에서 벗어나 더 중요한 설계와 문제 해결에 집중할 수 있게 되었습니다.

과거의 전통적인 코딩 방식은 모든 코드를 직접 작성하고, 디버깅하며, 테스트를 수행하는 일련의 과정을 반복해야 했습니다. 이러한 과정은 많은 시간과 노동력이 소모되었고, 결과적으로 프로젝트의 효율성과 생산성을 떨어뜨리는 요소가 되기도 했습니다. 하지만 생성형 AI를 활용하게 되면, 개발자들은 간단한 명령어나 프롬프트만으로 원하는 기능을 구현하는 코드를 자동으로 생성할 수 있습니다. 이는 코딩 과정에서의 반복적이고 기계적인 작업을 대폭 줄여줄 뿐만 아니라, 전체적인 개발 생산성을 높이는 효과를 가져옵니다.

LLM과 같은 생성형 AI가 코딩 패러다임을 변화시키는 또 다른 중요한 요소는 코드 품질과 유지보수 측면에서의 개선입니다. 생성형 AI는 방대한 양의 데이터를 기반으로 학습하며, GitHub Copilot의 경우 약 1억 개 이상의 공개 저장소 코드를 학습하여 HumanEval 벤치마크에서 약 70-80점의 성능을 보여줍니다.

이로 인해 AI가 생성한 코드는 개발 효율성을 크게 향상시킵니다. GitHub의 2023년 연구에 따르면 Copilot 사용자는 55% 더 빠른 작업 완료를 보였으며, Microsoft 연구에서는 개발자들이 반복적인 코딩 작업에 소요하는 시간을 15-20% 단축할 수 있음을 확인했습니다. 또한 AI는 특정 개발자나 팀의 코드 스타일을 학습하여 일관된 형태로 코드를 작성할 수 있어, 팀 단위 개발에서 코드 통일성을 유지하는 데 도움을 줍니다.

그러나 생성형 AI를 이용한 코딩에는 여전히 해결해야 할 과제들도 존재합니다. 대표적인 문제로는 AI가 생성한 코드에 대한 정확성 검증입니다. 비록 생성형 AI가 높은 수준의 정확도를 보이지만, 아직 완벽하지 않기 때문에 사람이 반드시 최종 검증을 수행해야 합니다. 따라서 생성형 AI가 사람의 역할을 완전히 대체하는 것이 아니라, 개발자를 보조하는 도구로써 자리 잡아야 하는 이유입니다.

미래의 코딩 환경은 생성형 AI와 인간의 협업을 중심으로 변화할 것입니다. 2024년 2월, 두바이에서 열린 세계정부정상회의 개막식에서 엔비디아 CEO 젠슨 황이 "이제 프로그래밍 대신 생물학을 배우라"고 언급한 것처럼, AI가 반복적인 코딩 작업을 대신하게 되면서 개발자의 역할도 근본적으로 바뀔 것입니다.

개발자들은 단순한 코드 작성에서 벗어나 문제 정의, 시스템 설계, 창의적 사고와 같은 고차원적 업무에 집중하게 될 것입니다. 이를 통해 기술적 구현보다는 사용자 경험과 비즈니스 가치 창출에 더 많은 시간을 투자하여, 보다 혁신적인 솔루션을 신속하게 개발할 수 있을 것입니다.

프롬프트 엔지니어링을 활용한 코드 생성

최근 인공지능 기술의 발전은 개발자의 업무 방식에 큰 변화를 일으키고 있습니다. 특히 생성형 AI의 부상은 전통적인 코딩 방식에 새로운 접근법을 제시하고 있으며, 이에 따라 <프롬프트 엔지니어링(Prompt Engineering)>이라는 개념이 중요한 기술로 부상하고 있습니다. 프롬프트 엔지니어링이란 인공지능에게 명확하고 효과적으로 명령을 내리는 기술을 의미하며, 이를 통해 원하는 결과물을 더욱 정확하게 얻을 수 있습니다.

과거에는 개발자가 직접 코드를 한 줄 한 줄 작성하는 것이 일반적인 방식이었습니다. 그러나 이제는 개발자가 인공지능에게 무엇을 원하는지를 구체적으로 설명하고, 그에 맞는 결과를 받아보는 방식으로 변화하고 있습니다. 이는 단순히 코드를 작성하는 능력보다, AI와 소통하는 능력이 더욱 중요한 역량으로 자리 잡고 있다는 것을 의미합니다.

프롬프트 엔지니어링의 핵심은 명확하고 간결한 표현에 있습니다. 인공지능은 인간처럼 모호한 표현이나 뉘앙스를 해석하는 데 한계가 있기 때문에, 요청자의 의도를 오해하지 않도록 해야 합니다. 따라서 요청하고자 하는 결과를 구체적으로 명시하고, 가능한 경우 입력과 출력의 예시를 함께 제공하는 것이 좋습니다. 예를 들어, "회원 가입 기능을 만들어줘"라는 모호한 표현보다는, "사용자 이름, 이메일, 비밀번호를 입력받아 JSON 형태로 서버에 POST 요청을 보내는 회원 가입 폼을 HTML과 자바스크립트로 만들어줘"와 같이 요청하면 AI가 훨씬 더 정확한 결과를 제공할 수 있습니다.

또한 프롬프트를 설계할 때는 복잡한 명령을 한 번에 전달하기보다, 여러 단계로 나누어 전달하는 것이 효과적입니다. 예를 들어 UI를 먼저 생성하고, 그 후 기능을 요청하며, 마지막으로 예외 처리를 요구하는 방식으로 단계적으로 요청하면 더 높은 품질의 코드를 얻을 수 있습니다. 이러한 방식은 AI가 각 작업의 목적을 명확히 인식할 수 있도록 도와주며, 실수나 누락을 줄이는 데에도 유리합니다.

프롬프트 최적화를 통해 개발 속도를 높이고 코드 품질을 개선하는 것도 매우 중요한 전략입니다. 최적화된 프롬프트는 불필요한 요소를 제거하고, 핵심적인 정보만을 AI에게 전달함으로써 더욱 정교한 결과물을 얻을 수 있게 합니다. 이 과정에서 반복적인 실험과 피드백이 필수적이며, 다양한 형태의 프롬프트를 실험하면서 가장 적절한 표현과 구조를 찾아내는 노력이 필요합니다.

예를 들어 동일한 결과를 얻기 위해 두 가지 이상의 프롬프트를 테스트하고, 그 중 어떤 방식이 더 나은 결과를 주는지를 비교해볼 수 있습니다. 이러한 A/B 테스트 방식은 프롬프트 작성 능력을 빠르게 향상시키는 데 도움이 됩니다. 또한 생성된 결과물에 대한 피드백을 반영해 프롬프트를 점진적으로 개선해 나가는 것도 중요합니다.

실제 현업에서는 프롬프트를 템플릿화하여 자주 사용하는 요청 구조를 미리 정리해두고 반복 활용하는 방식도 널리 사용되고 있습니다. 이를 통해 작업의 일관성과 효율성을 확보할 수 있으며, 다양한 프로젝트에 신속하게 대응할 수 있는 기반이 마련됩니다.

이처럼 프롬프트 엔지니어링은 단순한 기술적 도구가 아니라, AI를 효과적으로 활용하는 하나의 전략적 역량입니다. 코딩 실력이 뛰어나더라도, AI와의 협업이 원활하지 않다면 그 잠재력을 충분히 발휘할 수 없습니다. 반면, 코딩 경험이 많지 않더라도 프롬프트를 잘 설계할 수 있다면, AI의 도움을 받아 원하는 결과물을 얼마든지 만들 수 있습니다.

프롬프트 엔지니어링은 개발자뿐만 아니라 비개발자에게도 새로운 가능성을 열어줍니다. 예를 들어, 기획자나 디자이너가 간단한 기능을 구현해야 할 때, 효과적인 프롬프트만으로 기본적인 웹 페이지나 스크립트를 생성할 수 있습니다. 이는 개발 의존도를 낮추고 협업의 효율성을 높이는 데도 크게 기여합니다.

앞으로의 개발 환경에서는 AI와 협력하는 방식이 더욱 일반화될 것이며, 그 중심에는 프롬프트 엔지니어링이라는 기술이 자리할 것입니다. 이제 개발자는 단순한 코드 작성자가 아니라, AI와 협업하여 문제를 해결하는 설계자이자 조율자가 되어야 합니다.

결론적으로, 프롬프트 엔지니어링은 코딩 능력을 보완하는 것이 아니라, 그것을 새로운 차원으로 확장시키는 기술입니다. AI의 잠재력을 극대화하기 위해서는 그와 효과적으로 소통할 수 있어야 하며, 이는 바로 프롬프트를 잘 설계하는 능력에서 비롯됩니다. 앞으로의 시대에 더욱 중요한 역량이 될 프롬프트 엔지니어링을 익히고 활용하는 것은 모든 개발자와 AI 사용자에게 필수적인 과제가 될 것입니다.

그림 1-11 프롬프트 엔지니어링을 적용하지 않은 프롬프트

일반 프롬프트를 통해 ChatGPT가 생성한 코드

```
# 구구단 전체 출력 (2단 ~ 9단)
for dan in range(2, 10):
    print(f"--- {dan}단 ---")
    for i in range(1, 10):
        print(f"{dan} x {i} = {dan * i}")
    print()  # 단 사이에 공백 줄
```

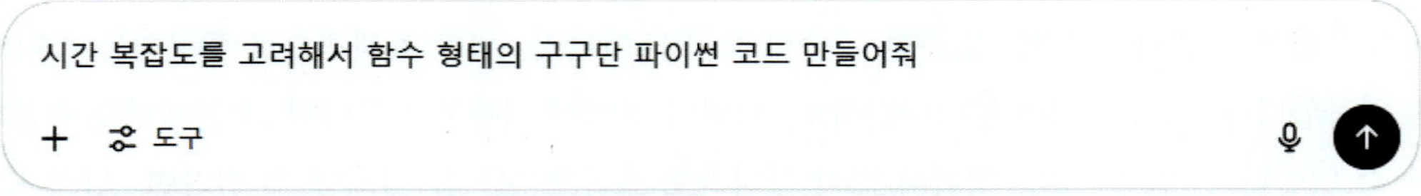

시간 복잡도를 고려해서 함수 형태의 구구단 파이썬 코드 만들어줘

\+ 도구

그림 1-12 프롬프트 엔지니어링을 적용한 프롬프트

프롬프트엔지니어링을 적용한 프롬프트를 통해 ChatGPT가 생성한 코드

```
def gugudan():
    result = []
    for dan in range(2, 10):
        row = []
        for i in range(1, 10):
            row.append(f"{dan} x {i} = {dan * i}")
        result.append(row)
    return result
# 출력
for line in gugudan():
    print("\t".join(line))
```

AI와 함께 코딩하면 달라지는 것

예전엔 코딩이 오직 사람의 몫이었습니다. 하지만 이제는 AI와 함께 코딩하는 시대입니다. ChatGPT나 Claude 같은 생성형 AI는 문제 해결을 도와주고, 코드 작성과 디버깅을 더 빠르게 만들어줍니다.

이 장에서는 AI가 코딩에 어떤 영향을 미치는지, 사람과 AI가 함께할 때 어떤 시너지가 생기는지, 그리고 일상 속에서 쉽게 활용할 수 있는 AI 도우미들을 살펴봅니다.

1 AI가 코딩에 미치는 영향

코딩 진입 장벽의 하락

예전에는 코딩을 배우기 위해 많은 시간과 노력이 필요했습니다. 영어로 된 공식문서의 복잡한 문법을 외워야 했고, 오류가 생기면 스스로 원인을 찾아 해결해야 했습니다. 그래서 코딩은 일부 전문가들만 다루는 어려운 기술처럼 느껴졌습니다. 하지만 인공지능, 특히 생성형 AI가 등장하면서 이러한 상황이 크게 달라졌습니다. 이제는 코딩을 처음 시작하는 사람들도 훨씬 쉽게 접근할 수 있게 되었습니다.

AI는 코딩을 도와주는 아주 똑똑한 친구입니다. 예를 들어, ChatGPT나 Claude 같은 AI는 "파이썬으로 계산기 만들어줘"라고 물어보면 실제 코드 예제를 바로 보여줍니다.

계산기 파이썬 코드 만들어줘

물론이죠! 아래는 **사칙연산(+, -, *, /)**을 수행할 수 있는 간단한 **콘솔 기반 계산기 파이썬 코드**입니다:

python 복사 편집

```
def add(x, y):
    return x + y

def subtract(x, y):
    return x - y

def multiply(x, y):
    return x * y

def divide(x, y):
    if y == 0:
        return "0으로 나눌 수 없습니다."
    return x / y

def calculator():
    print("사칙연산 계산기")
    print("1. 덧셈")
    print("2. 뺄셈")
    print("3. 곱셈")
    print("4. 나눗셈")
```

그림 1-13 ChatGPT를 통해 생성한 계산기 코드

AI는 방대한 데이터를 통한 반복 학습으로 프로그래밍 언어의 문법과 특징을 매우 잘 알고 있습니다. ChatGPT는 자바스크립트(JavaScript), 파이썬(Python), 자바(Java) 등 여러 프로그래밍 언어를 지원하며 각 언어별 특징을 정확히 이해하고 있어 초보자들이 겪는 문법 체득의 어려움을 크게 완화해 줍니다.

또한, 코딩에서 가장 어려운 부분 중 하나는 '에러'입니다. 코드를 작성하다 보면 틀린 부분이 생기고, 그로 인해 프로그램이 작동하지 않을 수 있습니다. 초보자들은 이런 에러를 이해하기 어렵고, 어디서 잘못된 것인지 찾기도 힘듭니다. 하지만 AI는 코드에 문제가 있는 부분을 찾아주고, 왜 그런 문제가 생겼는지도 설명해줍니다. 마치 코딩 선생님처럼 함께 고민해주고 해결책을 제안해주는 것입니다.

AI는 단지 코드만 알려주는 것이 아닙니다. 초보자가 어떤 개념을 잘 모르겠다고 하면, 그 개념을 쉽게 설명해주기도 합니다. 예를 들어, "변수는 무엇인가요?"라고 물으면 "변수는 정보를 저장하는 상자와 같아요"라고 비유를 들어 알려줍니다. 이런 설명은 어린 학생들이나 처음 배우는 사람들에게 매우 유익합니다.

AI의 등장으로 코딩은 더 이상 소수만이 할 수 있는 어려운 기술이 아니라, 누구나 배울 수 있는 접근 가능한 활동이 되었습니다. 학생들은 게임이나 앱을 만들며 창의력을 키우고, 성인들은 업무 자동화나 일상 프로그램을 직접 개발할 수 있게 되었습니다. 특히 코딩을 처음 접하는 중고등학생들도 AI의 도움을 받으면 흥미를 느끼고 지속적으로 학습하고자 하는 동기를 얻게 됩니다.

AI는 '모르면 물어보면 된다'는 자신감을 심어주며 코딩 학습의 진입 장벽을 크게 낮췄습니다. 이제 더 많은 사람들이 자신의 아이디어를 직접 구현하고 문제를 해결할 수 있는 능력을 갖게 되었으며, 과거의 두려움과 복잡함은 점점 사라지고 있습니다. 결국 AI는 코딩을 모든 사람에게 열린 기술로 만들어, 누구나 쉽고 재미있게 배울 수 있는 새로운 시대를 열어주고 있습니다.

2 내 손안의 AI 코딩 도우미

이제는 누구나 AI의 도움을 받아 손쉽게 코드를 작성할 수 있는 시대가 되었습니다. 복잡한 문법이나 긴 검색 없이, 자연어로 원하는 기능을 입력하면 AI가 코드를 생성해 줍니다.

ChatGPT, GitHub Copilot, Replit Ghostwriter 등 다양한 AI 코딩 도우미들이 개발을 더 빠르고 효율적으로 만들어주고 있습니다. 이러한 도구들이 어떻게 작동하는지, 어떤 특징이 있는지 간단히 살펴보겠습니다.

ChatGPT

ChatGPT는 OpenAI에서 개발한 인공지능 기반의 대화형 언어 모델 서비스입니다. 이 서비스는 GPT(Generative Pre-trained Transformer)라는 대규모 언어 모델을 기반으로 하여, 사용자의 질문이나 요청에 대해 자연스럽고 맥락에 맞는 텍스트로 응답합니다. GPT 모델은 먼저 인터넷의 방대한 텍스트 데이터(웹사이트, 책, 논문 등)를 읽으면서 언어의 패턴과 규칙을 학습하는 사전 학습 과정을 거칩니다. 이 단계에서 모델은 "다음에 올 단어를 예측하기"를 목표로 훈련되어, 문맥에 맞는 자연스러운 문장을 생성하는 능력을 기릅니다.

사전 학습이 완료된 후에는 실제 사용자와의 대화에 특화되도록 미세 조정을 진행합니다. 이 과정에서는 질문-답변 형태의 대화 데이터를 활용해 모델이 사용자의 질문을 이해하고 도움이 되는 답변을 제공하는 방법을 학습합니다. 또한 인간의 피드백을 통해 더 유용하고 안전한 응답을 하도록 추가 훈련을 받습니다.

이러한 두 단계의 학습 과정을 통해 ChatGPT는 다양한 주제에 대해 인간과 자연스럽게 대화할 수 있는 능력을 갖추게 되었습니다.

ChatGPT는 일반 사용자부터 전문 개발자까지 다양한 방식으로 활용됩니다. 개인 사용자는 OpenAI 웹사이트나 모바일 앱을 통해 직접 대화를 나눌 수 있으며, 기업과 개발자들은 API를 활용하여 더욱 전문적인 활용이 가능합니다. 여기서 API란 Application Programming Interface의 줄임말로, 서로 다른 소프트웨어 간에 데이터를 주고받을 수 있도록 연결해주는 인터페이스를 의미합니다. 마치 레고 블록처럼 ChatGPT의 기능을 다른 서비스에 결합할 수 있게 해주는 도구라고 할 수 있습니다.

이러한 API 활용을 통해 다양한 실용적 솔루션들이 개발되고 있습니다. 온라인 쇼핑몰의 고객 상담 시스템에 적용되어 24시간 즉시 응답 서비스를 제공하거나, 기업 내부에서 문서 작성과 편집을 자동화하는 도구로 활용되기도 합니다. 또한 대용량 데이터베이스에서 사용자가 원하는 정보를 정확히 찾아내는 스마트 검색 시스템 구축에도 응용됩니다. 이처럼 ChatGPT는 개인의 일상적 대화부터 기업의 업무 자동화까지, 우리 생활의 여러 영역에서 실질적인 변화를 만들어내고 있습니다.

최근에는 ChatGPT에 다양한 부가 기능이 추가되어 활용 범위가 더욱 넓어지고 있습니다. 대표적으로 플러그인 기능을 통해 외부 도구와 연동하거나, 이미지 인식 기능을 활용해 이미지 기반 질문에도 답변할 수 있습니다. 또한 코딩 기능이 강화되어, 코드 생성 및 수정, 실행 결과 해석 등 개발 관련 작업에서도 효과적으로 활용되고 있습니다.

무엇을 도와드릴까요?

그림 1-14 ChatGPT 서비스

클로드(Claude)

클로드(Claude)는 엔트로픽(Anthropic)이라는 인공지능 스타트업에서 개발한 대화형 인공지능(AI) 언어 모델 서비스입니다. 이 서비스는 인간의 언어를 이해하고 생성하는 데 특화된 대규모 언어 모델을 기반으로 하며, 사용자의 질문이나 지시에 대해 자연스럽고 논리적인 텍스트로 응답하는 기능을 제공합니다. Claude는 OpenAI의 ChatGPT와 유사한 역할을 수행하지만, 특히 "안전성과 윤리성"을 강조하며 설계된 것이 가장 큰 차별점입니다.

클로드라는 이름은 프랑스의 정보학자이자 사이버네틱스 분야의 개척자인 클로드 섀넌에서 따왔습니다. 이는 언어, 정보, 커뮤니케이션에 대한 철학적이고 이론적인 기반을 강조하기 위한 것으로, 단순히 기술적인 성능뿐 아니라 윤리적 사고를 반영하려는 개발사의 의도가 담겨 있습니다.

클로드는 현재 웹사이트와 API를 통해 서비스되고 있으며, 특히 엔트로픽의 "헌법 기반 AI"(Constitutional AI)라는 독특한 학습 철학을 기반으로 개발되었습니다. 이 방식은 AI가 응답을 생성할 때, 사전에 정해진 윤리적 원칙과 규칙(헌법)을 참고하도록 훈련시켜, 보다 책임감 있고 신뢰할 수 있는 응답을 제공하는 것을 목표로 합니다. 예를 들어, 해로운 콘텐츠를 피하거나, 민감한 주제에 대해 신중한 언어를 사용하는 등의 방식으로 사용자와의 상호작용을 보다 안전하게 만듭니다.

클로드는 다양한 버전이 존재하며, 최근에는 클로드41 시리즈가 출시되어, 성능과 정밀도가 크게 향상되었습니다. 클로드3는 높은 수준의 추론 능력과 텍스트 생성 품질을 보여주며, 긴 문서를 빠르게 요약하거나 분석하고, 코드 작성 및 수정에도 매우 능숙한 것으로 평가받고 있습니다. 특히 수십만 단어에 이르는 긴 문서도 효율적으로 처리할 수 있어, 기업 보고서, 연구 논문, 법률 문서 등 전문 분야에서도 유용하게 사용되고 있습니다.

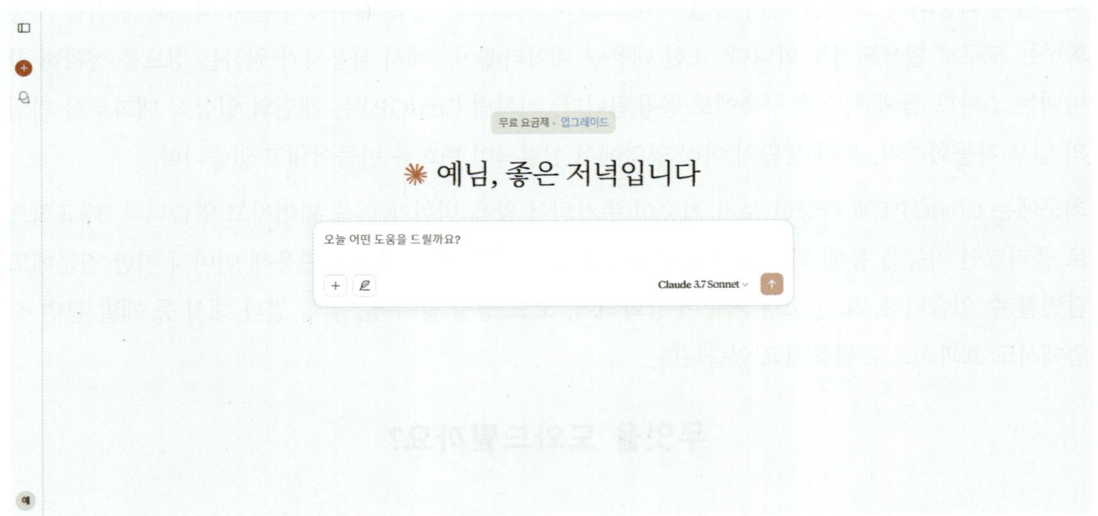

그림 1–15 Claude 서비스

제미나이(Gemini)

제미나이는 구글 딥마인드에서 개발한 대화형 인공지능 언어 모델 서비스로, 텍스트뿐만 아니라 이미지, 오디오, 코드 등 멀티모달 데이터를 동시에 이해하고 처리할 수 있는 고도화된 인공지능입니다. 이 서비스는 기존의 텍스트 기반 언어 모델과는 달리 다양한 형태의 입력을 통합적으로 분석하고 반응할 수 있도록 설계되었으며, 특히 검색 기반 지식 강화, 멀티모달 응답 능력, 실시간 연산 등의 측면에서 뛰어난 성능을 보여줍니다.

제미나이는 Google의 이전 AI 제품인 바드를 대체하며, 구글 생태계 전반에 통합되고 있습니다. 예를 들어 구글 닥스, 구글 시트, 구글 슬라이드 등의 구글 워크 스페이스 앱 안에서도 직접 사용할 수 있어, 사용자들은 문서 작성, 이메일 요약, 회의록 정리, 데이터 해석 등 다양한 업무를 인공지능의 도움을 받아 수행할 수 있습니다.

제미나이)는 딥마인드가 개발한 제미나이1 시리즈를 기반으로 하며, 2025년 3월 기준으로 제미나이 2.5 프로버전까지 출시되어 있습니다. 이 모델은 특히 장기 문맥 처리 능력이 매우 뛰어나며, 최대 1백만 토큰(token) 수준의 정보를 한 번에 처리할 수 있는 능력을 보유하고 있습니다. 이를 통해 사용자는 긴 텍스트 문서, 복잡한 PDF 파일, 코드 베이스 전체, 긴 회의록 등을 통합적으로 분석하고 요약할 수 있습니다.

그림 1-16 제미나이 서비스

제미나이의 장점 중 하나는 이미지 처리 능력입니다. 사용자는 텍스트뿐 아니라 이미지나 스크린샷, 차트, 수식, 심지어 손글씨까지 업로드하여 질문할 수 있으며, 제미나이는 그 내용을 인식하고 설명하거나, 분석 결과를 제공할 수 있습니다. 예를 들어 수학 문제를 손으로 쓴 사진을 업로드하면 풀이 과정을 설명해 주고, 복잡한 데이터 시각화를 이미지로 제공하면 그 내용을 해석해주는 식입니다.

그림 1-17 이미지를 인식하는 제미나이

또한 제미나이는 구글 검색 기능과 통합되어 있어, 사실 기반 정보 제공에도 강점을 가지고 있습니다. 사용자가 질문을 하면 모델은 기존 학습된 데이터뿐 아니라 실시간으로 검색된 정보도 함께 반영하여 응답할 수 있으며, 출처를 명확히 제시하는 기능도 지원합니다. 이로 인해 보다 신뢰도 높은 정보를 제공할 수 있으며, 정보 탐색과 조사 업무에 적합합니다.

제미나이는 API 형태로도 제공되고 있으며, 이를 통해 기업이나 개발자들은 제미나이 모델을 자신의 앱이나 시스템에 통합하여 맞춤형 챗봇, 스마트 검색, 문서 요약 도구, 고객 서비스 자동화 등 다양한 인공지능 기반 기능을 구현할 수 있습니다.

그림 1-18 버텍스 AI 플랫폼

깃허브 코파일럿(Github Copilot)

깃허브 코파일럿은 깃허브와 오픈AI가 공동 개발한 인공지능 기반 코드 작성 보조 도구입니다. 이 서비스는 GPT(Generative Pre-trained Transformer) 계열의 언어 모델을 기반으로 하며, 개발자가 코드를 작성할 때 자동 완성, 코드 추천, 주석 기반 코드 생성, 반복 작업 자동화 등 다양한 기능을 제공하여 개발 생산성과 효율성을 크게 향상시킵니다.

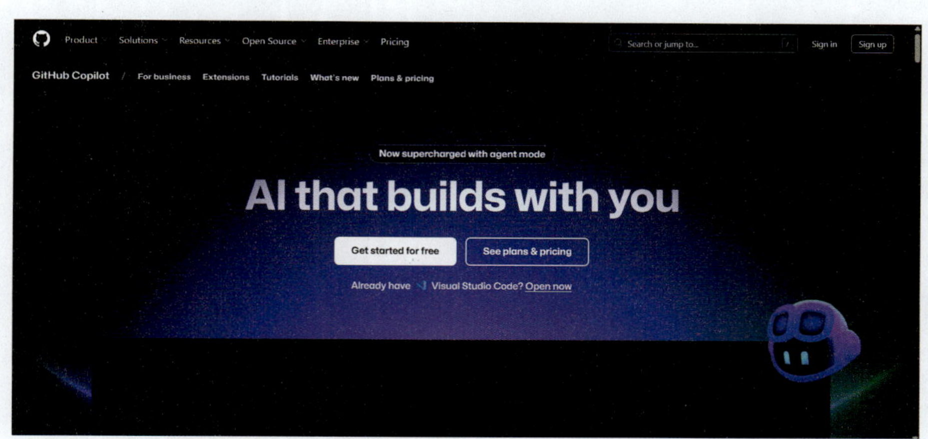

그림 1-19 깃허브 코파일럿 서비스

깃허브 코파일럿은 비주얼 스튜디오, 비주얼 스튜디오 코드 등 여러 개발 환경에서 플러그인 형태로 쉽게 사용할 수 있으며, 사용자가 코드를 입력하거나 주석을 작성하면 그에 적합한 코드를 실시간으로 추천해줍니다. 예를 들어, "사용자 로그인 함수 작성"이라는 주석을 입력하면, 코파일럿은 로그인 로직을 자동으로 완성해주는 식입니다. 이를 통해 반복적인 템플릿 코드 작성 시간을 줄이고, 더 창의적이고 복잡한 문제 해결에 집중할 수 있도록 돕습니다.

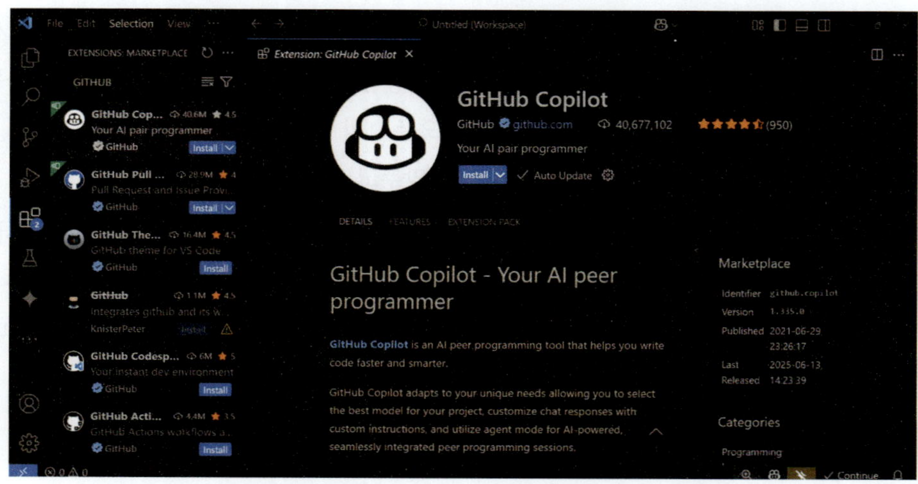

그림 1-20 VSCode에서 사용할 수 있는 깃허브 코파일럿

깃허브 코파일럿의 핵심 기술은 코드 문맥 이해 및 생성입니다. 단순히 코드 패턴을 기억하는 것이 아니라, 사용자의 작성 스타일과 현재 프로젝트 맥락에 맞춰 동적으로 코드를 생성합니다. 여러 프로그래밍 언어를 지원하며, 특히 파이썬, 자바스크립트, 자바 등 주요 언어에서 높은 품질의 추천을 제공합니다.

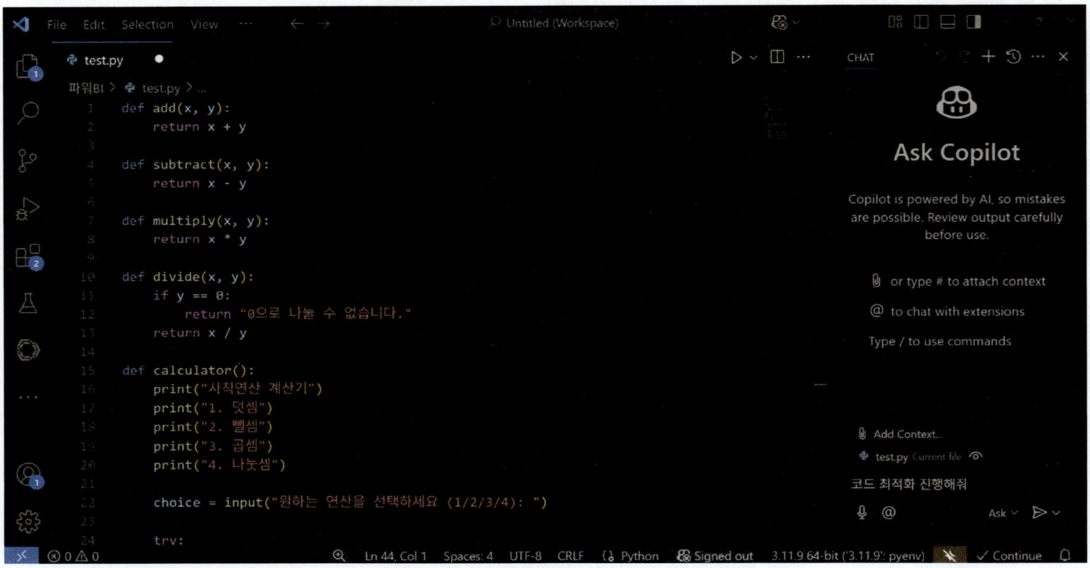

그림 1-21 비주얼 스튜디오 코드에서 깃허브 코파일럿 사용

또한, 깃허브 코파일럿은 인터넷에 공개된 오픈소스 코드 수십억 줄을 학습 데이터로 사용하여 훈련되었으며, 이러한 대규모 학습 덕분에 실무에서 자주 쓰이는 코드 구조, 패턴, 라이브러리 사용법 등에 대한 높은 이해도를 갖추고 있습니다. 개발자는 이를 통해 복잡한 API를 빠르게 활용하거나, 익숙하지 않은 라이브러리를 학습하면서 바로 실습할 수 있습니다.

2023년부터는 깃허브 코파일럿 X라는 차세대 서비스가 도입되면서, 단순 코드 추천을 넘어서 챗봇 기반 코드 질문 응답, PR, 자동 요약, 테스트 코드 자동 생성, 음성 명령을 통한 코딩, 문서 자동 작성 등 고도화된 기능들이 포함되었습니다. 이 기능들은 오픈AI의 최신 GPT-5 모델을 기반으로 제공되며, 개발자 경험을 AI 중심으로 재구성하는 데 초점을 맞추고 있습니다.

깃허브 코파일럿은 팀 단위로도 활용 가능합니다. 기업 사용자들은 코파일럿 for 비지니스 서비스를 통해 팀원 전체에게 일관된 개발 지원을 제공할 수 있으며, 보안 정책 및 코드 품질 기준에 맞춘 설정도 가능합니다. 이로 인해 기업 개발 환경에서도 효과적인 코드 품질 유지와 생산성 향상이 가능합니다.

3 기타 코드 코파일럿 서비스

커서(Cursor)

커서는 인공지능 기반의 차세대 개발자용 통합 개발 환경(IDE)으로, 기존의 코드 편집기 기능을 넘어 AI와의 깊이 있는 협업을 핵심으로 설계된 서비스입니다. GPT 계열의 대형 언어 모델(Large Language Model, LLM)을 기반으로 하며, 코드 작성, 수정, 이해, 디버깅, 리팩토링 등 개발 전반을 인공지능이 능동적으로 지원합니다. 단순한 자동완성 수준을 넘어, 마치 실시간으로 대화를 주고받는 AI 페어 프로그래머처럼 작동하는 것이 Cursor의 가장 큰 특징입니다.

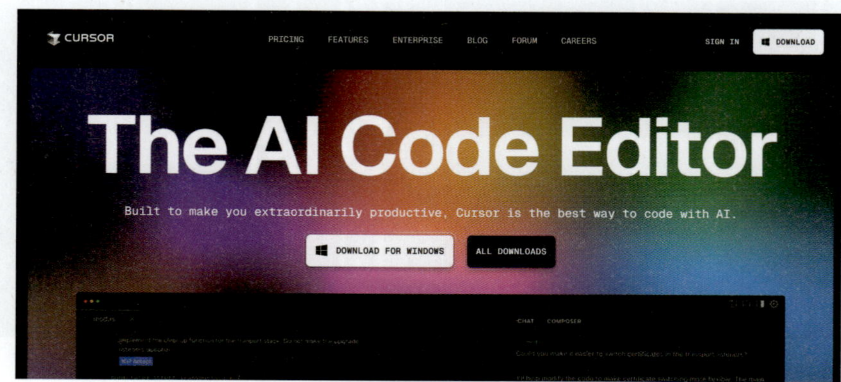

그림 1-22 커서 서비스

리플릿 고스트라이터(Replit Ghostwriter)

Replit Ghostwriter는 클라우드 기반 통합 개발 환경(IDE) 플랫폼인 Replit에서 제공하는 인공지능 기반 코드 작성 지원 서비스입니다. 이 서비스는 개발자가 Replit 환경에서 더 빠르고 효율적으로 코드를 작성할 수 있도록 돕는 AI 코딩 보조 도구로, 코드 자동 완성, 오류 수정 제안, 주석 기반 코드 생성, 코드 설명, 테스트 케이스 생성 등 다양한 기능을 포함하고 있습니다.

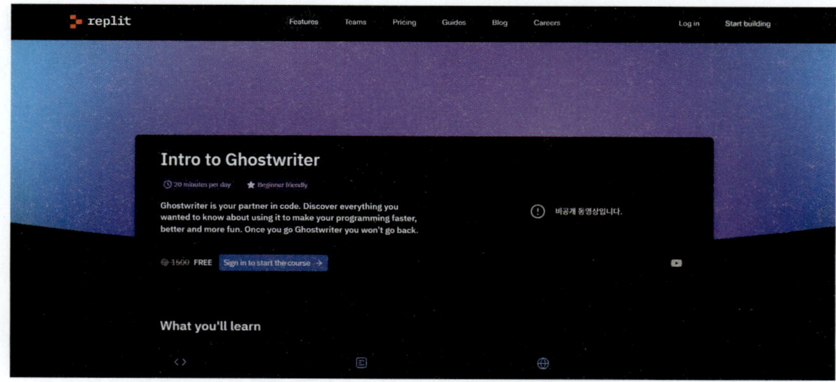

그림 1-23 리플릿 고스트 라이터 서비스

아마존 Q 디벨로퍼 (Amazon Q Developer)

아마존 Q 디벨로퍼는 아마존 웹 서비스(Amazon Web Services)에서 개발한 생성형 인공지능 기반의 개발 지원 도구로, 개발자의 생산성을 높이고, 클라우드 환경에서의 애플리케이션 개발을 보다 빠르고 효율적으로 만들어주는 것을 목표로 합니다. 이 서비스는 AWS의 방대한 리소스와 통합되어, 단순한 코드 추천을 넘어 클라우드 환경 구성, 보안 설정, 코드 오류 분석, 문서화 등 다양한 개발 업무를 자동화하는 데 중점을 둡니다.

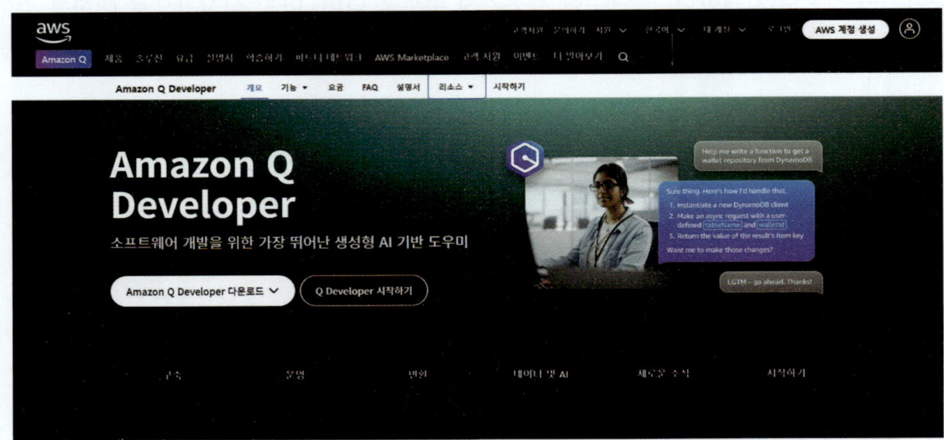

그림 1-24 아마존 Q 디벨로퍼

4 AI가 도와주는 코드 작업

AI는 이제 단순한 검색 도구를 넘어, 개발자의 실제 코딩 작업을 능동적으로 도와주는 강력한 조력자가 되었습니다. 특히 GPT, 클로드, 제미나이와 같은 대형 언어 모델은 자연어 이해 능력과 프로그래밍 지식을 바탕으로 다양한 코드 작업을 지원할 수 있습니다.

첫 번째는 코드 생성입니다. 사용자가 "웹에서 날씨 정보를 가져오는 파이썬 코드를 만들어줘"라고 요청하면, AI는 해당 요구에 맞는 API 호출 방식과 처리 로직을 포함한 코드를 즉시 생성해줍니다. 이는 단순 반복 작업은 물론, 처음 접하는 라이브러리나 문법을 빠르게 익히는 데도 큰 도움이 됩니다.

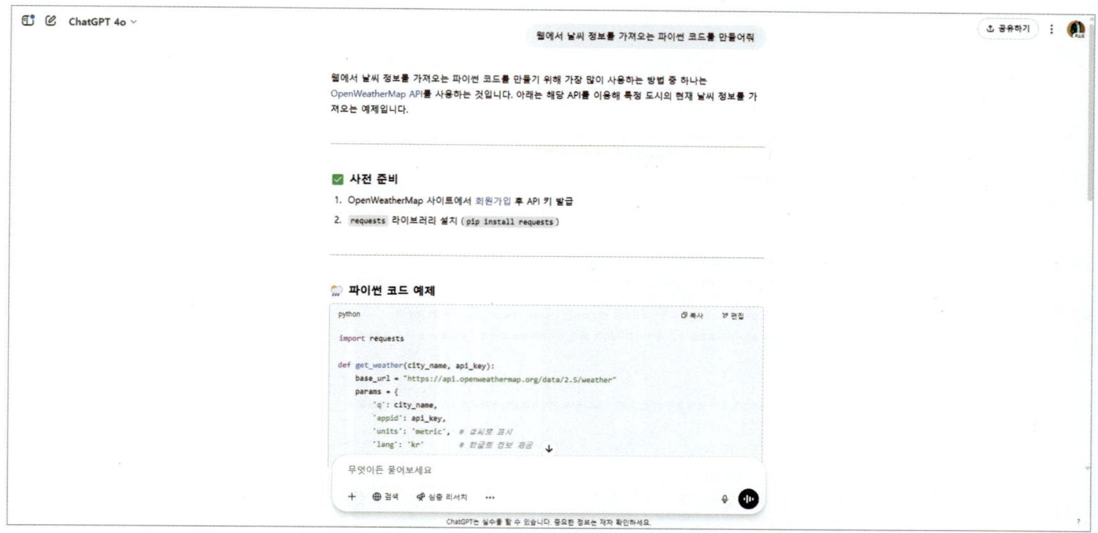

그림 1-25 챗GPT를 통한 코드 생성

두 번째는 코드 오류 수정입니다. AI는 에러 메시지를 분석하고 원인을 자연어로 설명해주며, 수정 방향까지 제시해줍니다. 초보자에게 생소한 오류도 AI의 도움을 통해 쉽게 이해하고 해결할 수 있습니다. 단순한 오류 수정뿐 아니라, 같은 문제가 재발하지 않도록 예방 방법까지 안내해줍니다.

그림 1-26 챗GPT를 통한 코드 오류 수정

세 번째는 코드 성능 개선입니다. 동일한 기능을 하는 코드라도 작성 방식에 따라 실행 속도와 메모리 사용량이 크게 달라질 수 있습니다. AI는 반복문, 조건문, 알고리즘 등을 최적화해 코드를 더 빠르고 효율적으로 바꿔줍니다. 불필요한 중복을 줄이고, 코드 구조를 간결하게 다듬는 방법을 제안합니다. 이를 통해 실행 속도는 물론, 유지보수성과 협업 효율도 함께 높일 수 있습니다.

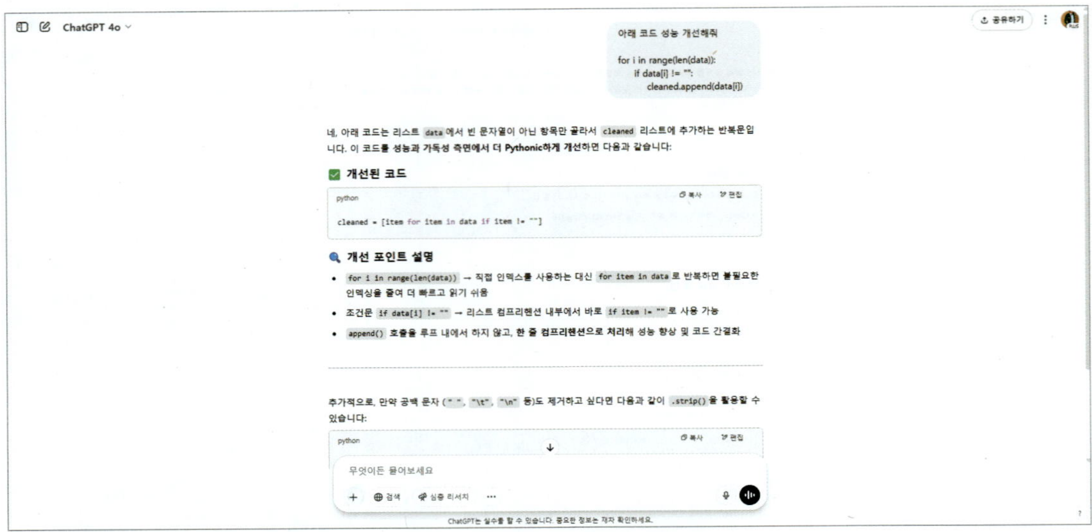

그림 1-27 GPT를 통한 코드 성능 개선

네 번째는 코드 주석 생성입니다. 팀 프로젝트에서 타인의 코드를 검토하거나 자신의 코드를 설명할 때, AI는 코드의 흐름을 자연어로 요약해 주고, 함수나 클래스에 적절한 주석을 자동으로 작성해 줍니다.

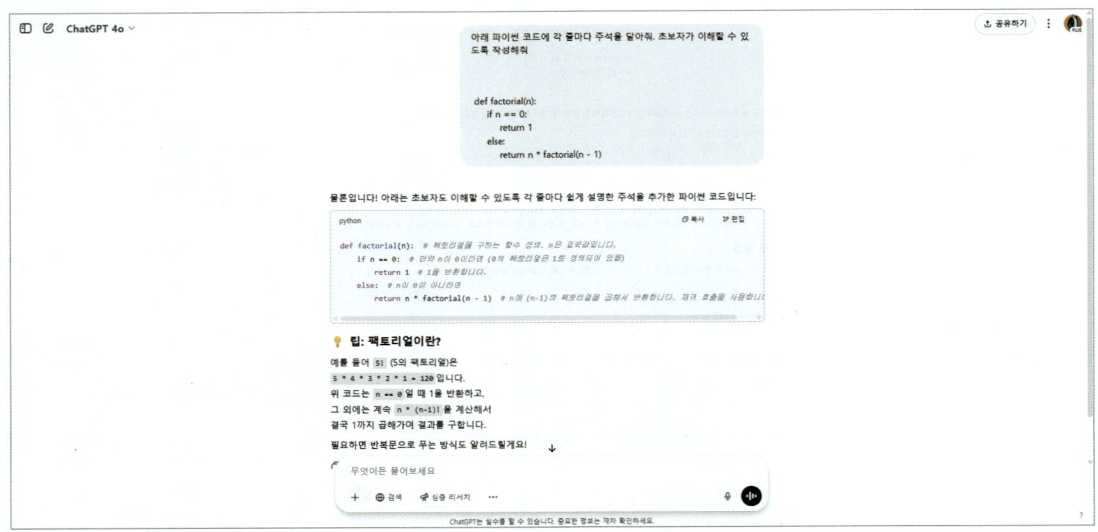

그림 1-28 챗GPT를 통한 코드 주석 생성

다섯 번째는 다른 프로그래밍 언어로 코드 변환입니다. 예를 들어, 파이썬으로 작성된 알고리즘을 자바스크립트로 바꾸거나, 오래된 코드베이스를 현대적인 문법으로 전환하는 작업도 AI를 통해 손쉽게 진행할 수 있습니다.

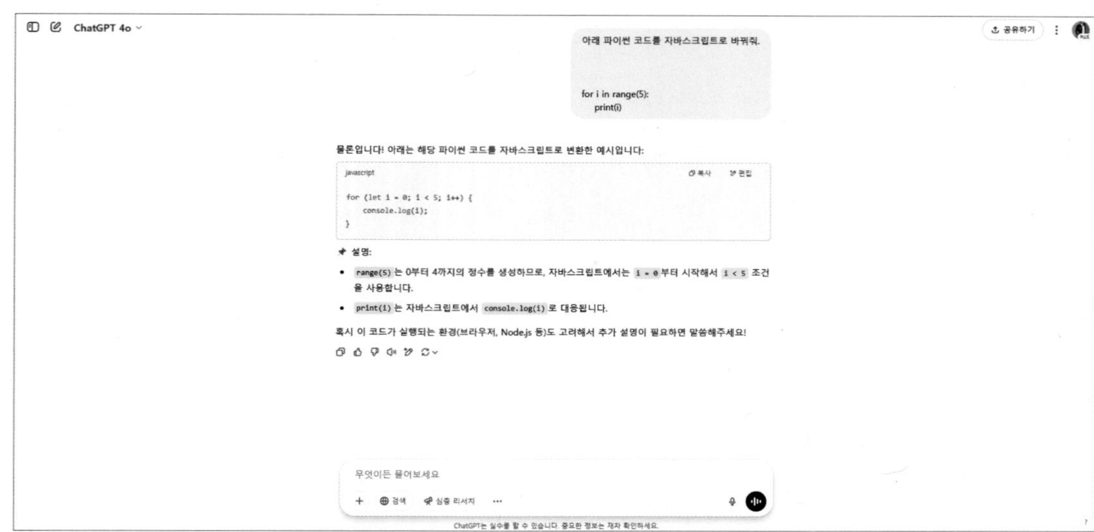

그림 1-31 챗GPT를 통한 코드 언어 변경

이처럼 AI는 단순한 도구를 넘어, 코딩 전 과정에서 실질적인 생산성과 창의성 향상을 도와주는 파트너가 되어가고 있습니다. 코딩 초보자부터 전문가까지 모두가 AI를 통해 더 나은 코드를 더 빠르게 작성할 수 있는 시대가 열린 것입니다.

첫 코딩, 이렇게 시작해보자!

PYTHON PROGRAMMING

지금까지 프로그래밍이 무엇인지, 어떻게 우리 일상 생활 속으로 파고들었는지 살펴보았습니다. 이들이 겉보기에는 어려워 보이지만, 생성형 AI의 사용법을 파악하여 우리의 코딩 학습에 날개를 붙여보겠습니다.

환경 설정? 어렵지 않아요!

본격적으로 코드를 만들고 실행하기에 앞서, 실습 환경 구성 방법을 살펴보겠습니다. 우리는 코딩을 하기 위하여 어떤 것들이 필요할까요? 개발자들이 코드를 작성할 때 사용하는 프로그램은 무엇인지, 멋진 개발자나 영화 속 해커들이 코드를 치고 실행하는 환경에는 어떤 것이 있는지 살펴봅시다.

1 코딩 환경의 이해: IDE와 텍스트 에디터

우리가 코딩을 시작할 때에는 반드시 특별하거나 복잡한 환경이 필요하지는 않습니다. 간단한 텍스트 편집기나 기본 IDE만 있으면 쉽게 코딩을 시작할 수 있으며, 터미널 등 운영체제를 제어할 수 있는 기본 프로그램을 통해서도 활용해볼 수 있습니다. 다만 전문적으로 깊이 있는 작업을 할 때는 IDE와 터미널, 운영 체제와 터미널에 대한 이해가 있으면 더 효율적이고 제대로 작업할 수 있기 때문에 단계적으로 익숙해지면서 필요한 기능을 추가로 배우고 활용하는 것이 좋습니다.

IDE

IDE(Integrated Development Environment, 통합 개발 환경)는 개발자들이 보다 편리하게 코드를 작성하고 관리할 수 있도록 다양한 기능을 제공하는 소프트웨어 및 프로그램입니다. 단순히 코드를 작성하는 것에서 나아가 디버깅, 컴파일링, 프로젝트 관리, 배포 등 개발에 관련된 필수 기능들을 제공합니다. 우선 IDE가 제공하는 기능들의 정의를 살펴보며 프로그래밍에 관한 지식과 구조를 익혀봅시다.

디버깅

디버깅(Debugging)이란 직역하면 벌레를 잡는 행위를 말하며, 코드에서 발생한 오류나 버그를 찾아 수정하는 과정입니다. 일반적인 IDE에서는 오류가 발생한 위치를 명확히 표시해주고, 변수의 값이나 실행 흐름을 단계별로 확인할 수 있는 기능을 제공합니다. 예를 들어, Visual Studio에서는 중단점(Breakpoint)을 설정하여 프로그램 실행을 잠시 멈추고 각 변수의 현재 상태를 점검하며 문제를 해결할 수 있습니다.

컴파일링

컴파일링(Compiling)이란, 프로그래밍 언어로 작성된 코드를 컴퓨터가 실행할 수 있는 형태로 변환하는 과정을 의미합니다. IDE는 컴파일 과정을 간단하게 버튼 클릭이나 단축키로 수행할 수 있게 해줍니다. 가령 Eclipse라는 IDE에서 Java 소스코드를 작성한 후, 별도의 명령어를 입력할 필요 없이 자동으로 Java 바이트코드(.class 파일)로 컴파일해주는 기능을 제공합니다.

프로젝트 관리 기능

프로젝트 관리(Project Management)는 여러 파일이나 자원을 하나의 프로젝트 단위로 묶어서 효율적으로 관리하는 기능을 말합니다. IDE에서는 파일 관리, 버전 관리(Git 연동 등), 의존성 관리, 팀 협업 기능 등을 통합적으로 제공합니다. 예를 들어 파이썬에 특화된 IDE인 PyCharm에서는 파이썬 개발 시 패키지 및 라이브러리 관리, Git을 통한 소스코드 버전 관리, 협업을 위한 코드 리뷰 기능을 지원합니다.

배포

배포(Deployment)란 개발된 소프트웨어나 웹 서비스를 실제 사용자들이 사용할 수 있도록 서버나 클라우드 환경에 배치하는 과정을 의미합니다. IDE에서는 배포 자동화 도구를 제공하는데, 개발자가 작성한 애플리케이션을 손쉽게 원격 서버에 업로드하거나 클라우드 서비스(AWS, Azure, GCP 등)에 직접 배포할 수 있도록 도와줍니다.

또한 사용자들이 코딩을 편하게 할 수 있도록 코드 자동 완성, 문법 검사, 각종 부가 기능과 더불어 최근에는 AI 기반 코드 어시스턴트(Code assistant) 등이 제공됩니다. 대표적인 IDE는 다음과 같습니다.

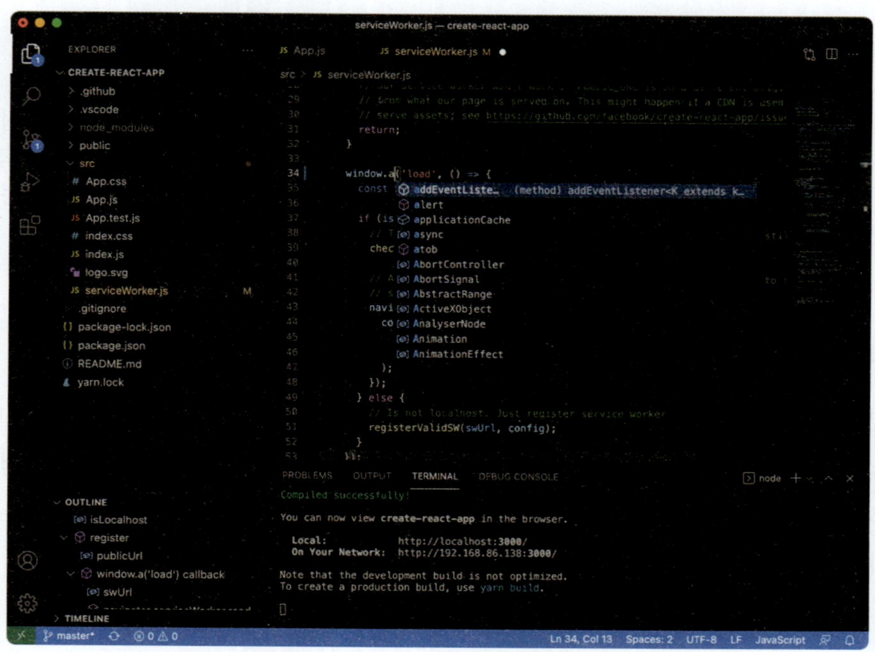

그림 2-1 Visual Studio Code와 Cursor

Visual Studio Code(VS Code)

Microsoft에서 개발한 무료 오픈 소스 코드 편집기입니다. 2015년 공개된 이후로, 전 세계 개발자들 사이에서 빠르게 인기를 얻어 지금까지도 많은 사랑을 받고 있습니다. 다양한 프로그래밍 언어를 지원하며 서로 다른OS(Windows, macOS, Linux 등)에서도 잘 작동하며, 수많은 플러그인을 통해 기능을 쉽게 확장할 수 있습니다. 또한 빠르고 가벼우며, 최근에는 GitHub Copilot과 같은 AI 기반 자동 코드 생성 기능도 제공합니다.

PyCharm

JetBrains에서 출시한 파이썬 개발에 최적화된 IDE입니다. VS Code와 마찬가지로 코드 작성, 디버깅, 테스트 도구를 제공하며 코드 자동 완성, 오류 감지 및 수정 제안 등의 기능을 제안합니다. Community edition(무료)과 Professional edition(유료) 두 가지 에디션으로 제공됩니다. 개인 학습이나 오픈 소스 프로젝트 등 기본적인 기능은 Community edition으로 충분하지만, 대규모 웹 개발이나 데이터 과학 프로젝트 수행 시 Professional edition을 사용하여 더 많은 기능을 활용할 수 있습니다.

Eclipse

주로 자바(Java) 개발에 사용되는 IDE입니다. 또한 기본 기능 외에도 다양한 플러그인을 통해 C/C++, 파이썬, JavaScript 등 다양한 언어 개발을 위한 환경을 구성할 수 있습니다.

TIP 리팩토링(Refactoring)이란?

리팩토링이란, 프로그램의 기능은 그대로 유지하면서 코드의 구조나 가독성을 개선하기 위해 코드를 재구성하는 과정을 의미합니다. 외부 동작은 변하지 않지만, 코드가 더 이해하기 쉽고 유지보수 또한 용이하도록 정리하는 작업입니다. 예를 들어 중복된 코드를 제거하고, 클래스나 변수의 이름을 더 명확하게 바꾸거나 코드의 복잡도를 줄이는 작업들이 이에 해당합니다.

텍스트 에디터

코딩은 반드시 IDE에서만 진행할 수 있는 것은 아닙니다. 이외에도 텍스트 에디터나 터미널에서도 코드를 입력하여 작업을 수행할 수 있습니다. 텍스트 에디터는 IDE보다 가벼운 프로그램으로, 코드를 간단하게 작성하거나 수정할 때 사용하기 좋습니다. Vim, Notepad++, Sublime Text, Atom, Emacs가 대표적이며, 작은 작업이나 빠른 코드 수정에 편리합니다.

2 터미널과 클라우드 플랫폼

우리는 간혹 특정 프로그램을 설치하거나 실행하다 보면 터미널에서 특이한 명령어를 입력해야 하는 상황이 있습니다. 윈도우에서는 명령 프롬프트(CMD, Command Prompt)나 PowerShell, MacOS와 리눅스 계열 OS에서는 Bash나 Zsh 등을 사용합니다. 이렇게 우리가 터미널에 명령어를 입력하는 과정도 코딩일까요? 프로그래밍과 OS, 터미널은 어떤 관계가 있을까요? 더 나아가 터미널에 코드를 입력하는 것은 파이썬이나 자바 등 프로그래밍 언어를 통해 코딩을 하는 것과 어떤 점이 다를까요?

OS

터미널을 설명하기 위해선 OS(Operating System)을 우선 짚고 넘어가야 합니다. OS는 우리가 컴퓨터를 쉽게 사용할 수 있도록 컴퓨터 속 소프트웨어와 하드웨어, 그리고 데이터를 관리해주는 소프트웨어입니다. 컴퓨터를 도서관에 비유해봅시다. 도서관 안에는 수많은 책과 자료가 있습니다. 책은 컴퓨터의 여러 가지 데이터나 프로그램을 나타내고, 도서관을 찾는 사람들은 컴퓨터를 사용하는 사용자들이라 가정하겠습니다. 우리가 도서관에 들어가서 원하는 책을 바로 찾기는 어려우므로 도서관에는 책을 잘 정리하고, 방문자들에게 책의 위치를 안내하며 빌려주는 일을 하는 사서가 필요합니다. 이 사서 역할을 OS가 해주는 셈입니다.

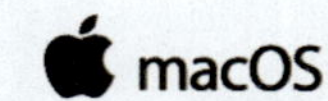

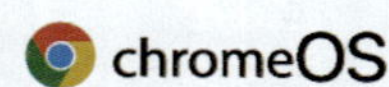

그림 2-2 다양한 OS 〈셔터스톡 2392022849〉

예를 들어 우리가 컴퓨터에서 게임을 실행할 경우 사서(OS)는 사용자의 요청에 따라 게임 프로그램이라는 책을 컴퓨터 내부에서 찾아줍니다. 또, 게임을 하다가 음악도 듣고 싶다면 사서가 음악 프로그램도 찾아서 함께 실행해줍니다. 이처럼 OS는 여러 프로그램이 서로 방해받지 않고 함께 잘 실행되도록 관리합니다. 또한 OS는 컴퓨터의 한정된 자원(메모리, CPU 등) 사용을 관리해줍니다. 여러 사람이 동시에 원하는 책을 찾을 때 사서가 누구에게 어떤 책을 먼저 줄지 결정하는 것처럼, OS도 여러 프로그램이 동시에 컴퓨터 자원을 요청할 때 수요를 적절히 나누어 사용하도록 조율의 중추를 담당합니다.

파이썬 등 프로그래밍 언어는 OS가 제공하는 기능과 코드를 바탕으로 하드웨어와 상호작용합니다. 또 대부분의 개발 도구와 환경 설정이 터미널을 기반으로 이루어집니다. 패키지를 설치하여 유용한 코드들을 불러오고, 버전을 관리하며 자동화 스크립트를 실행하는 과정은 주로 터미널 명령어로 실행되기에 코딩을 배우는 데 있어 OS와 터미널을 이해하는 것은 매주 중요합니다.

OS에서 시스템과 자원을 관리하고, 파일과 폴더를 조작하며 반복적인 작업을 자동화하기 위해선 OS가 이해할 수 있는 코드로 명령을 내려야 합니다. 즉 OS 명령어로 프로그래밍을 할 수 있는 셈입니다. 그러나 이 명령어는 프로그래밍 언어보다 상대적으로 기능이 적고 문법이 덜 복잡하며 주로 터미널을 통해 실행할 수 있습니다.

터미널

터미널(Terminal)은 사용자가 컴퓨터를 제어하기 위해 명령어를 입력하는 환경입니다. 터미널 명령어는 보통 쉘 스크립트(Shell Script)라는 간단한 언어로 구성되며, 이 명령어를 통해 파일과 폴더 관리, 작업 스케줄링 등을 제어할 수 있습니다. 이렇게 터미널에 명령어를 입력하여 컴퓨터와 상호작용하는 방식을 CLI(Command Line Interface)라 합니다. 초기 컴퓨터들은 대부분 CLI 방식으로 운영되었지만, 명령어를 암기하거나 초보자들은 직관적으로 이해하기 힘든 점이 있었습니다.

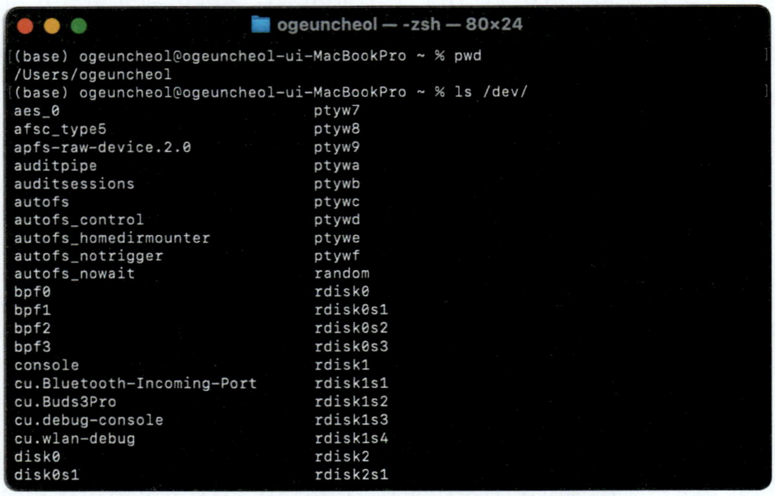

```
ogeuncheol — -zsh — 80×24
(base) ogeuncheol@ogeuncheol-ui-MacBookPro ~ % pwd
/Users/ogeuncheol
(base) ogeuncheol@ogeuncheol-ui-MacBookPro ~ % ls /dev/
aes_0                          ptyw7
afsc_type5                     ptyw8
apfs-raw-device.2.0            ptyw9
auditpipe                      ptywa
auditsessions                  ptywb
autofs                         ptywc
autofs_control                 ptywd
autofs_homedirmounter          ptywe
autofs_notrigger               ptywf
autofs_nowait                  random
bpf0                           rdisk0
bpf1                           rdisk0s1
bpf2                           rdisk0s2
bpf3                           rdisk0s3
console                        rdisk1
cu.Bluetooth-Incoming-Port     rdisk1s1
cu.Buds3Pro                    rdisk1s2
cu.debug-console               rdisk1s3
cu.wlan-debug                  rdisk1s4
disk0                          rdisk2
disk0s1                        rdisk2s1
```

그림 2-3 macOS의 터미널

그러나 핸드폰, 컴퓨터 등 우리가 일상 생활에서 사용하는 전자 기기들은 서로 다른 OS에서 구동됩니다. 대표적인 데스크톱 OS에는 OS인 Windows, macOS, Linux 계열의 배포판 OS(Ubuntu, Fedora 등)이 있습니다. 핸드폰과 태블릿 PC 등을 구동하기 위한 모바일용 OS 또한 존재하며, Android, iOS 등이 있습니다. 각 OS는 운영사와 목표, 개발철학에 차이가 있기에 사용하는 언어와 개발 도구, 작업 환경이 상이합니다. 그렇기에 각 체제는 서로 다른 터미널로 제어할 수 있으며, 서로 다른 명령어를 바탕으로 작동합니다. 대표적인 데스크톱 OS를 살펴보겠습니다.

Linux

1991년 리누스 토발즈(Linus Torvalds)에 의해 개발된 오픈소스 OS입니다. Unix의 철학을 이어받아 명령어 기반의 인터페이스를 제공하며, 무료로 제공되고 커뮤니티가 활발하여 지속적인 발전이 이루어지고 있습니다. Linux는 Ubuntu, Fedora, Debian, CentOS 등 여러 배포판(Distribution)이 있어 사용 목적에 따라 선택할 수 있으며, 서버 관리, 개발 환경 구축, 인공지능 및 데이터 분석 작업 등 다양한 분야에서 사용됩니다. 대부분의 Linux 배포판에서는 Bash를 기본 터미널로 사용합니다.

macOS

애플(Apple)이 2001년 발표한 Unix 기반의 운영체제로, Apple의 주요 데스크톱 및 노트북 라인업인 맥(Mac)의 OS로 활용됩니다. 세련된 사용자 인터페이스와 뛰어난 하드웨어 호환성이 특징입니다. Unix 기반 명령어 환경을 제공하므로 과거에는 Bash를 터미널로 사용했으나, 이후 Zsh을 기본 쉘로 활용합니다.

Windows

마이크로소프트가 독자적으로 개발한 OS로, Unix 기반과는 완전히 다른 구조를 가지고 있습니다. 1985년에 처음 출시된 Windows부터 GUI(Graphical User Interface)를 중심으로 설계되었으며 사용하기 쉽고 직관적입니다. Windows에는 두 가지 터미널이 있는데, 하나는 초기(MS-DOS 시절)부터 사용되었으며, 기본적인 파일 및 폴더 관리와 작업을 담당하는 CMD(Command Prompt)입니다. 나머지 하나는 2006년에 도입되어 Windows 내 복잡한 시스템을 관리하거나 자동화를 위해 개발된 PowerShell입니다.

TIP GUI(Graphical User Interface)란?

GUI란 사용자가 명령어가 아닌 아이콘, 창, 메뉴 등 직관적으로 인식하기 쉬운 시각적인 요소를 통해 컴퓨터와 상호작용하는 환경을 의미합니다. 마이크로소프트의 Windows, 애플의 Macintosh와 macOS, 모바일 OS인 Android와 iOS 등 현시점 우리가 자주 사용하는 대부분의 OS는 GUI를 제공합니다.

클라우드 플랫폼

예전과 달리 우리는 데이터를 더이상 기기에 저장하지만은 않습니다. 친구들과 함께 여행가서 찍은 사진을 클라우드에 백업하고, 학교 과제를 클라우드 드라이브에 올려 공유하며 여러 사람이 동시에 접속하여 이를 수정합니다. 또한 회사의 주요 데이터를 사내 전산망에 저장하지 않고, 클라우드를 대여하여 저장하기도 합니다. 이처럼 클라우드는 우리의 일상에 깊이 자리잡았습니다.

클라우드 플랫폼(Cloud platform)은 물리적인 컴퓨터나 서버를 직접 구매하거나 관리하지 않고도, 인터넷을 통해 필요한 컴퓨팅 자원을 빌려 쓸 수 있는 환경을 제공하는 서비스입니다. 이러한 플랫폼은 세계 곳곳에 분산되어 있는 대형 데이터 센터의 서버들을 활용하여, 언제 어디서나 동일한 환경에 접속할 수 있도록 도와줍니다. 사용자는 서버, 저장 공간, 데이터베이스와 같은 자원을 필요한 만큼만 사용하고, 사용한 만큼 비용을 지불하기 때문에 초기 투자 비용을 크게 줄일 수 있으며, 프로젝트의 규모에 따라 자원을 유연하게 확장할 수 있습니다.

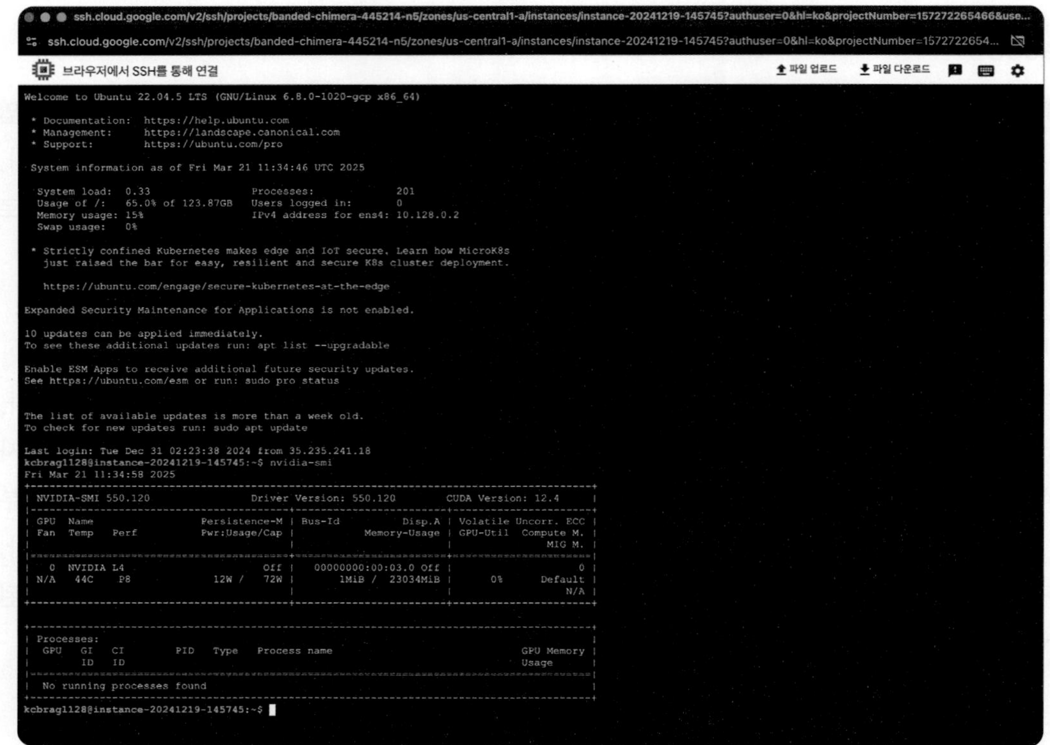

그림 2-4 GCP(Google Cloud Platform) 가상 머신 인스턴스

또한, 클라우드 플랫폼은 단순히 서버 자원을 제공하는 것에 그치지 않고, 애플리케이션 개발, 테스트, 배포에 필요한 다양한 도구와 서비스를 함께 제공합니다. 이로 인해 개발자가 복잡한 인프라 관리에 신경 쓰지 않고 코딩과 개발에 집중할 수 있게 됩니다.

한편, 클라우드 플랫폼에도 OS는 반드시 설치되어 있습니다. 클라우드 플랫폼은 물리 서버 위에 구축되며, 이 서버들은 Linux나 Windows Server와 같은 운영체제를 실행합니다. 사용자가 클라우드 서비스에서 가상 머신(VM, Virtual Machine)이나 컨테이너를 생성할 때, 원하는 운영체제를 선택하여 사용할 수 있으며, 이렇게 생성된 가상 환경은 독립적으로 동작하는 컴퓨터로써 자체 OS를 갖추게 됩니다. 다만, 클라우드 서비스 제공업체가 OS의 설치, 업데이트, 보안 관리 등을 대신 처리해 주기 때문에, 사용자는 복잡한 유지보수 없이도 편리하게 원하는 환경을 활용할 수 있습니다.

3 GitHub: 협업과 포트폴리오를 위한 첫걸음

개발을 할 때 처음 작성한 코드는 그대로 유지되는 경우도 있지만, 대부분의 경우 여러 가지 이유로 인해 지속적으로 수정되거나 업데이트됩니다. 예를 들어, 프로그램에 새로운 기능을 추가하거나 기존 기능을 개선할 때, 해당 프로그램을 다른 기기나 OS로 옮기거나 사용 중 발견된 버그를 고치기 위해 코드를 변경하게 됩니다. 개발 중에 요구사항이 바뀌거나, 코드의 구조를 더 깔끔하고 효율적으로 만들기 위해서도 코드를 수정하곤 합니다.

이처럼 코드는 시간이 지나면서 계속해서 발전하게 되는데, 이런 변화 과정에서 이전 버전의 코드를 기록하고 관리하는 것은 매우 중요합니다. 만약 어떤 부분을 수정했는데 그 결과로 다른 부분에 문제가 생겼다면, 이전 버전의 코드를 다시 불러와서 문제를 해결할 수 있어야 하기 때문입니다. 또한, 여러 개발자가 함께 작업하는 경우 각자 어떤 변경을 했는지, 언제 어떤 이유로 수정이 이루어졌는지를 명확하게 기록해두면, 나중에 코드의 흐름을 이해하고 협업할 때 큰 도움이 됩니다.

Git과 GitHub

그림 2-5 깃과 깃허브

깃(Git)과 깃허브(GitHub)는 현대 소프트웨어 개발과 협업에 있어 필수적인 도구입니다. 깃은 분산형 버전 관리 시스템으로, 개발자들이 소스 코드의 변경 이력을 체계적으로 기록하고 관리할 수 있도록 도와줍니다. 예를 들어, 프로젝트를 진행하면서 발생하는 각 코드 수정 사항들을 깃을 통해 저장하면, 나중에 문제가 발생했을 때 이전 상태로 쉽게 되돌릴 수 있고, 누가 언제 어떤 변경을 했는지 확인할 수 있습니다.

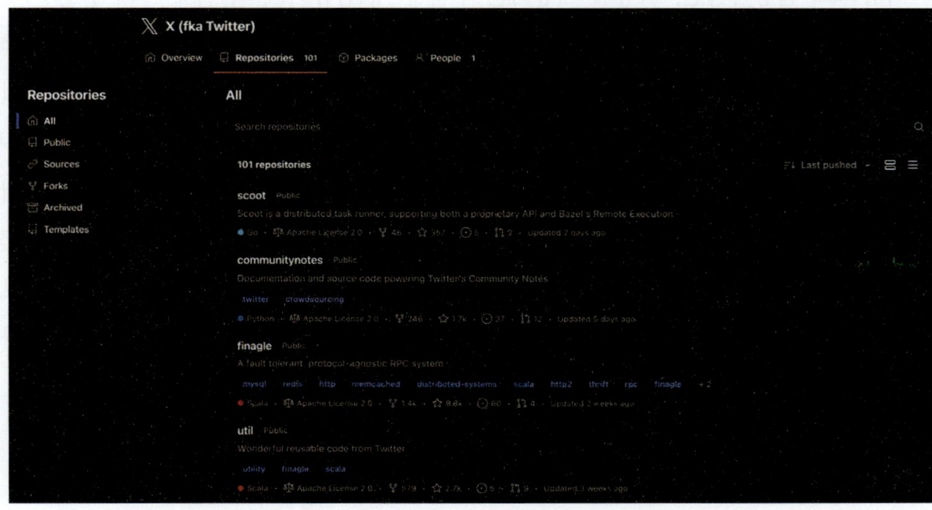

그림 2-6 X(Twitter)의 깃허브

한편, 깃허브는 깃을 기반으로 한 온라인 플랫폼으로, 로컬 컴퓨터에 저장된 깃 저장소를 웹에 호스팅하여 전 세계의 개발자들이 함께 코드를 공유하고 협업할 수 있도록 지원합니다. 깃허브를 사용하면 프로젝트의 소스 코드를 안전하게 백업할 수 있을 뿐 아니라, 팀원과의 코드 리뷰, 코드 사용 시 발생한 이슈 관리, 변경된 코드 일부를 나머지 코드와 병합하기 위한 풀 리퀘스트(Pull request) 등의 기능을 활용해 효율적인 협업이 가능해집니다.

깃은 주로 명령어와 커맨드라인을 통해 사용되지만, GitHub Desktop이나 다양한 GUI 클라이언트를 이용하면 초보자들도 쉽게 다룰 수 있습니다. 이러한 도구들은 Git의 기능을 시각적으로 관리할 수 있게 해주어, 코드를 버전 관리하고 협업하는 과정에서 발생할 수 있는 어려움을 줄여줍니다. 깃과 깃허브 두 가지 도구의 기본 개념을 이해하고 사용법에 익숙해진다면, 앞으로 진행할 다양한 프로젝트에서 더 안정적이고 효율적으로 작업할 수 있을 것입니다.

깃의 작동 방식

깃과 깃허브의 전체 흐름을 간단히 비유하자면, 집에서 책을 쓰고 출판사와 협업하는 상황을 상상할 수 있습니다. 우리가 작가가 되어 글을 쓴다면, 가장 먼저 내 방의 책상에서 원고를 작성합니다. 어느 정도 글이 완성되기 전까지 날마다 조금씩 글을 쓰고 수정하며 임시로 서류 저장함에 넣어두었다가, 완성이 된다면 묶어서 내 개인 책장에 보관합니다. 하지만 이 상태로는 출판사의 직원과 협업하거나 외부에 공개하기가 어렵습니다. 그래서 출판사에 해당 원고를 넘겨 여러 사람이 그 책을 볼 수 있게 하고, 함께 수정하거나 새로운 아이디어를 제안할 수도 있습니다. 이처럼 깃은 내 컴퓨터 안에서 글(소스 코드)을 여러 버전으로 관리하고, 깃허브는 그 글을 다른 사람들과 공유하고 협업하기 위한 온라인 출판사 역할을 맡습니다.

깃 과정에 관여하는 각 요소

앞 예시를 바탕으로 설명하자면, 책상에 해당하는 부분은 내 컴퓨터 안의 실제 폴더이며, 이것이 바로 깃에서 말하는 작업 공간(Workspace)입니다. 사용자는 이곳에서 파일을 생성하거나 수정하면서 프로젝트를 진행합니다. 서류함에 해당하는 공간은 스테이징 영역(Staging Area)입니다. 작업 공간에서 수정된 내용을 책으로 확정하기 전에 잠시 모아두는 곳으로, 여기서 어떤 파일들을 최종 버전에 포함할지 선택합니다. 개인 책장에 해당하는 부분은 로컬 저장소(Local Repository)에 해당합니다. 스테이징 영역에서 모아둔 파일을 최종적으로 책처럼 묶어 버전을 만들면, 그 버전은 로컬 저장소에 기록됩니다. 출판사나 도서관에 해당하는 부분은 원격 저장소(Remote Repository)로, 깃허브 같은 웹 서비스에서 제공합니다. 로컬 저장소에만 머물러 있는 책(코드)을 원격 저장소에 올리면, 다른 사람들도 이 책을 보고 수정하거나 새로운 제안을 하며 협업할 수 있다.

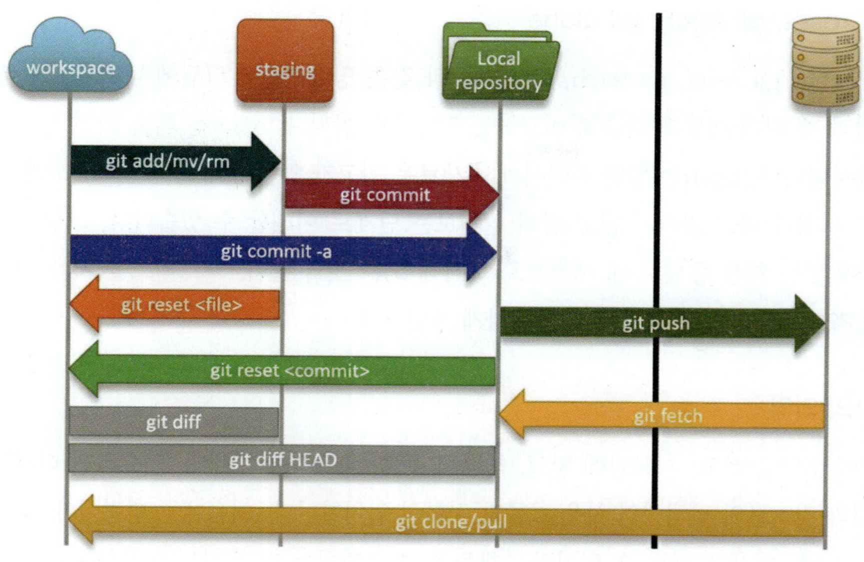

그림 2-7 Git의 작동 방식(리디자인 필요)

git commit

그림 상단에는 크게 네 영역이 나열되어 있습니다. 이 네 영역을 거치며 작업이 이뤄지는 과정을 실제 책 쓰기에 비유하여 차근차근 살펴보면 이해가 훨씬 쉬워집니다. 먼저 작업 공간에서 파일을 수정하거나 새로 작성한 뒤, 그 변화를 임시 서류함으로 옮기는 단계를 생각해볼 수 있습니다. 그림에서 이 흐름은 git add/mv/rm 명령어(각각 추가, 이동, 제거)로 표시되어 있는데, 이는 곧 "책상 위에서 방금 수정한 원고를 서류함에 넣는다"라는 의미와 같습니다. 수정이 완료된 파일이 스테이징 영역에 올라오면, 그 다음에는 로컬 저장소에 커밋(commit)하여 버전으로 기록합니다. 이때 그림에서는 git commit 명령어가 스테이징 영역에서 로컬 저장소로 향하는 화살표로 표현되어 있습니다. 이는 "서류함에 넣어둔 원고를 책으로 묶어 개인 책장에 꽂는다"라는 비유로 표현할 수 있습니다.

git push & pull

로컬 저장소에만 책을 꽂아두면 혼자만 볼 수 있기 때문에, 협업이나 백업을 위해서는 푸쉬(Push) 과정을 통해 원격 저장소로 보내야 합니다. 그림에서는 git push라는 화살표가 로컬 저장소에서 원격 저장소로 이어지는데, 이는 "내 책장에만 있던 책을 출판사(또는 공용 도서관)로 옮기는 것"을 뜻합니다. 이 과정을 통해 다른 사람들도 내 책을 볼 수 있고, 책에 담긴 내용(코드)을 함께 수정하거나 새로운 버전을 만들어갈 수 있습니다. 반대로 출판사에서 이미 다른 사람들의 수정이 이뤄져 새 책(버전)이 나왔다면 풀(Pull)을 통해 나의 파일에도 변경 사항을 적용해야 합니다. 그림에서 git pull 화살표가 보여주듯이 이 과정을 통해 변화한 내용들을 내 로컬 저장소로 가져올 수 있습니다. 이는 "출판사에 새로 나온 책을 다시 집으로 들여와서 내 책장에 꽂는" 과정에 해당합니다.

git diff, git reset, git fetch, git clone

이 밖에도 git diff, git reset, git fetch, git clone과 같은 명령어들이 그림에 나타나 있는데, diff는 책의 이전 판과 새 판이 어떻게 다른지 비교하는 것에 해당합니다. reset은 책을 이전 상태로 되돌리는 과정과 유사합니다. fetch는 일단 출판사에서 새로운 원고가 있는지 확인하고 가져오기만 하는 명령어로, 아직 책장에 바로 합치지 않고 잠시 살펴보는 단계로 이해할 수 있습니다. 그림 속 clone은 이미 출판사에 있는 책을 통째로 내 책장으로 복사해 오는 것과 같아, 프로젝트를 처음 시작할 때나 다른 사람의 저장소를 그대로 가져올 때 유용하게 쓰입니다.

깃 & 깃허브의 의의

이렇듯 책상에서 글을 쓰고, 서류함에 넣고, 책장에 꽂고, 출판사에 보내며, 필요하면 다시 가져오는 과정은 곧 깃과 깃허브의 전체적인 사용 흐름과 정확히 일치합니다. 처음에는 명령어가 낯설고, 버전 관리의 개념이 생소하게 느껴질 수 있지만, "책을 쓰고 출판하는 단계"라는 비유를 머릿속에 그려두면 한결 이해하기 쉬워집니다. 작업 공간에서 스테이징 영역을 거쳐 로컬 저장소로 가는 과정을 반복하면서, 언제든지 이전 버전으로 돌아갈 수 있고, 다른 사람과 동시에 협업하는 환경을 만들 수 있다는 점이 깃과 깃허브의 가장 큰 장점입니다. 협업이 필요한 상황이라면, 내 로컬 저장소의 버전을 원격 저장소에 푸쉬하고, 다른 사람의 변경 사항을 풀로 가져오며, 여러 갈래로 나뉘어 작업한 뒤 다시 합치는 머지(Merge) 과정을 통해 코드의 충돌을 최소화할 수 있습니다.

결국 깃과 깃허브는 단순히 소스 코드를 저장해 두는 도구가 아니라, 여러 사람이 효율적으로 협업하고 안정적으로 프로젝트를 발전시켜 나갈 수 있게 해주는 강력한 시스템입니다. 책 쓰기와 출판에 비유된 이 흐름을 충분히 연습하고 익혀 두면, 실무 현장이나 오픈 소스 프로젝트에서도 훨씬 수월하게 적응할 수 있을 것입니다.

02 CHAPTER AI와 함께하는 첫 코드 작성

이 장에서는 본격적인 파이썬 프로그래밍에 앞서 필요한 프로그램을 다운받고 환경을 설정하는 방법에 대하여 안내합니다.

1 실습 환경 설치 – 필수 프로그램 세팅

파이썬 환경을 사용하기 위하여 파이썬 버전 3.12, VSCode, 및 기타 VSCode 익스텐션 설치 방법에 대하여 알아봅시다.

파이썬 설치

파이썬에는 주로 Python 2와 Python 3라는 두 가지 주요 버전 계열이 존재합니다. 한때 Python 2가 널리 사용되었으나, 2020년 1월부터 공식 지원이 종료되면서 현재는 Python 3가 표준으로 자리잡았습니다. Python 3 내부에서도 여러 마이너 버전이 존재하는데, 각 버전은 언어의 발전과 함께 새로운 기능이 추가되거나 기존 기능이 개선되는 등 여러 특징을 보입니다. 이 책에서는 Python 3.12를 바탕으로 실습을 진행합니다. 본문에서는 윈도우를 기준으로 설치 방법에 대하여 설명합니다.

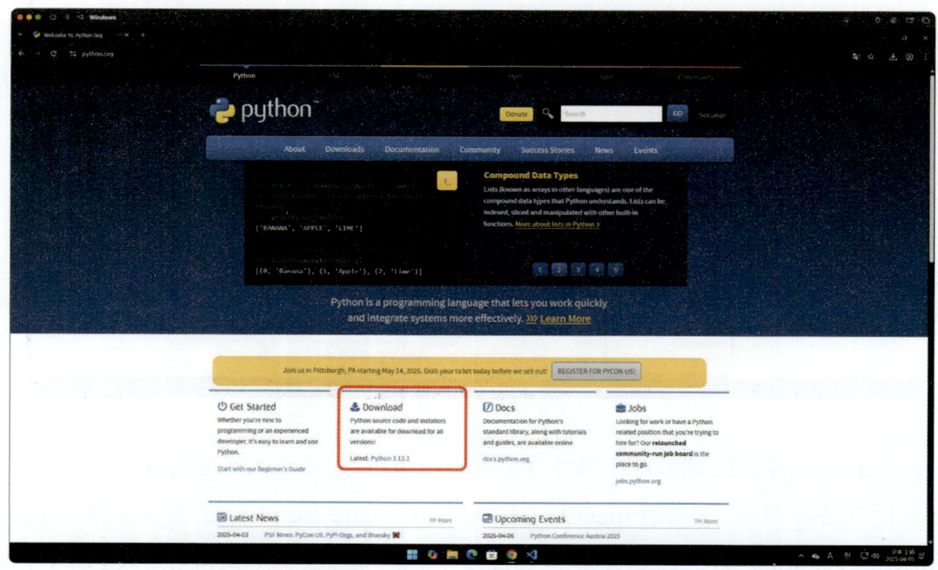

1. 파이썬 공식 사이트 https://www.python.org/로 이동합니다. 이후 Download 탭을 찾아 클릭합니다.

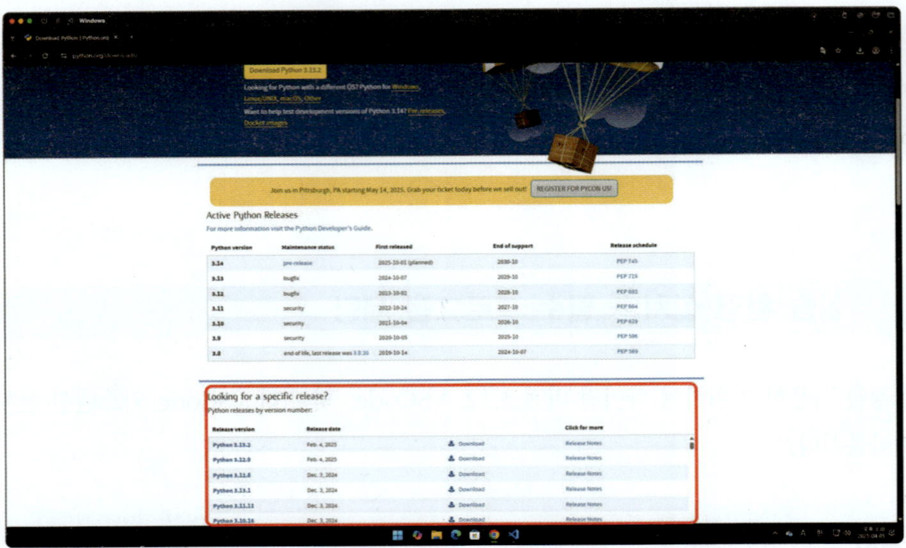

2. 이동한 페이지의 하단에서 "Looking for a specific release?" 구역을 찾습니다. 우리가 설치할 버전은 3.12.9이므로, 구역 아래 해당 버전 행에 있는 다운로드 버튼을 클릭합니다.

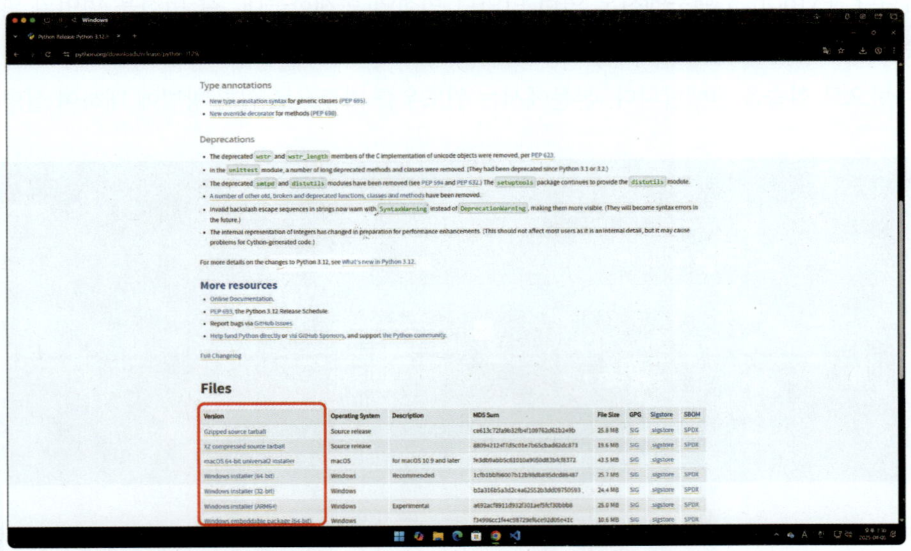

3. Python 3.12.9 다운로드 페이지의 하단 "Files"에서 현재 OS와 설치파일 유형을 고려하여 다운로드합니다. 맥북을 사용하신다면 macOS 64-bit unviersal2 installer를, 윈도우를 사용하신다면 Windows installer을 다운로드 합니다. 애플에서 만든 데스크탑/맥북의 경우 CPU의 종류에 따라 인텔(Intel) CPU를 쓰는 기기와 애플에서 제작한 M칩(Apple Silicon)을 사용하는 기기로 나

뉩니다. macOS universal2는 인텔과 애플 실리콘 아키텍처 모두에서 동작할 수 있는 프로그램을 의미합니다. 윈도우의 경우 CPU 종류에 따라 64-bit, 32-bit, ARM64로 나뉩니다. 설치하기에 앞서 내 컴퓨터 CPU의 종류를 확인하고, 이에 맞는 설치파일을 사용하는 것을 권장합니다.

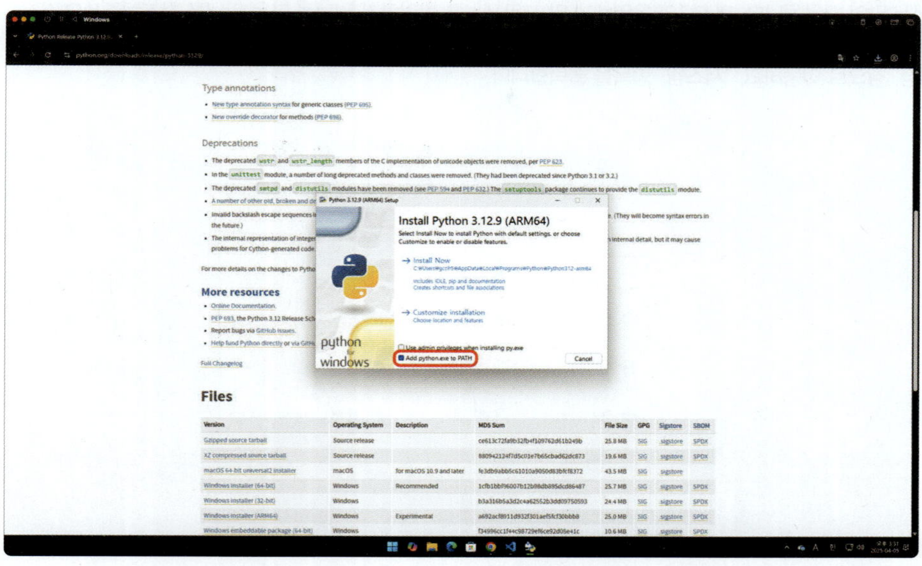

4. 설치 파일을 실행합니다. 실치 과정 중 다음 창이 나타날 경우, 붉은색 영역의 체크박스를 클릭한 후 진행합니다. "Add python.exe to PATH" 옵션을 선택하면, 파이썬 실행 파일의 경로가 시스템의 PATH 환경 변수에 추가됩니다. 이는 커맨드라인(CMD, PowerShell)에서 파이썬을 실행할 수 있도록 해주며, 매번 전체 경로를 입력할 필요 없이 편리하게 파이썬 명령어를 사용할 수 있게 만듭니다. 또한, 개발 도구나 스크립트가 파이썬을 자동으로 인식하여 실행할 수 있도록 도와줍니다.

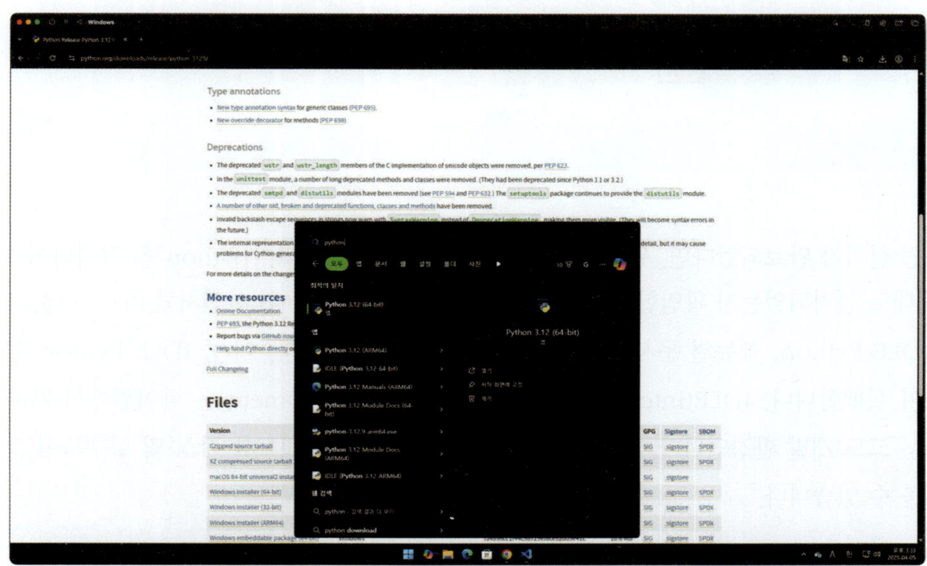

TIP 내 PC는 32bit? 64bit?

현재 대부분의 데스크톱 및 노트북에서는 64-bit를 사용합니다. 32-bit에 비하여 한 번에 처리할 수 있는 데이터의 양이 많고, 메모리 주소 공간 또한 넓은 것이 특징입니다. ARM64는 주로 모바일 기기나 태블릿 등 전력 효율성이 높은 장치에서 많이 사용됩니다. 내 PC의 운영체제 및 프로세스를 확인하기 위해선 다음 안내를 참조해주세요.

1. "설정" 창으로 이동하고, "시스템" 항목을 클릭합니다.

2. "정보"탭의 "시스템 종류"에서 운영체제와 프로세스를 확인합니다.

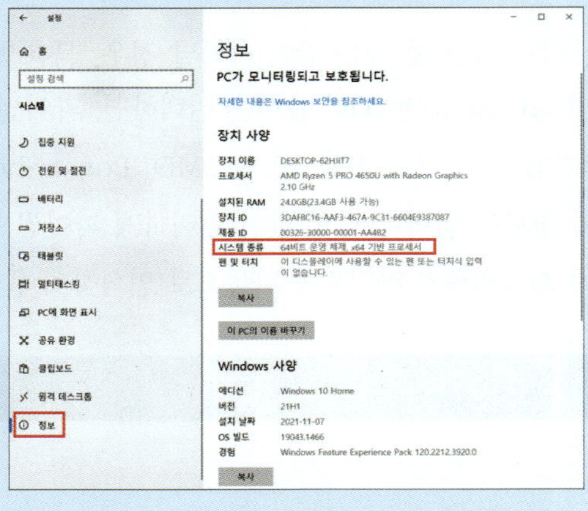

5. 파이썬 설치가 완료되었다면, 윈도우 키를 눌러 시작 메뉴를 열고, "python"을 검색하여 프로그램이 제대로 설치되었는지 확인합니다. 정상적으로 설치되었다면, 위 사진처럼 Python 3.12 실행파일, IDLE Python, 매뉴얼 문서 등 파일들을 확인할 수 있습니다. 이 중 IDLE Python 3.12를 클릭하여 실행합니다. IDLE(Integrated DeveLopment Environment)은 파이썬에서 기본으로 제공하는 코드 개발 환경입니다. 여기에서는 간단한 파이썬 스크립트를 작성 및 실행하여 그 결과를 살펴볼 수 있습니다.

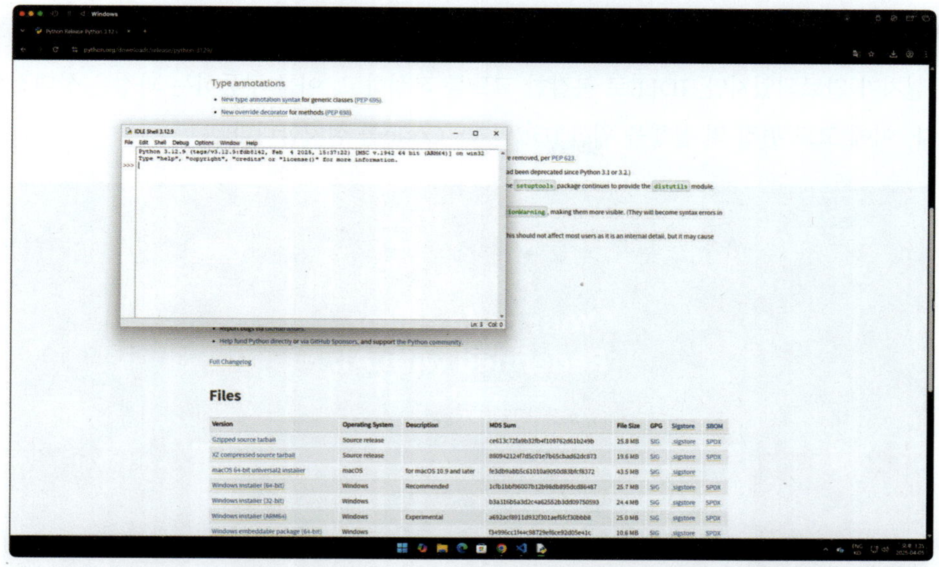

6. IDLE를 실행하였다면, 간단한 텍스트 입력 및 실행 창을 볼 수 있습니다. ">>>"으로 시작하는 행이 이용자가 텍스트를 입력하는 부분입니다. 이 부분에 print("hello") 코드를 입력 후 엔터 키를 눌러 해당 코드를 실행합니다. 실행 결과는 아래와 같습니다. Hello 문자가 출력된다면, 정상적으로 코드가 실행된 것입니다.

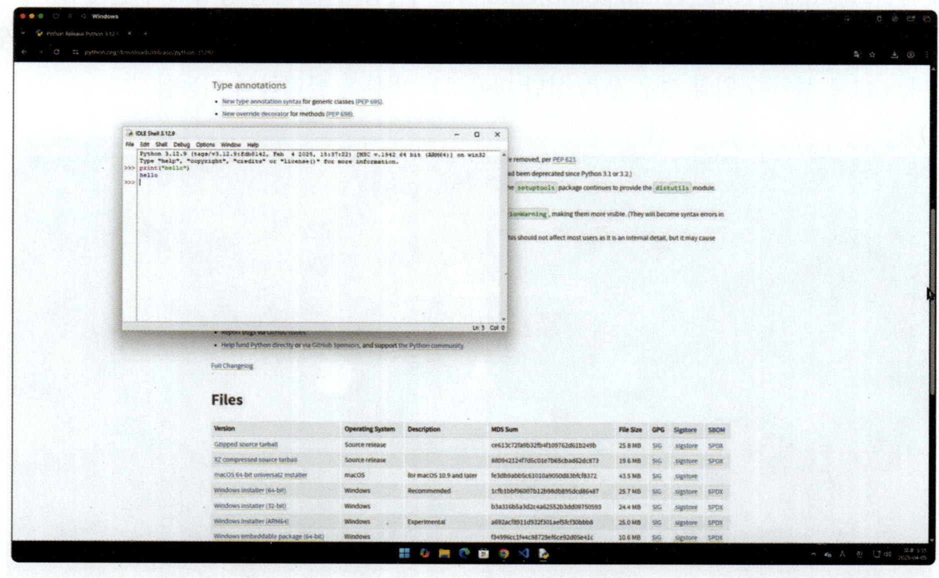

VS Code 설치

파이썬 설치가 완료되었지만, IDLE로 복잡한 코드를 작성하고, 이를 구동하는 과정은 상대적으로 불편합니다. 이에 코드 편집 및 실행을 위한 IDE인 VS Code를 설치합니다.

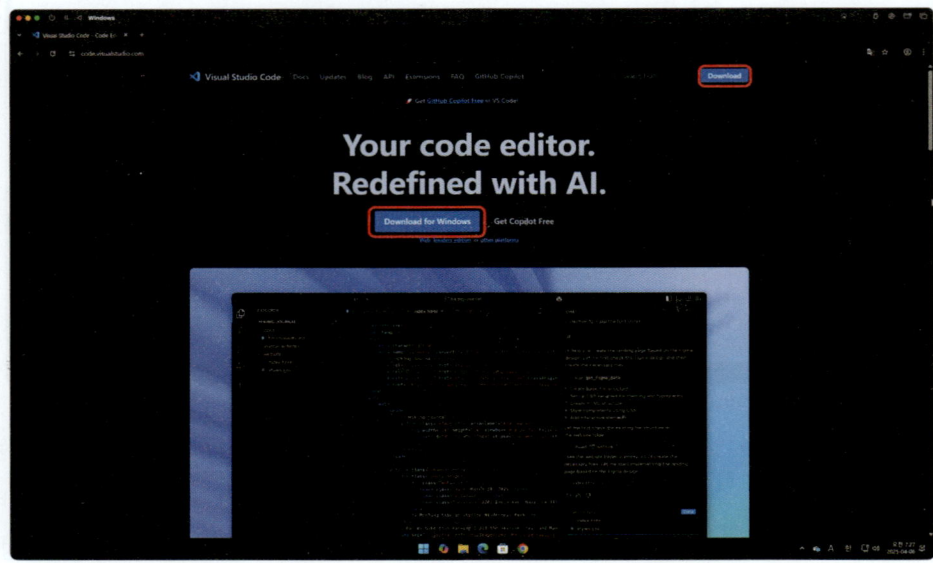

1. 공식 사이트(https://code.visualstudio.com/)로 이동합니다. 화면 중앙에서 현재 OS에 맞는 설치 프로그램을 바로 다운로드할 수 있습니다. 그러나 기본 인스톨러 이외의 다른 설치 파일을 원하거나, CLI로 설치를 원할 경우 우측 상단 다운로드 버튼을 클릭하여 이동합니다.

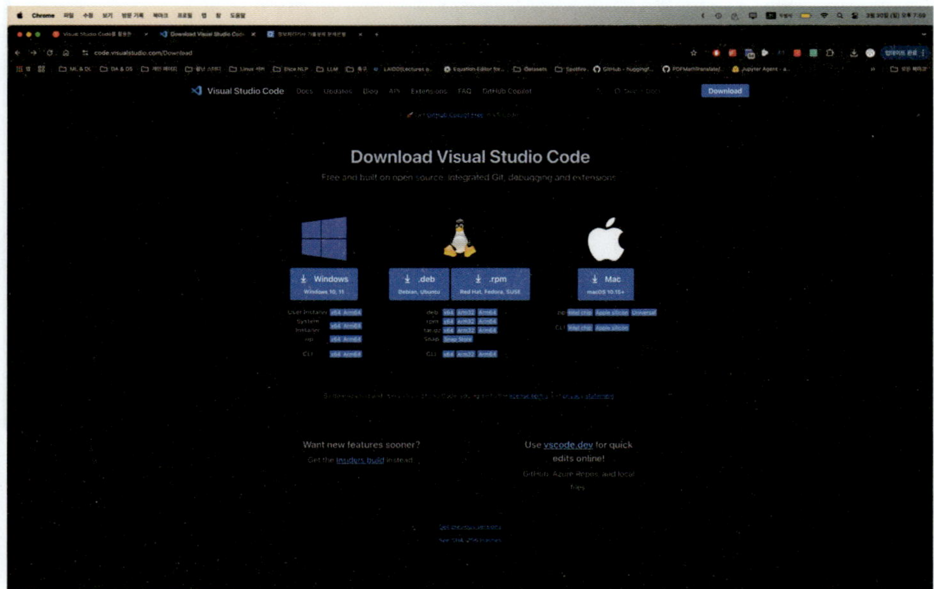

2. 윈도우의 경우 기본 인스톨러 외에 추가로 포터블 버전(.zip), CLI 설치 방법도 있습니다. OS와 프로세서의 유형에 맞춰 알맞는 설치 파일을 골라 설치합니다. 본 책에서는 기본 인스톨러를 바탕으로 설명합니다.

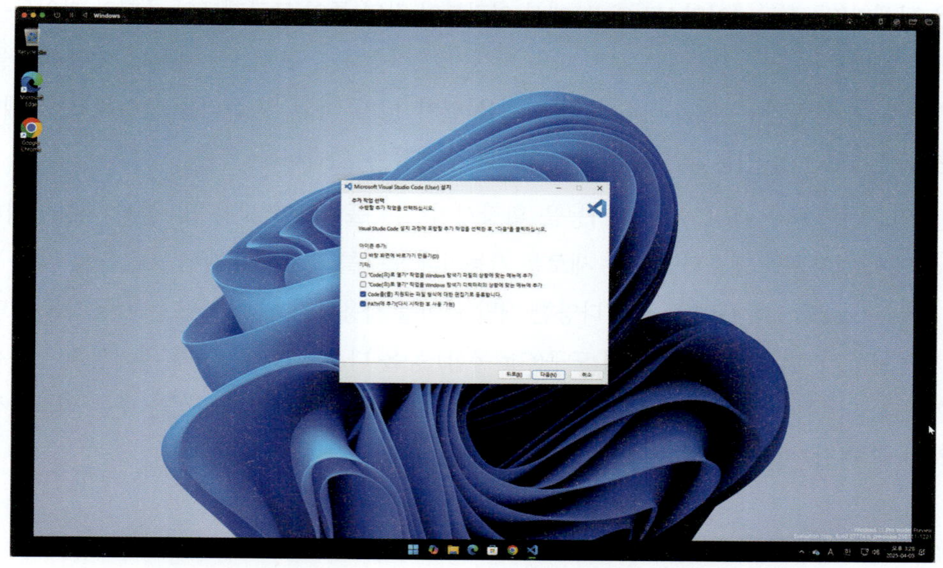

3. 설치 프로그램을 클릭하여 실행 후, 설치를 진행합니다. 설치 전 "추가 작업 선택" 과정에서 아래 두 개 체크박스가 표시되어 있는지 확인합니다. 파이썬 설치 과정과 마찬가지로, 환경 변수(PATH)에 VS Code를 추가해야 시스템에 설치된 각종 언어 등을 별도의 경로 설정 없이 편하게 사용할 수 있습니다.

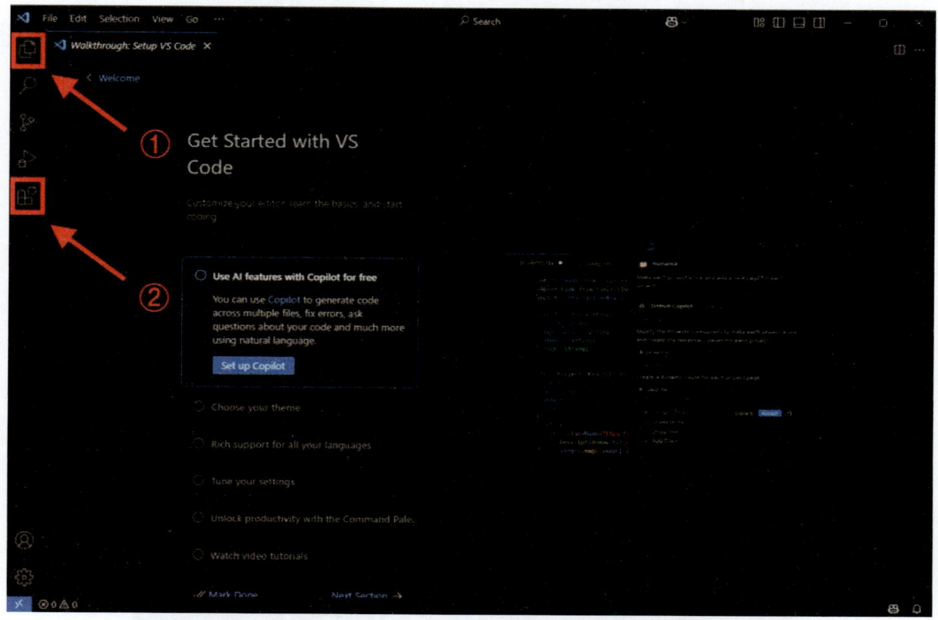

4. 설치가 완료되었다면, VS Code를 실행합니다. 처음 실행할 경우 위와 같이 VS Code 앱의 초기 화면이 나타납니다. 우리의 컴퓨터에 설치된 파이썬이 VS Code에서 실행가능한지 확인하기 위하여, UI를 간단하게 살펴보겠습니다.

   ①은 탐색기(Explorer)이며 VS Code에서 여러분이 작업 중인 프로젝트의 폴더와 파일들을 계층적으로 보여주는 곳입니다. 윈도우의 파일 탐색기와 비슷하게, 프로젝트 내부에 어떤 파일들이 있는지 한눈에 확인할 수 있습니다. 또한 파일을 열거나, 새 파일 및 폴더를 생성하고, 삭제하거나 이름을 변경하는 등 기본적인 파일 관리 작업을 수행할 수 있습니다.

   ②는 익스텐션이며 VS Code의 기능을 확장시켜주는 플러그인 모음 및 설치 기능입니다. VS Code에서 기본으로 제공되지 않는 새로운 기능이나 도구를 추가하여 작업 효율을 높일 수 있습니다. Java, JavaScript, GoLang 등 다양한 개발 언어를 사용하기 위하여, 또는 사용자들이 만든 코드 자동완성, 디버깅 툴, 버전 관리 도구(Git 통합) 등을 다운받고 설치하기 위해선 익스텐션을 활용합니다. 더 나아가 VS Code 내 코드 테마 및 아이콘 등 시각적인 다양성을 주는 익스텐션을 설치하면 내 편집기를 더욱 효율적으로 꾸밀 수 있습니다.

Git bash 설치(윈도우 권장)

윈도우의 기본 터미널은 CMD와 PowerShell입니다. 그러나 이들은 윈도우에서만 사용되고, 다른 체제에서 사용되는 경우는 매우 드뭅니다. 반대로 bash는 Unix 계열의 OS(Linux, macOS)에서 두루 사용되며, 경우에 따라서 윈도우에서도 사용할 수 있습니다(Git bash, WSL; Windows Subsystem for Linux). 또한 대부분의 서버, 클라우드 환경, 임베디드 환경과 Git 등의 도구가 Linux 기반이기 때문에 프로그래밍을 처음 배우는 입장이라면 장기적인 활용성과 개발 생태계 지원 면에서 bash 명령어를 우선적으로 익히는 것이 효율적입니다. 이번에는 추후 실습에서 활용하기 위하여 윈도우에 Git bash를 설치해보겠습니다.

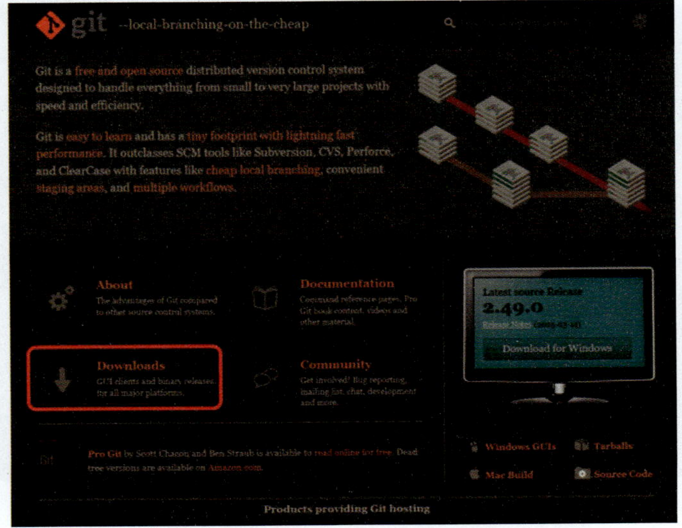

1. git-scm.com으로 이동하여 Downloads 아이콘을 클릭합니다.

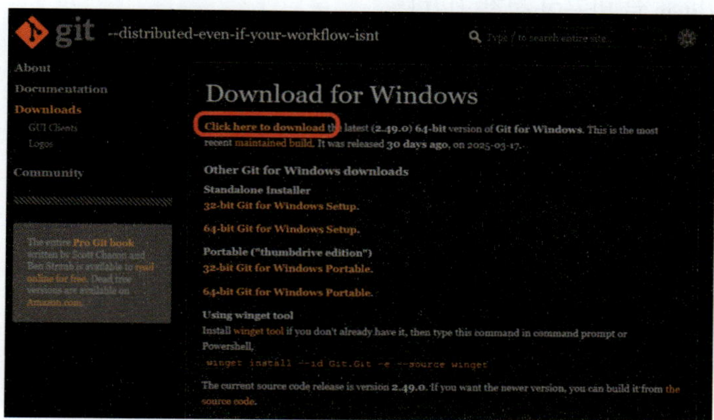

2. Download for Windows 페이지 바로 아래 다운로드 버튼을 클릭하여 설치 패키지를 받습니다. 또는 자신의 환경에 맞게 Standalone(설치 패키지) 파일이나 Portable(설치 없이 사용 가능한 버전) 등의 옵션을 고려하여 설치합니다. 본 책에서는 Standalone 파일을 활용하여 설치를 진행합니다.

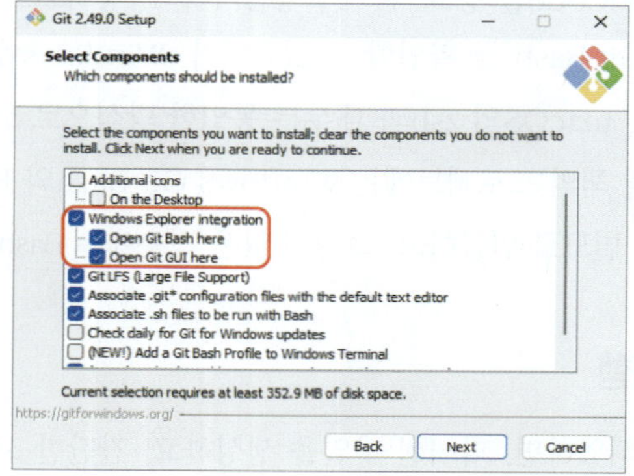

3. 이어 해당 패키지를 클릭하여 설치합니다. 대부분의 선택지들은 기본 권장 옵션을 사용하되, "Select Components" 질문에서는 체크박스 항목 중 Windows Explorer integration 아래 두 항목이 체크되어 있는지 확인합니다.

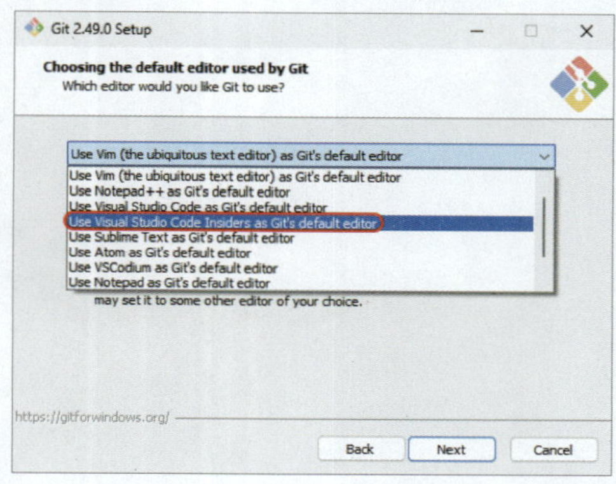

4. "Choosing the default editor used by Git" 질문에서는 "Use Visual Studio Code Insiders as Git's default editor"로 바꾸어 설정합니다.

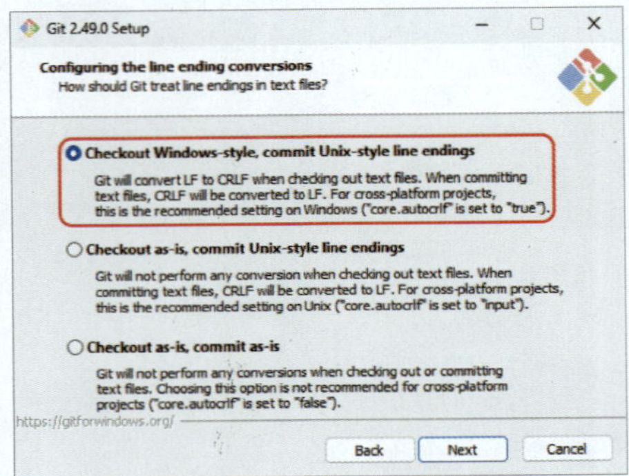

5. "Configuring the line ending conversions" 질문에서는 "Checkout Windows-style, commit Unix-style line endings"가 체크되어 있는지 확인합니다. 나머지 질문에 대해서 기본 권장 값을 사용하고, 설치를 완료합니다.

6. 설치가 완료되었다면, VS Code를 종료 후 재실행합니다. 정상적으로 설치되었다면 위 그림과 같이 터미널 선택 창에서 "Git Bash"를 확인할 수 있습니다. Windows에서 Git bash로 터미널을 제어한다면 Linux의 Bash, macOS의 zsh과 대부분 동일한 방식으로 코드를 실행하거나 환경을 제어할 수 있습니다. 후속될 책의 프로젝트에는 Windows Git Bash와 Bash/zsh 사용 중 다른 점이 있을 경우에만 그 차이를 별도로 언급하고, 그렇지 않은 경우에는 Bash 기준으로 설명하겠습니다.

Python 파일 생성 및 실행

파이썬과 VS Code가 설치되었다면, 파이썬 파일을 생성하고, 간단한 코드를 실행시켜 동작 여부를 확인해보겠습니다. VS Code에서 파이썬을 실행하기 위해 우선 VS Code용 파이썬 익스텐션을 설치하고, 파일을 생성한 후 파일을 실행하는 순서로 진행됩니다.

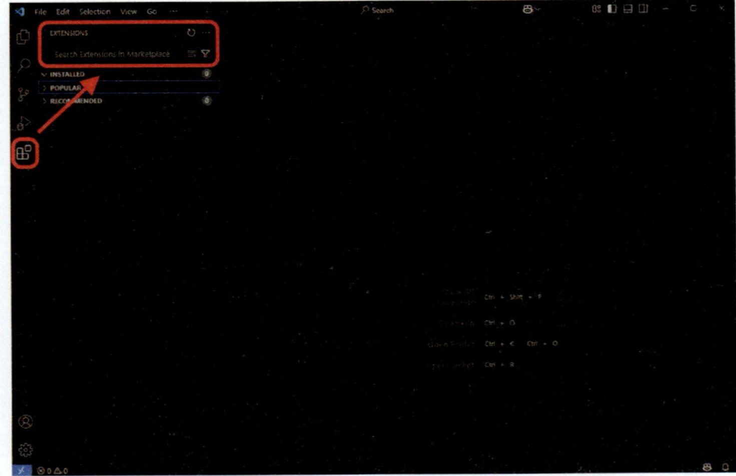

1. 파이썬 익스텐션을 설치합니다. 좌측 익스텐션 탭을 클릭하거나 Ctrl + Shift + X를 입력하여 익스텐션 창을 엽니다.

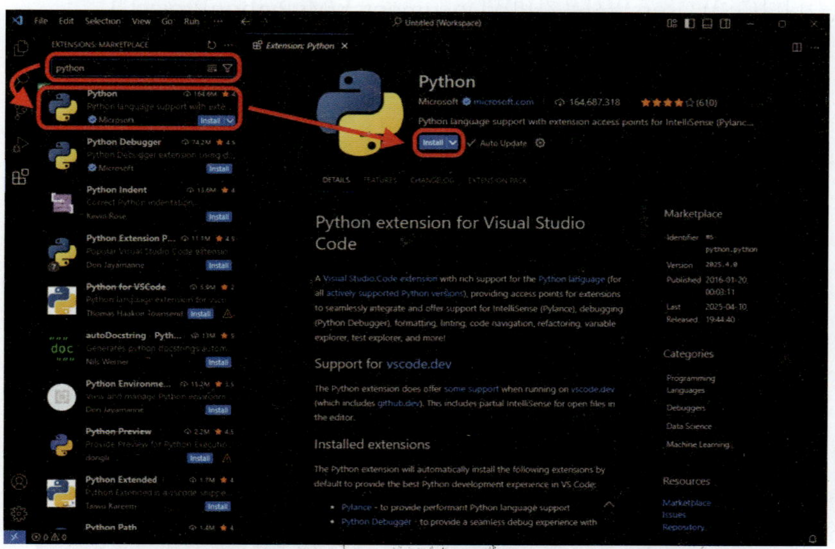

2. 검색창에 "python"을 입력하여 나온 마켓플레이스의 결과 중 Microsoft에서 제공하는 익스텐션을 설치합니다. Python 익스텐션을 보조하기 위한 Pylance와 Python Debugger 익스텐션 또한 자동으로 설치됩니다.

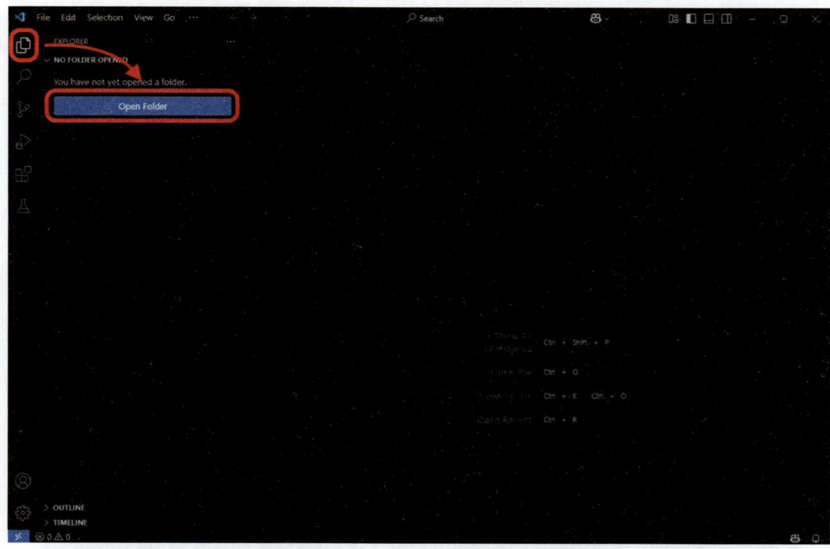

3. 좌측 탐색기 탭을 클릭하거나 Ctrl+Shift+E를 입력하여 탐색기를 엽니다. 이후, 파일을 생성할 디렉토리를 설정합니다. 본 실습에서는 윈도우 기준 "내 문서" 속에 "MyPythonProject" 폴더를 생성하였습니다("c:₩Users₩사용자명₩Documents₩MyPythonProject").

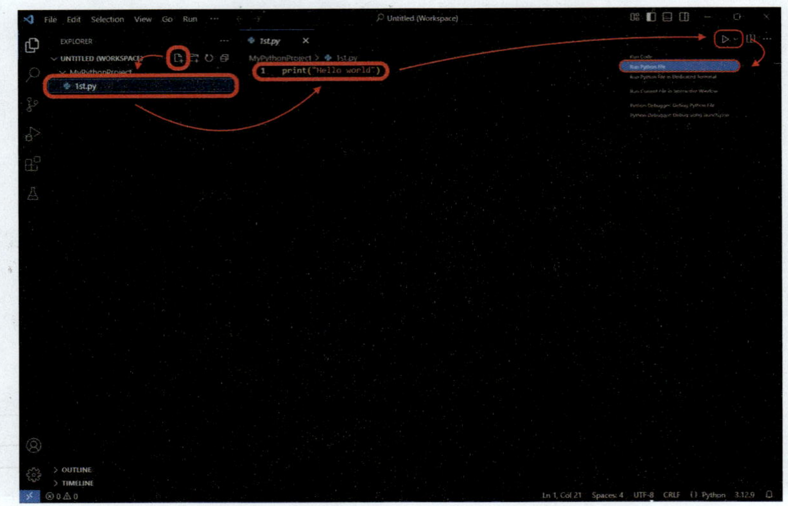

4. 좌측 탐색기 탭의 아이콘이나, 빈 영역을 우클릭하여 새 파일을 생성합니다. 파이썬 파일은 .py 확장자를 활용하기에, 1st.py 이름으로 새로운 파일을 생성합니다. 이후 화면 중앙에 있는 편집기 탭에 다음 코드를 입력합니다.

```
print("Hello world")
```

Ctrl+S를 입력하여 파일 수정 내역을 저장한 뒤 우측 상단의 실행버튼(Run Python File)을 눌러 파일을 실행합니다.

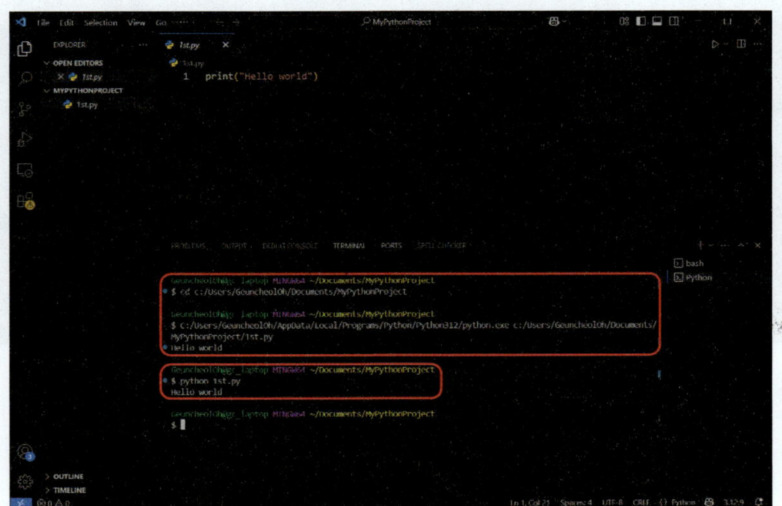

5. 파일이 실행될 경우, 하단에 패널이 표시되며, 패널 중 터미널(Terminal)탭에서 실행된 파일의 경로와 이름, "Hello world" 문장이 출력됩니다. 파이썬 파일은 터미널을 통해서도 실행할 수 있습니다. 하단 터미널 입력창에 다음 명령어를 입력합니다. "$" 기호와 이어진 공백 뒤부터 나열된 명령어를 입력합니다.

```
$ python 1st.py
```

이 명령어는 파이썬을 활용하여 터미널이 실행되고 있는 디렉토리의 1st.py 파일을 실행하라는 뜻이며, 이 결과는 5.와 마찬가지로 "Hello world" 문장을 출력합니다.

TIP 터미널 명령어에서 $의 의미

쉘 예시에서 앞에 나오는 $ 기호는 프롬프트(prompt)를 표시하는 관습적인 문자일 뿐, 실제로 타이핑하는 명령의 일부는 아닙니다. 터미널에서의 프롬프트란 명령 입력 대기중인 상태를 나타내는 표시입니다. 위 5.의 상황에서 실제 입력하는 부분은 $의 뒤인 python 1st.py 입니다.

2 파이썬 가상환경

파이썬 가상환경은 파이썬 프로그램을 만드는 과정에서 매우 중요한 부분입니다. 프로그램이 어느 컴퓨터에서나 동등한 환경에서 작동하게 만들어야 오류를 발생시키지 않고 개발자의 의도대로 기능하기 때문입니다.

가상환경

가상환경(Virtual environment)은 독립된 개발 공간입니다. 한 컴퓨터에 여러 프로젝트가 있을 때, 각 프로젝트마다 필요한 파이썬 버전과 라이브러리가 다를 수 있는데, 이때 서로 영향을 주지 않고 독립성을 보장하며 관리의 용이함을 추구하기 위하여 각기 다른 환경을 만들어 사용하는 것이 가상환경을 활용하는 핵심적 이유입니다. 경우에 따라 두 개 이상의 프로젝트가 각각 서로 다른 버전의 라이브러리를 요구할 때, 가상환경을 사용하면 한 프로젝트의 라이브러리나 패키지 업그레이드 및 변경이 다른 프로젝트에 영향을 주지 않습니다.

또한 가상환경을 활용하는 이유에는 재현 가능한 환경을 구성하고, 보안을 관리하기 위한 의도도 있습니다. 가상환경을 사용하면 프로젝트에 필요한 모든 패키지들을 requirements.txt 같은 파일로 관리할 수 있습니다.

이 작업은 협업이나 배포 시 다른 컴퓨터에서도 동일한 환경을 쉽게 구성할 수 있도록 도와줍니다. 보안의 관점에서 특정 프로젝트만 사용하는 라이브러리들을 격리해 두면, 시스템 전체에 불필요한 패키지나 버그가 발생할 위험이 줄어듭니다. 또한, 실험적인 코드를 실행할 때도 안전한 환경에서 작업할 수 있습니다.

다양한 파이썬 가상환경

파이썬 가상환경을 만드는 방법은 여러가지가 있으며, 각 도구마다 특성과 사용 용도가 조금씩 다릅니다. 대표적인 방법은 아래와 같습니다.

이름	설명
Venv	• Python 3.3부터 내장 모듈로 제공되며, 별도의 설치 없이 바로 생성 가능 • 기본적이고 가벼운 용도로 적합
pipenv	• 가상환경 생성과 의존성 관리를 동시에 제공하는 도구 • Pipfile을 이용하여 프로젝트의 패키지를 관리
Poetry	• 프로젝트 설정 파일(pyproject.toml)을 기반으로 가상 환경 생성 및 관리
Conda	• Anaconda, Miniconda 배포판에서 제공하는 환경 관리 시스템 • 주로 데이터 사이언스 프로젝트에 유용
pyenv	• 다양한 파이썬 버전을 테스트해야 하는 개발 환경에서 사용 • pyenv-virtualenv 플러그인을 사용하여 버전 별 환경 생성 및 관리

이 외에도 프로젝트의 특성과 규모, 요구사항에 따라 다양한 도구들이 존재할 수 있지만, 위에 언급한 방법들이 현재 가장 널리 사용되는 대표적인 파이썬 가상환경 생성 방법입니다.

venv 가상환경 생성 및 라이브러리 설치

VS Code 터미널에서 Powershell을 활용하여 venv를 활용하여 파이썬 가상환경을 만들어보겠습니다. 이어 가상환경 기반으로만 작동할 수 있는 test.py 파일을 만들고, 이 파일이 가상환경 유무에 따라 어떤 결과의 차이를 보이는지 비교해보겠습니다.

가상환경을 만들고 다루는 부분은 뒤에 이어질 프로젝트에서도 매우 중요하므로, 꾸준한 연습이 필요합니다. 그러나 책의 설명과 AI 챗봇의 도움을 받아 방법을 받는다면, 어렵지 않게 적응할 수 있습니다.

가상환경 생성

다음 순서에 따라 가상환경을 생성해봅시다.

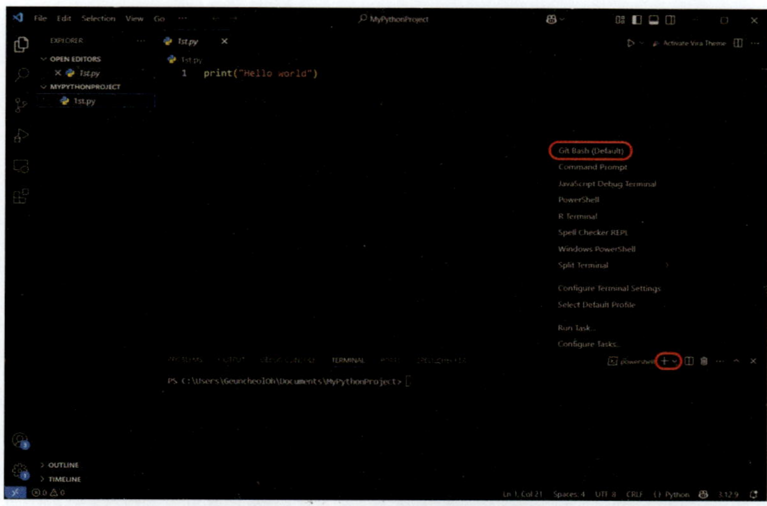

1. 하단 패널의 + 아이콘을 클릭하고, 새 터미널(Git bash)을 실행합니다.

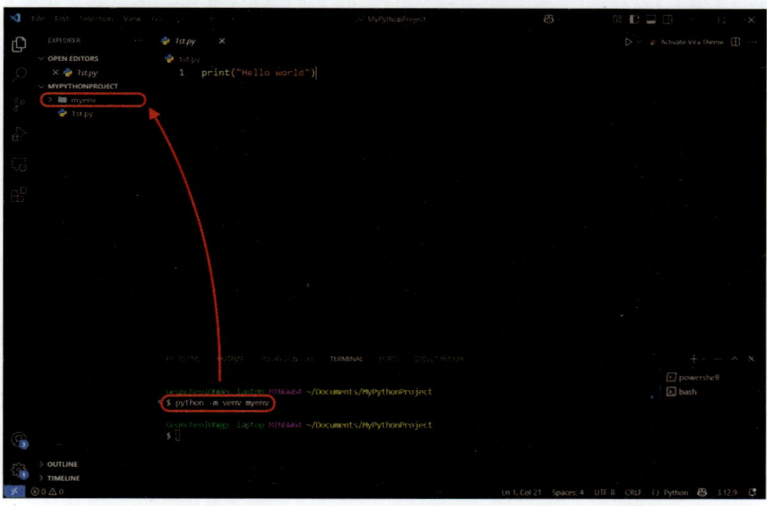

2. 터미널에 다음 명령어를 입력합니다.

```
$ python -m venv myenv
```

위 명령어는 파이썬을 실행하고(python) 파이썬 표준 라이브러리인 venv 모듈을 이용하여(–m venv), 현재 디렉토리에 myenv라는 이름의 가상 환경을 생성하라는 뜻입니다(myenv). –는 옵션 플래그로, 명령어로 특정 기능을 수행할 때 부가적인 옵션을 표현하는 방법입니다. 그 결과, 좌측 탭의 작업 영역에 나타난 바와 같이, 현재 디렉토리에 myenv라는 폴더가 생성된 것을 확인할 수 있습니다. 생성된 디렉토리 내부 다음 구조는 다음과 같습니다.

출력 구조

```
myenv/
├── bin/                # (Linux/macOS일 경우) 파이썬 실행 파일 및 activate 스크립트
│   ├── python
│   └── activate
├── Include/            # C 헤더 파일(Windows 빌드용)
├── Lib/                # 파이썬 라이브러리 복사본
├── pyvenv.cfg          # 가상 환경 설정 파일
└── Scripts/            # (Windows일 경우) python.exe 및 activate 스크립트
```

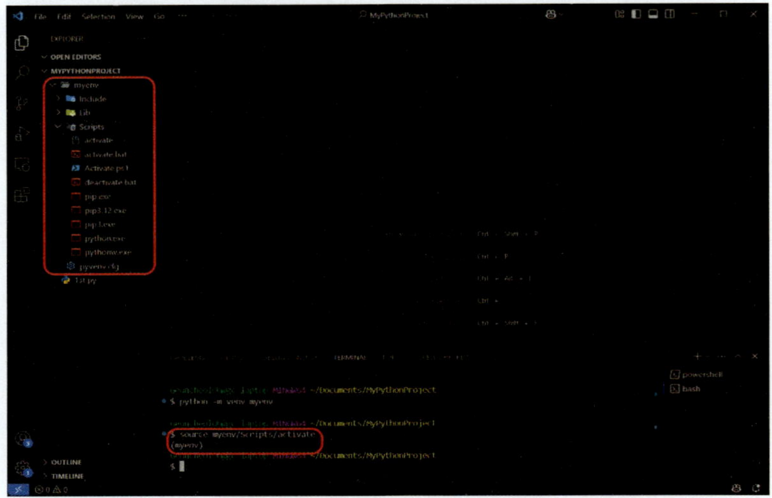

3. 가상환경이 생성되었다면, 이제 실행시켜 활성화하여 봅시다. myenv 폴더가 있는 디렉토리에서 터미널을 실행하고, 아래 명령어를 입력합니다. OS마다 activate 파일의 위치가 다르므로, 아래 명령어 중 자신의 OS에 맞는 것을 사용해야 합니다. "#" 뒤 주석은 입력하지 않도록 주의합니다.

```
$ source ./myenv/Scripts/activate # Windows git bash일 경우
$ source ./myenv/bin/activate # macOS/Linux일 경우
```

위 명령어는 스크립트 형식으로 구성된 파일(.myenv/Scripts/activate)을 현재 터미널에 불러와 실행합니다(source). /는 디렉토리 경로를 구분하는 기호이며, .은 현재 터미널이 실행되고 있는 상대 경로를 의미합니다. 우리가 사용할 가상환경에 대한 정보는 Scripts(혹은 bin) 디렉토리 내 activate 파일에 들어있으므로, 해당 파일을 실행할 경우 시스템 전체에 설치된 파이썬 환경이 아닌 가상환경의 파이썬과 라이브러리만을 사용하게 됩니다. 정상적으로 실행이 되었을 경우 터미널에 (myenv)라는 문구가 표기됩니다.

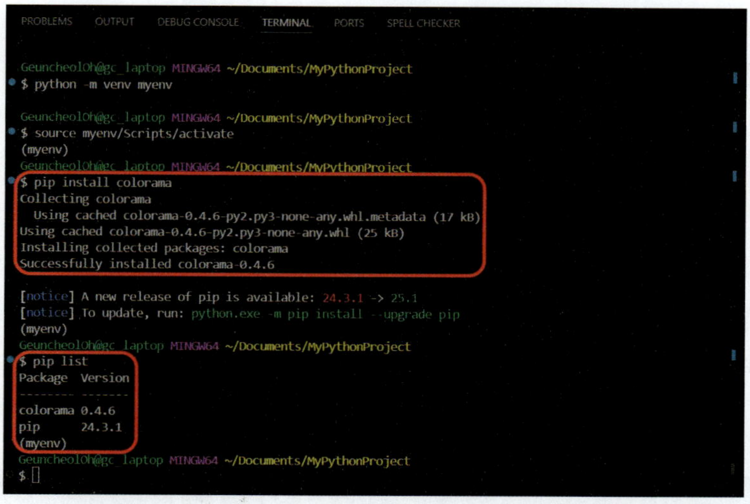

4. 이번에는 가상환경에 라이브러리를 설치하겠습니다. 가상환경에만 설치된 라이브러리는 가상환경을 실행할 경우에만 사용할 수 있습니다. print( ) 명령어의 출력 문구를 꾸며주는 colorama 라이브러리를 설치합니다. 터미널에 다음 명령어를 입력합니다.

```
$ pip install colorama
```

이 명령어는 파이썬 패키지 관리 도구인 pip를 사용해 colorama 라이브러리를 현재 활성화된 환경에 설치합니다. 이렇게 가상환경에 설치된 라이브러리와 그 버전은 다음 명령어를 통해 확인할 수 있습니다.

```
$ pip list
```

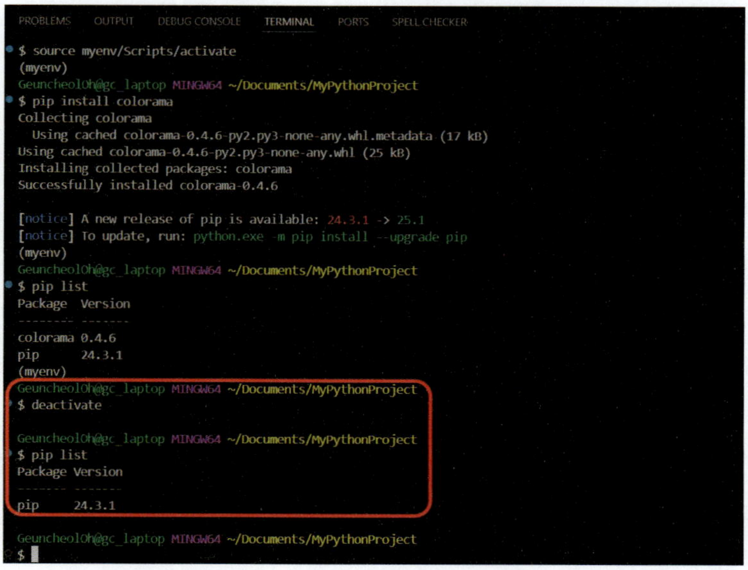

5. 가상환경을 성공적으로 생성하고 활성화시켰다면, 가상환경의 유무에 따라 파이썬 파일 실행 여부의 차이를 확인해보겠습니다. 우선 활성화된 가상환경을 비활성화하기 위하여 아래 명령어를 입력합니다.

```
$ deactivate
```

비활성화가 제대로 이루어졌는지는 설치된 라이브러리를 통해 확인할 수 있습니다. 우리는 아직 컴퓨터에 설치된 기본 파이썬 환경에 colorama를 설치한 적이 없으므로, 설치된 라이브러리를 확인할 시 pip만 설치가 되어있어야 합니다. pip list 명령어를 다시 입력하여, 설치된 라이브러리를 확인합니다.

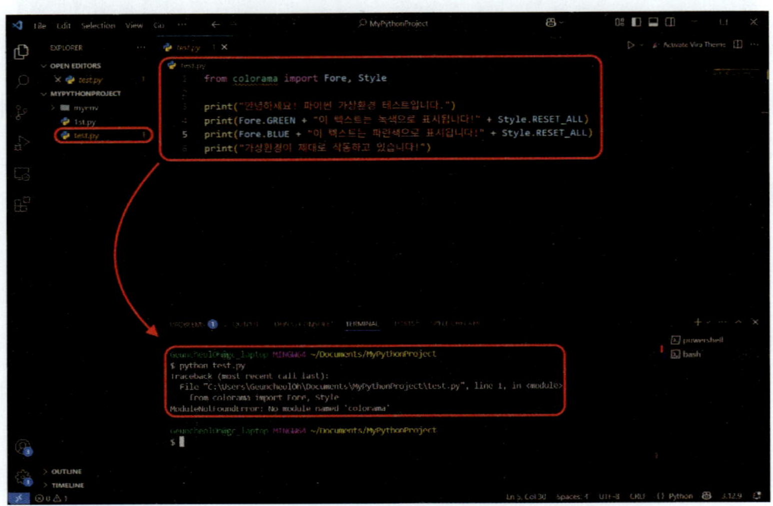

6. 작업 영역에 새 파일 test.py를 생성합니다. 파일에 아래 코드를 입력하고, Ctrl+S를 눌러 저장합니다.

```
from colorama import Fore, Style
print("안녕하세요! 파이썬 가상환경 테스트입니다.")
print(Fore.GREEN + "이 텍스트는 녹색으로 표시됩니다!" + Style.RESET_ALL)
print(Fore.BLUE + "이 텍스트는 파란색으로 표시됩니다!" + Style.RESET_ALL)
print("가상환경이 제대로 작동하고 있습니다!")
```

위 코드는 colorama가 제공하는 컬러 코드를 이용하여 터미널에 녹색과 파란색 텍스트를 출력합니다. 라이브러리가 설치되었다면 Fore.GREEN이 터미널에 "녹색으로 칠하라"는 신호를, Style.RESET_ALL이 "모든 스타일(색상)을 원래대로 돌려라"는 신호를 보냅니다. 그러나 현재는 가상환경이 비활성화가 되어있으므로 실행되지 않아야 정상입니다. 터미널에 다음 명령어를 입력하여 오류 메시지를 확인해봅니다.

```
$ python test.py
```

위 코드가 실행될 경우 "Traceback"으로 시작하는 오류 메시지가 출력됩니다. 메시지의 마지막 줄에서는 colorama라는 모듈이 설치되어 있지 않기에, ModuleNotFoundError 유형의 오류가 발생된 점을 우리에게 알려줍니다.

가상환경 확인

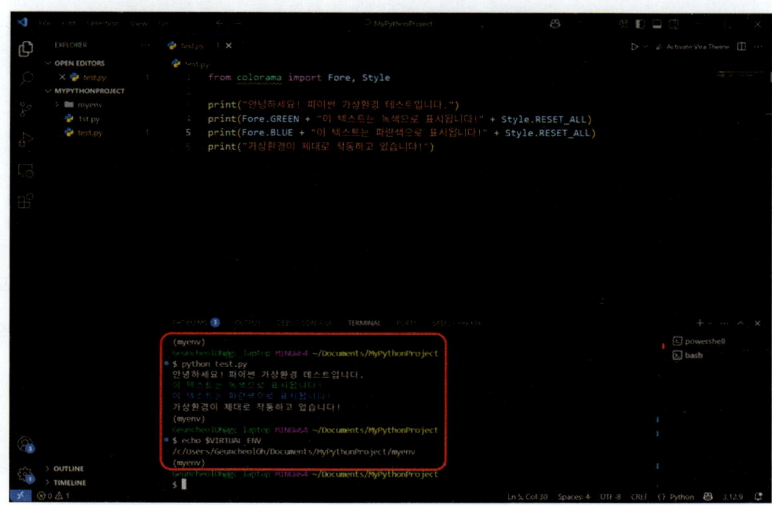

이번에는 가상환경을 활성화시켜, test.py가 정상적으로 작동하는지 확인해보겠습니다. 위에서 설명한 가상환경 활성화 코드를 입력한 후, 파이썬 파일을 실행합니다.

```
$ source ./myenv/Scripts/activate # Windows 기준
$ Python test.py
```

이 경우 하단 터미널에 우리가 print 함수 사이에 입력한 문장들이 서로 다른 색으로 출력됩니다. 이는 현재 사용하고 있는 가상환경에 우리가 요청한 작업에 필요한 기능들이 전부 포함되었기 때문에 해당 파일이 실행 가능하다는 점을 보여줍니다.

현재 사용중인 가상환경을 확인하려면 아래 코드를 터미널에 입력해야 합니다.

```
$ echo $VIRTUAL ENV
```

이 코드의 출력결과에서 /c/Users/…/myenv는 가상환경이 설치된 디렉토리를 나타내며, (myenv)는 실행 중인 가상환경의 이름을 나타냅니다.

가상환경 삭제

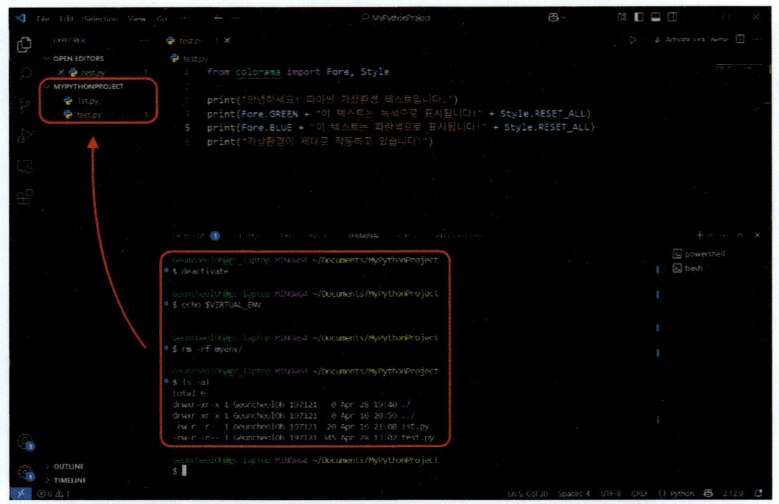

이번에는 사용중인 가상환경을 삭제해보겠습니다. 가상환경은 디렉토리 단위로 관리되므로 해당 디렉토리를 삭제하면, 환경 또한 사라집니다. 우선 실행 중인 가상환경을 비활성화하기 위하여 아래 코드를 터미널에 입력합니다.

```
$ deactivate
```

이후 현재 실행 중인 환경을 확인하는 코드(echo $VIRTUAL ENV)를 입력하면 아무 것도 출력되지 않습니다. 즉 실행 중인 환경이 없다는 뜻입니다. 터미널을 myenv 폴더가 있는 위치에서 실행한 뒤, 아래 명령어를 입력합니다.

```
$ rm -rf myenv/
```

"rm"은 remove의 약어로, 특정 파일이나 디렉토리를 제거할 때 쓰입니다. 옵션으로 붙은 "rf"는 해당 폴더 안의 모든 파일과 하위 디렉토리를 지정합니다. myenv 폴더 안의 모든 파일을 제거하였다면, 동일한 위치에서 아래 명령어를 입력하여 디렉토리 내 남아있는 파일의 목록을 확인합니다.

```
$ ls -al
```

출력된 결과 중 /myenv 디렉토리는 없으므로 가상환경이 올바르게 제거되었습니다.

가상환경 저장 및 배포

가상환경의 목적 중 하나는 동일한 환경은 다른 컴퓨터나 장비에서도 동일하게 환경을 구성하기 위함입니다. 그러므로 가상환경에 설치되어 있는 패키지들의 버전을 기록해두는 과정이 필요합니다. 가상환경 활성화 후 터미널에 다음 명령어를 입력하면, 현재 환경에 설치된 패키지들의 버전을 텍스트 파일로 저장할 수 있습니다.

```
$ pip freeze > requirements.txt
```

다른 환경 생성 후, 다음 명령어를 사용하면 requirements.txt와 일치하는 패키지를 설치할 수 있습니다.

```
$ pip install -r requirements.txt
```

위에서 알아본 가상환경 생성 및 관리 방법을 바탕으로 이어질 프로젝트마다 가상환경을 생성하고 활용해보겠습니다.

3 AI 코딩 가이드 활용법

나날이 생성형 AI 기술이 발달하여 프로그래밍의 상당 영역에 AI가 사용되고 있습니다. 코드를 쓰고 읽고 관리하며 심지어 실행하며 디버깅이나 프로그램 기획까지 가능한 AI 코드 어시스턴트는 어떤 원리로 작동하는지, 그리고 이를 사용하는 데 있어서 주의할 점은 무엇이 있는지 살펴보겠습니다.

AI 챗봇과 LLM

1장에서 살펴본 ChatGPT, Claude, Gemini 등 AI 서비스와 Github Copilot, Replit 등의 코드 어시스턴트는 그 내부를 뜯어보면 AI 챗봇(Chatbot)의 구조로 이루어져있습니다. 여기서 챗봇은 대화(Chat)형 UI를 통해 사용자의 문장 입력을 분석하고 알맞은 응답을 반환하도록 설계된 소프트웨어(Bot)를 말합니다.

이들은 문자, 음성, 혹은 그래픽 인터페이스를 통해 사람과 상호작용하며, 고객 지원과 정보 안내처럼 일상적 용도부터 마케팅, 교육, 심리 상담에 이르기까지 광범위하게 활용되고 있습니다. 챗봇의 구현 방식은 사전에 정의된 규칙을 순차적으로 적용하는 전통적인 접근부터 머신러닝과 딥러닝을 이용해 문맥을 학습하는 지능형 방식까지 다양하며, AI 챗봇이란 그 구현 방법이 인공지능 모델에 기반한 이들을 총칭합니다.

AI 챗봇은 딥러닝 모델이 갖는 뛰어난 언어 생성 능력을 활용하여 사람의 언어를 이해하고 자연스럽게 응답함으로써 대화를 이어 가도록 설계되었습니다. 과거 전통적인 규칙 기반 챗봇이 사전에 정의된 시나리오를 따르는 데 반해, AI 챗봇은 대규모 데이터에서 언어 패턴을 학습한 자연어 생성 모델을 바탕으로 작동하기 때문에 예상치 못한 질문에도 유연하게 대응할 수 있습니다. 사용자는 일상 언어로 질문을 던지고, 챗봇은 그 의미를 파악하여 적절한 답을 생성합니다. 이 과정에서 인간의 언어처럼 보이는 문장을 만들어 내도록 돕는 핵심 기술이 바로 LLM(Large Language Model)입니다.

LLM

LLM은 "대규모 언어 모델"을 뜻합니다. 여기서 모델은 보통 특정한 값을 입력받아, 이에 대응하는 출력값을 반환하는 함수 구조를 지칭합니다. 언어 모델(Language Model)이란 주어진 문맥에 이어서 올 단어(또는 토큰)를 확률적으로 예측하는 모델을 의미합니다. 즉, 문장을 한 글자씩 혹은 한 단어씩 살펴보며 "다음에 무엇이 올지"를 계산하는 수학적 함수입니다. 이런 예측 능력 덕분에 문장 생성, 요약, 번역, 대화 응답 등 다양한 자연어 처리 작업을 수행할 수 있습니다.

대규모(Large)라는 수식어는 두 가지 측면을 강조합니다. 우선 이들은 LLM이 갖는 수 억에서 수천억 개의 매우 많은 학습 파라미터를 지칭합니다. 여기서 "파라미터"란 인공지능 모델 내부에서 학습되는 가중치(weight) 값으로, 입력과 출력 사이의 연산을 조정하는 핵심 요소입니다. 파라미터는 훈련 데이터로부터 반복 학습을 통해 조정되며, 모델이 언어의 규칙이나 의미적 뉘앙스를 얼마나 세밀하게 표현할 수 있는지를 결정합니다. 파라미터 수가 많을수록 모델의 표현력과 기억 용량, 다룰 수 있는 지식과 언어의 범위가 커지며, 복잡한 문맥이나 드물게 등장하는 개념까지도 포착할 가능성이 높아집니다.

Large가 의미하는 두 번째 대상은 모델이 학습한 방대한 양의 데이터입니다. LLM은 인터넷에서 얻을 수 있는 많은 양의 텍스트(웹 문서, 책, 기사 등)를 수개월간 학습하여 인간 언어의 통계적 특성을 광범위하게 내면화합니다. 다양한 주제, 표현 방식, 문법 구조를 반복적으로 접함으로써, 모델은 인간 단어와 문법의 일반적인 규칙 뿐만 아니라 예외적이고 복잡한 패턴과 표현까지도 포착할 수 있게 됩니다. 데이터가 많을수록 모델은 더 다양한 문맥과 상황을 경험하게 되어, 새로운 입력에 대해 더욱 정확하고 유연한 반응을 생성할 수 있습니다.

TIP 트랜스포머란?

현재 사용되는 대부분의 LLM은 트랜스포머(Transformer) 아키텍쳐를 기반으로 합니다. 이 구조는 2017년 구글에서 발표한 논문 "Attention is all you need"을 통해 세상이 널리 알려졌으며, Self-attention 이라고 하는 독특한 데이터 처리 방법을 통해 텍스트 등의 데이터를 이해합니다. 트랜스포머 구조는 보다 앞서 사용되었던 RNN(Recurrent Neural Network, 순환신경망) 계열의 모델들이 갖고 있던 한계를 극복하기 위해 고안되었습니다.

RNN은 단어를 순서대로 처리하므로 단어의 수가 많은 긴 문장을 다루는 데 한계가 있었고, 앞에서 본 단어 정보를 뒤로 전달하는 데 어려움이 있었습니다. 이를 극복하기 위해 도입된 것이 바로 Self-attention입니다. 이 방식은 문장 내의 모든 단어에 대하여, 각 단어가 다른 단어들과 어떤 관련이 있는지를 계산하여 문맥을 이해합니다. 예를 들어, 문장에서 "그는 사과를 먹었다"라고 했을 때, '그는'이라는 단어가 '먹었다'와 연결된다는 사실을 Self-attention은 전체 문장을 동시에 살펴보며 파악할 수 있습니다. 이는 단순히 순서에 따라 흐름을 따르는 RNN보다 훨씬 유연하고 강력한 방식입니다.

LLM이 코딩을 잘 하는 이유(LLM 학습 방법)

LLM은 대화 뿐만 아니라 프로그래밍에도 탁월한 모습을 보이는데, 그 이유는 이들의 학습 방식에 있습니다. LLM은 일반적인 언어 뿐만 아니라, 코드 또한 '언어'로 보고 다룹니다. 코드 역시 사람이 작성한 일종의 문장이며, 특정한 문법과 구조를 따르기 때문에 LLM이 이를 이해하고 생성하는 데 큰 무리가 없습니다.

대규모 언어 모델(LLM)이 프로그래밍에 능한 이유는 그 학습 방식에도 있습니다. 먼저, LLM은 사전 학습(Pre-training) 단계에서 방대한 양의 데이터를 수집하여 학습합니다. 여기에는 소설, 논문, 뉴스 뿐만 아니라 깃허브의 오픈소스 코드, 프로그래밍 튜토리얼, 문서 등도 포함됩니다. 이때 모델은 주어진 문맥을 바탕으로 다음에 올 단어나 기호, 코드 블록을 예측하는 방식으로 수조 개의 단어를 반복적으로 학습합니다. 수많은 함수 정의, 조건문, 반복문, 오류 메시지를 접하면서, 모델은 코드를 작성하는 패턴을 파악하게 됩니다.

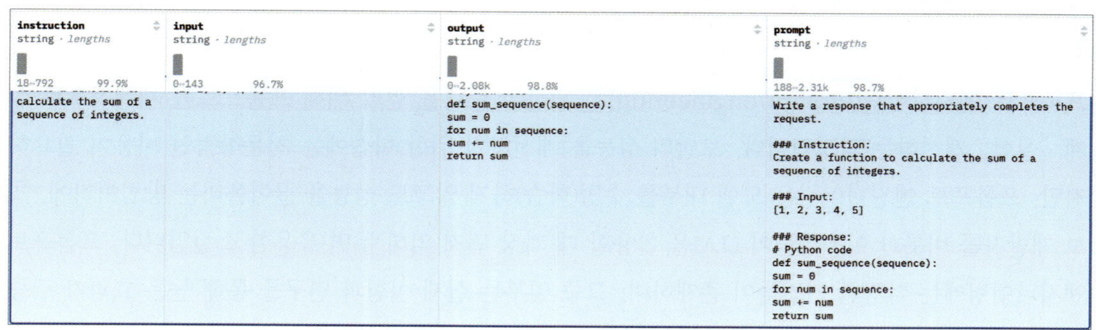

그림 2-8 LLM 학습을 위한 코드 생성 데이터셋

이후 미세 조정(Fine-tuning) 단계를 거치면, 모델은 특정 언어(JavaScript, Python 등)나 목적(코드 생성, 디버깅, 문서화 등)에 더욱 특화됩니다. 예를 들어 '코드에 주석 달기'와 같은 작업에 맞춰 추가로 학습시킬 수 있습니다.

최종적으로 사용자가 프롬프트를 입력하면, 모델은 추론(Inference) 단계에서 입력 내용을 이해하고 가장 그럴듯한 다음 코드 조각을 한 줄씩 생성해 나갑니다. 이때 모델은 과거에 학습한 다양한 코딩 예시를 참조하며, 문맥상 어울리는 코드 흐름을 구성하게 됩니다. 마치 숙련된 프로그래머가 자주 쓰는 코드 패턴을 빠르게 떠올리듯이 작동하는 것입니다.

결과적으로, LLM은 단순히 코드를 복사하는 수준을 넘어서, 주어진 문제에 대한 해결 방식을 이해하고 새로운 코드를 구성할 수 있는 수준에 이릅니다. 이는 단지 암기력이 좋기 때문이 아니라, 문맥 속에서 규칙과 패턴을 포착하고, 그에 따라 논리적으로 문장을 구성하는 방식으로 학습되었기 때문입니다.

좋은 코드 생성을 위한 프롬프트

프롬프트는 일반적으로는 터미널에서 명령을 입력받는 입력란을 의미하지만, LLM에서 말하는 프롬프트는 그보다 더 확장된 개념입니다. 여기서의 프롬프트는 사용자가 모델에게 어떤 작업을 수행하도록 지시하거나, 문제의 맥락을 설명하는 입력 문장입니다. 다시 말해, 모델에게 무엇을 어떻게 할지를 설명하는 텍스트 기반의 요청입니다.

프롬프트 엔지니어링

LLM에게는 프롬프트가 지시서 또는 질문지와 같은 역할을 하며, 모델이 무엇을 해야 할지, 어떤 방식으로 응답해야 할지를 이해하는 기반이 됩니다. 프롬프트가 LLM의 출력 문장에 끼치는 영향은 모델이 학습한 수많은 텍스트 데이터와 견줄 정도입니다. 따라서 같은 질문이라도 프롬프트를 어떻게 작성하느냐에 따라 출력 결과가 크게 달라질 수 있습니다. 잘 다듬어진 프롬프트는 모델이 사용자의 의도를 정확히 파악하게 하여 불필요한 시행착오를 줄이고, 더 정확하고 깔끔한 코드나 답변을 생성합니다.

프롬프트 엔지니어링(Prompt engineering)은 원하는 출력을 얻기 위해 프롬프트를 체계적으로 설계 · 실험 · 개선하는 과정입니다. 모델의 성능을 개선하기 위한 학습에는 천문학적인 비용이 필요하지만, 프롬프트 엔진니어링은 모델 내부를 수정(학습)하지 않고도 성능을 끌어올리는 방법이기에, 초보 개발자를 비롯한 이용자들이 LLM을 활용할 때 가장 먼저 익혀 두면 유용한 스킬입니다. 프롬프트 엔지니어링에는 다양한 기법들이 존재하며, 그중 일부는 실제 실험과 연구를 통해 높은 효과가 검증된 바 있습니다. 아래에서는 가장 널리 알려지고 실용적인 대표 기법들을 소개합니다.

역할과 맥락 부여하기

LLM은 자신의 역할이 무엇이며 어떤 상황에서 응답하는지에 대한 힌트를 주면 더 일관성 있는 답을 생성합니다. 예를 들어 "당신은 파이썬 초보자들을 가르치는 프로그래밍 교사입니다"라는 역할(Role)과 "초보자를 대상으로 리스트와 딕셔너리를 비교하세요"라는 맥락(Context)을 함께 제시하면, 모델은 교육자의 관점에서 이해하기 쉬운 설명을 제공합니다. 이는 단순히 "리스트와 딕셔너리를 설명하세요"라고 요청하는 것보다, 이용자가 처한 상황에 필요한 답을 얻을 가능성을 높여줍니다.

맥락과 역할이 더 자세하고 구체적일 수록 좋으며, 불필요한 추측을 줄이고 출력의 품질을 높입니다. 이러한 결과는 단순한 LLM 문장 출력 과정에 대한 기술적 특성만으로 설명되지 않으며, 모델 학습 방식에서 힌트를 얻을 수 있습니다.

상용화된 LLM들은 미세 조정 과정에서 사람이 작성한 지시문과 그에 대한 바람직한 응답을 모아놓은 데이터셋(Instruction dataset)을 바탕으로 학습됩니다. 예를 들어 "리스트와 딕셔너리의 차이를 설명해줘" 같은 요청과 그에 알맞은 답변 쌍을 여러 개 학습함으로써, 모델은 명령 형태의 문장을 이해하고 적절하게 응답하는 능력을 강화하게 됩니다. 또, 이들은 모델이 생성한 응답에 대해 사람이 평가하고 순위를 매긴 데이터를 기반으로도 학습을 진행합니다(강화학습 기반 모델 정렬). 사람의 피드백을 통해 어떤 답변이 더 유익하거나 자연스러운지 학습하게 되는 것입니다. 따라서 프롬프트에 역할과 맥락을 정교하게 부여할수록, 모델은 그동안 학습한 데이터셋을 떠올리듯, 가장 유사한 상황의 예시를 참조해 높은 품질의 답변을 생성하게 됩니다.

Few-shot prompting

N-shot prompting은 프롬프트에 몇 개의 예시(질문-답변 쌍 또는 입력-출력 쌍)를 포함해, 모델이 '이런 식으로 답변하라'는 패턴을 학습하도록 유도하는 방법입니다. N는 동원할 예시의 수를 의미하며 Few는 보통 1~10개 남짓 되는 적은 수를 말합니다. Shot은 참조할 예시를 지칭합니다. LLM은 모방의 대가이므로 모델에게 참조할 글의 서식과 말투 등을 예시를 통해 제시하면, 이들은 그 안에서의 작은 디테일을 포착하여 잘 반영합니다. 우리가 프로그래밍을 할 때 코드 스타일이나 함수 예시를 몇 개 보여 주면, 모델은 비슷한 구조를 따라 새로운 코드를 생성합니다.

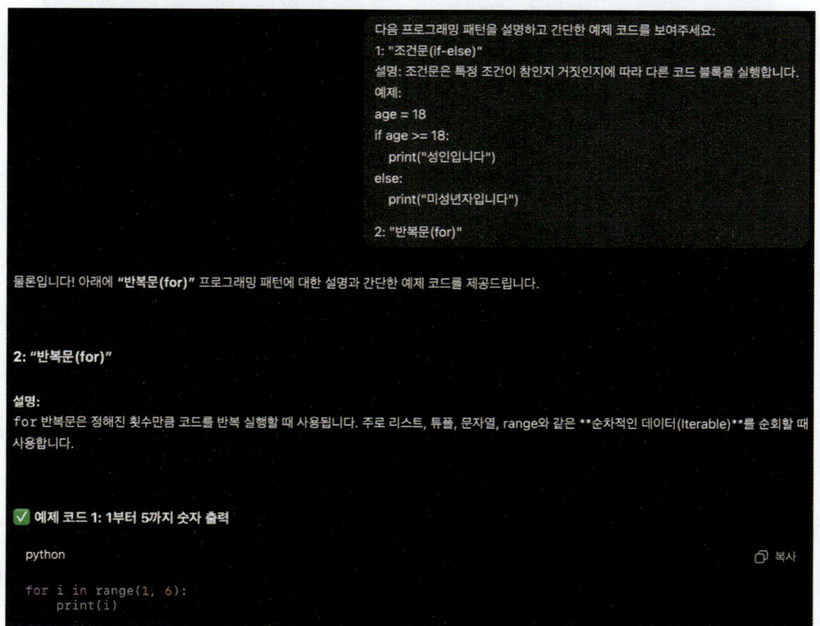

그림 2-9 Few-shot prompting 예시

Few-shot prompting이 효과적인 이유는 모델이 과거에 본 유사한 문장 구조나 코딩 스타일을 토대로 새로운 상황에 맞는 출력을 예측하기 때문입니다. 예시가 명확하고 반복적일수록 모델은 그 패턴을 더 잘 일반화하여 새로운 문제에 적용하게 됩니다. 마치 누군가가 "이런 문제는 이렇게 푸는 거야"라고 반복해서 설명해줄 때, 사람이 규칙을 익히고 스스로 풀 수 있게 되는 것과 유사한 원리입니다.

COT(Chain-of-Thought, 사고의 사슬)

LLM은 논리적인 사고를 어려워합니다. 사람처럼 단계별로 생각하지 못하고, 단일 프롬프트가 입력되면 이에 대한 결과가 한 번에 생성되기 때문입니다. 또한 이들은 답변의 근거가 절차적 사고와 반추의 결과가 아닌, 확률과 경험에 의거합니다. LLM이 1+1을 2라고 말하는 이유는 그러한 문장을 수도 없이 봐왔기 때문입니다. 그러므로 논리적 사고를 요하는 프로그래밍 문제나, 수학및 과학적 추론은 LLM에게 해결하기 어려운 벽입니다. 그러나 아주 해결 불가능하지는 않습니다.

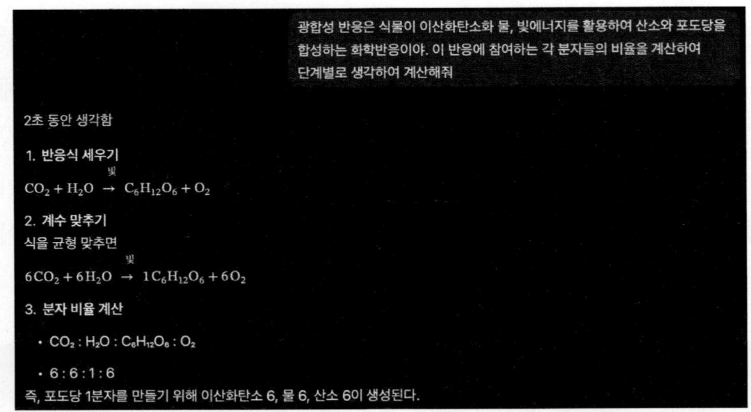

그림 2-10 CoT(Chain-of-Thought) 예시

Chain-of-Thought(CoT) 기법은 모델에게 중간 추론 과정을 글로 서술하도록 요구한 뒤, 최종 답을 제시하게 하는 방식입니다. 복잡한 문제를 풀 때 사람도 머릿속에서 논리를 전개하듯, 모델 역시 세부 단계를 문장으로 표현하면서 점차 해결책에 도달합니다. 이 과정에서 프롬프트에 단계 별로 생각(Think step-by-step)해보자는 문구나 LLM이 주어진 문제를 바로 해결하지 않고 중간 단계에서 생각한 내용을 출력하도록 지시한다면 상대적으로 좋은 결과물을 얻을 가능성이 높아집니다.

예를 들어 일정관리 앱을 만들 때, "일정 관리를 위한 어플을 만들어줘. 일정 추가와 수정, 삭제, 알림 기능이 필요해"라고 지시하는 것보다, "나는 안드로이드 앱 개발 초보자야. 간단한 일정 관리 앱을 만드려고 해. 일정을 추가하고, 수정하고, 삭제할 수 있으며, 알림 기능도 필요해. 우선 개발 과정을 단계별로 나누고 단계마다 생각해야 할 점들을 자세히 설명해. 각 단계에서 필요한 결정 사항들과 고려할 점들도 함께 알려줘."라고 지시하는 과정이 CoT의 아이디어를 더욱 잘 반영합니다. 여기에 예시 프롬프트까지 추가한다면, 모델은 논리가 타당한지 쉽게 검증할 수 있습니다. 또한 모델 스스로도 단계별 피드백 루프를 거치기 때문에, 한 번에 정답만 요구하는 경우보다 오류 확률이 줄고, 복잡한 알고리즘 설계나 버그 분석 시에 더 안정적인 출력을 제공합니다.

이처럼 프롬프트 엔지니어링 기법을 활용하면, LLM은 단순한 코드 자동 완성을 넘어 문제 분석과 해결 과정을 스스로 서술하며 보다 견고한 결과물을 제공합니다. 개발자 입장에서는 '좋은 질문을 던지는 것이 곧 품질 좋은 코드를 얻는 지름길"이라는 사실을 이해하는 것이 중요합니다.

코드 어시스턴트 사용 시 주의사항

코드 어시스턴트는 개발을 더 빠르고 편하게 만들어 주는 유용한 도구지만, 그렇다고 해서 모든 상황에서 믿고 그대로 쓰기에는 위험한 점도 있습니다. 특히 초보자라면 이런 점들을 미리 알아두고 조심하는 것이 좋습니다. 여기에는 세 가지 대표적인 주의점이 있습니다.

환각(Hallucination)

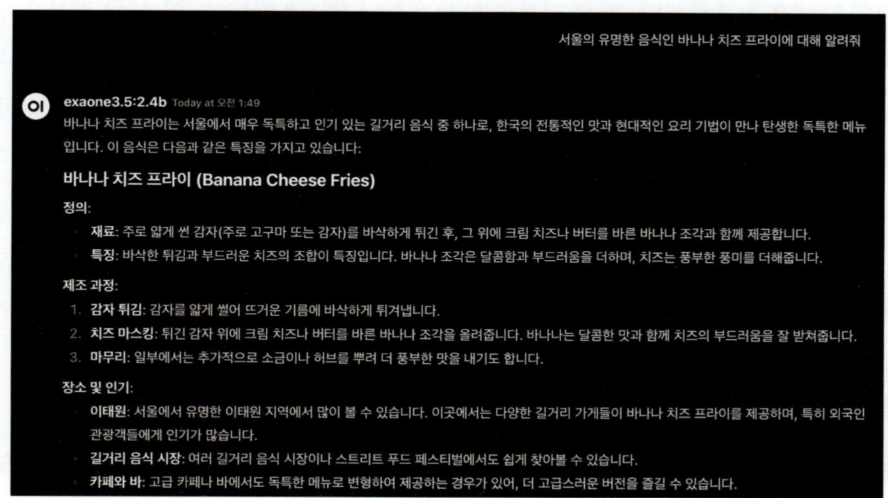

그림 2-11 LLM 환각(Hallucination)

첫 번째는 '환각(Hallucination)'입니다. 인공지능이 사실처럼 보이지만 실제로는 틀린 정보를 만들어 내는 현상입니다. 예를 들어, 존재하지 않는 함수나 API를 마치 실제처럼 소개하거나, 발표되지 않은 논문을 인용하는 식입니다. 이러한 환각은 인공지능이 학습 데이터에 없거나 불확실한 정보에 대해 그럴듯하게 채워 넣으려고 할 때 자주 발생합니다. 실제로는 "잘 모른다"고 말하지 않고 그럴듯한 답을 만들어 내는 것인 셈입니다. 이 현상은 확률적 언어 생성(Language modelling) 과정에서 부분 정보만으로 그럴듯한 답을 채워 넣는 과정에서 발생하며, 이는 LLM을 사용하기 어렵게 만드는 주된 이유 중 하나입니다.

이러한 LLM의 문제점은 때때로 큰 사고로 이어지기도 했습니다. 미국의 한 변호사는 Avianca 항공사를 상대로 한 소송에서 챗봇이 만들어 낸 가짜 판례를 그대로 인용해 서류를 제출했다가 법원으로부터 벌금과 서면 경고를 받았습니다. 텍사스에서 발생한 또 다른 사건에서는 Claude가 작성한 잘못된 문서를 변호사가 그대로 제출해 Rule11 위반으로 공식 제재를 받기도 했습니다. 연구 분야에서도 LLM활용으로 인한 문제가 발생하였습니다. 한 연구진은 실험을 통해 GPT를 이용해 만든 논문 초안 636개 중 47%가 실제로 존재하지 않는 가짜 참고 문헌을 생성한 것을 밝혀냈습니다. 이로 인하여 매년 수많은 논문들이 AI를 오용하여 취소되고 있고, 일부 저널과 학회에서는 논문 작성 과정에서 AI 사용을 전면 금지시켰습니다.

코드 작성에서도 마찬가지 문제가 발생합니다. AI 어시스턴트인 GitHub Copilot은 하드코딩된 비밀번호나 취약한 구조의 코드를 제시한 적이 있으며, 이로 인해 보안상 문제가 생긴 경우도 있습니다. 이런 예시는 모두 AI가 겉보기에 자연스럽고 그럴싸한 답변을 하더라도, 그 내용이 진짜인지 반드시 확인이 필요하다는 점을 보여줍니다.

실시간 정보 부족

AI 언어 모델은 매우 유용하지만, 최신 정보를 항상 반영하지는 못합니다. 일부 AI 챗봇은 인터넷 검색 기능을 포함하고 있지만, 기본적으로 LLM은 정보를 실시간으로 파악하고 있지는 못합니다. 우리가 쓰는 AI 모델은 이미 몇 개월 전 또는 1~2년 전까지의 데이터를 바탕으로 학습된 상태입니다. 학습된 시점 이후에 생긴 정보는 반영되어 있지 않습니다. 그 이유는 바로 학습 비용 때문입니다.

AI 모델, 특히 GPT-4와 같은 LLM은 엄청난 양의 텍스트를 읽고 이를 학습하는 데 수백억 원의 비용과 수많은 컴퓨터 자원이 필요합니다. 모델을 한 번 새로 학습시키려면 오랜 시간과 전기, 고성능 장비가 들어가야 하는 셈입니다. 그래서 모델에 새로운 정보를 반영하려면 아예 처음부터 다시 학습을 시키거나, 일부만 따로 추가 학습(미세조정)해야 하는데, 이 역시 적지 않은 비용이 듭니다. 또, 미세조정 단계를 거치더라도 경우에 따라 정보가 잘 업데이트되지 않을 수 있습니다.

이로 인해 LLM의 도움을 받아 프로그래밍하는 개발자들이 예상치 못한 오류를 겪을 수 있습니다. 왜냐하면 AI 언어 모델은 특정 시점까지의 데이터로 학습되기 때문에, 일부 언어와 라이브러리의 최신 업데이트 사항을 모를 수 있습니다. 예를 들어, 파이썬의 Pandas 라이브러리에서 DataFrame.append( ) 메서드는 버전 2.0에서 제거되었습니다. 하지만 AI 모델은 여전히 이 메서드를 사용하는 예제를 제시할 수 있습니다. 이런 코드를 그대로 사용하면 오류가 발생할 수 있습니다.

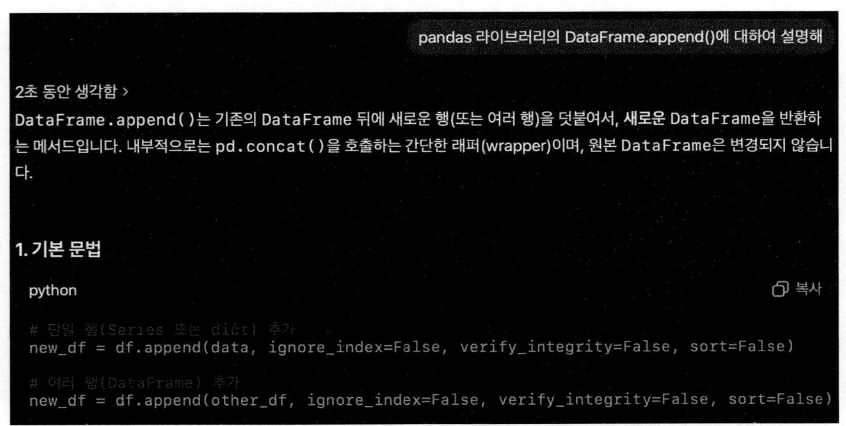

그림 2-12 Pandas 라이브러리 최신정보를 활용하지 못하는 LLM

이처럼 인공지능이 추천하는 코드나 설명은 최신이 아닐 수 있습니다. 따라서 항상 현재 사용하는 프로그램의 버전과 맞는지 확인하고, 가능하면 공식 문서도 함께 참고하는 습관이 필요합니다.

다른 코드와의 의존성 문제

세 번째로 발생할 수 있는 문제는 다른 코드와의 연결성 문제입니다. 한두 줄 짜리 코드라면 문제가 없겠지만, 학교 과제나 회사 프로젝트처럼 규모가 큰 코드에서는 이야기가 달라집니다. 여러 명이 함께 작업하다 보면, 어떤 파일에는 이런 방식으로 함수가 쓰이고, 다른 파일에는 또 다른 규칙이 있을 수 있습니다. 이렇게 회사와 프로젝트, 사람마다 일정한 스타일과 규칙이 정해져 있는데, 인공지능은 전체 프로젝트를 다 이해하지 못한 채 일부만 보고 새로운 코드를 제시할 수 있습니다. 그러다 보면 전체 흐름과 맞지 않는 코드가 생길 수 있고, 이로 인해 오히려 작업이 복잡해지거나 오류가 생길 수 있습니다.

예를 들어 우리 팀에서 사용하는 함수의 이름이 getUser( ), updateUser( ) 같은 형태로 통일하고 있다고 가정해 보겠습니다. 이렇게 변수 이름을 짓는 방식을 넓게 코드 스타일 가이드 또는 코딩 컨벤션(Coding convention)이라 합니다. 여기에는 들여쓰기의 방식(Tab 키와 스페이스), 괄호를 시작하는 위치(같은 줄 또는 다음 줄) 등의 코드 작성 스타일도 포함됩니다. 그런데 LLM이 제안한 코드에서는 동일한 기능을 fetchUserData( ), modifyUserInfo( ) 같은 다른 이름의 함수를 새로 만들거나 바꾸어 제안할 수 있습니다. AI 생성 코드를 그대로 사용하면 코드의 가독성을 해치고 팀 협업에 혼란을 주어 나중에 코드를 유지하거나 보수할 때 혼란이 생길 수 있습니다.

또한 생성형 AI가 제안한 코드는 이미 만들어진 코드의 구조적 설계를 흔들 수 있습니다. 프로젝트에서 코드를 설계할 때에는 코드를 역할과 책임에 따라 나누어야 하며, 이러한 구조적 방법을 아키텍쳐 계층(Layered architecture)이라 합니다. 케이크를 만드는 과정에 비유하자면 케이크는 스펀지 위에 크림을 얹고, 그 위에 과일 토핑과 각종 예쁜 장식을 올립니다. 스펀지는 케익의 형태를 유지하지는 목적을 갖고, 크림은 맛과 디자인의 배경을 담당하며, 토핑과 과일은 미관을 꾸며주는 역할을 합니다. 이처럼 코드를 짤 때에도 사용자 인터페이스 계층, 비즈니스 로직 계층, 데이터 접근 계층 등 역할에 따라 층이 나뉩니다.

그러나 생성형 AI는 대체로 여러분이 보여 준 코드 조각, 즉 케이크의 조각 한 쪽만 보고 나머지 전체 구조를 모른 채 코드를 만들어 내곤 합니다. 극단적인 예를 들어 화면을 담당해야 할 HTML 파일 안에다 데이터베이스 호출 코드를 그대로 섞어 넣어 버릴 수도 있습니다. 케이크로 치면 딸기 층 속에 초콜릿 시럽을 잔뜩 쏟아붓는 셈이라, 나중에 맛을 바꾸거나 위층만 살짝 고치고 싶을 때 스펀지와 크림까지 한꺼번에 무너질 위험이 생깁니다.

이렇게 층이 뒤섞인 코드는 여러 가지 문제를 일으킵니다. 버그가 생겨도 어디서 맛이 이상해졌는지 찾기 어렵고, 규칙만 살짝 바꾸려다 화면까지 전부 뜯어고쳐야 하는 상황이 자주 생깁니다. 동료들과 역할을 나눠서 협업할 때도 충돌이 잦아집니다. 더 심각한 경우, 비밀번호 같은 민감한 정보가 화면 코드에 그대로 섞여 들어가 보안에 구멍까지 생길 수 있습니다.

그러므로 생성형 AI가 제안한 코드를 안전하게 쓰고 싶다면, 먼저 여러분이 가진 '케이크 설계도'를

AI에게 분명히 알려 주어야 합니다. "화면 코드는 이 폴더에, 게임 규칙은 저 파일에, 점수 저장은 여기에서만!"과 같이 경계를 명확히 설명한 뒤 코드를 달라고 요청해야 합니다. 그리고 AI가 돌려준 결과를 바로 복사해 넣지 말고, 토핑 · 스펀지 · 크림이 제자리에 들어갔는지 사람 눈으로 한 번 더 살펴봐야 합니다. 마지막으로, 각각의 층이 제 기능을 제대로 하는지 작은 테스트를 만들어 두면 층이 뒤섞였을 때 곧바로 경고를 받을 수 있습니다.

요약하자면, 인공지능 코드 도우미는 훌륭한 조력자이지만, 그 말만 믿고 무작정 사용하는 것은 위험합니다. 코드를 추천해 줄 수는 있지만, 그 코드를 판단하고 사용하는 책임은 결국 사용자에게 있다는 사실을 기억해야 합니다. 다음 장에서는 본격적인 개발에 앞서 기초적인 파이썬 문법을 살펴봅니다. 앞에서 배운 LLM 챗봇에 프롬프트 엔지니어링 기술을 잘 활용한다면 코드의 사용법을 익히는 과정은 훨씬 쉬워질 것입니다.

작은 프로젝트로 배우는 기초 코딩

1. 파이썬 문법, 어렵지 않아요
2. 나만의 작고 소중한 프로그램 만들기

PYTHON PROGRAMMING

앞서 살펴본 것처럼 생성형 AI 덕분에 코드 작성이 더 쉬워졌지만, 파이썬 프로그래밍 언어를 배우면 기초 문법을 이해하면 AI가 만든 코드를 더 잘 해석하고, 원하는 방식으로 수정하는 데 유리합니다. 또한 생성형 ai는 가끔 코드에 에러가 있다거나 취약점이 존재하는 등의 '할루시네이션' 현상이 발생할 수 있습니다. 이에 프로그래밍 언어에 대한 기초 지식이 있으면 그런 문제를 빠르게 파악하고 수정할 수 있습니다. 이 장에서는 파이썬 기초 문법을 익히고, 이를 활용하여 나만의 프로그램을 만들어보는 경험을 합니다. 구체적으로는 파이썬의 기본적인 데이터 타입과 조건문부터 라이브러리 활용, 클래스 개념까지 배워볼 것입니다. 배운 내용으로 간단한 애플리케이션을 구현하며 프로그래밍이 우리의 생활을 얼마나 편리하게 만들 수 있는지 체험해 봅니다.

파이썬 문법, 어렵지 않아요

프로그래밍을 처음 접하면 문법이 어렵게 느껴질 수 있지만 앞서 살펴본 바와 같이 파이썬은 간결하고 직관적인 문법을 가지고 있어 누구나 쉽게 배울 수 있습니다. 해당 절에서는 데이터 타입, 변수, 조건문, 반복문과 같은 기본 개념부터 패키지와 라이브러리까지 차근차근 익혀볼 것입니다. 기초 문법 외 내용은 실생활에서 활용할 수 있는 간단한 프로젝트를 통해 개념을 더욱 쉽게 이해할 수 있도록 이후에 다뤄보겠습니다. 이제 파이썬 문법의 기초를 하나씩 배워볼까요?

1 기초 자료형과 연산자

자료형(Data type)은 프로그래밍에서 데이터를 저장하고 표현하는 방식입니다. 모든 값은 특정한 자료형을 가지며, 이를 통해 연산의 방식과 메모리 저장 구조가 결정됩니다. 자료형은 데이터를 효과적으로 다루기 위해 필수적인 개념이며, 각 언어마다 지원하는 자료형과 그 특징이 다를 수 있습니다. 본 책에서는 파이썬 언어에서 사용되는 여러 자료형을 중점으로 소개합니다.

숫자형

파이썬에서 숫자 자료형은 수학 연산을 수행할 때 매우 유용하며, 다양한 연산자와 함께 사용할 수 있습니다. 파이썬에서는 어떻게 숫자를 다루고 연산하는지 자세히 알아봅니다.

정수형과 실수형

정수형(Integer)은 소수점이 없는 숫자를 의미하며 양수, 음수, 0 등을 포함합니다. 보통 int라고 줄여서 부릅니다. 파이썬의 정수형은 크기에 제한이 없으며, 메모리가 허용하는 한 아주 큰 숫자도 저장할 수 있습니다. 실수는 파이썬에서 부동소수점 자료형으로 표현됩니다. 보통 부동소수점은 float으로 불립니다.

```
# 정수형
print(123) # 123
print(-100) # -100
print(0) # 0
```

```
# type 함수는 입력된 값의 자료형을 확인하는 함수입니다.
print(type(123)) # <class 'int'>

# 실수형
print(3.14) # 3.14
print(-2.71) # -2.71
print(0.0) # 0.0
print(type(3.14)) # <class 'float'>
```

매우 크거나 작은 숫자를 표현할 때 지수 형태(e 또는 E)로 나타낼 수 있습니다.

```
print(1.5e3) # 1.5 × 10^3 = 1500.0
#type() 함수로 자료형 확인
print(type(1.5e3)) #<class 'float'>
print(2.5E-4) # 2.5 × 10^(-4) = 0.00025
```

파이썬에서 부동소수점은 실수를 표현할 때 실수의 숫자값인 가수와 소수점 위치에 대한 지수 정보를 함께 저장합니다. 소수점 위치를 숫자에 따라 동적으로 조정할 수 있어 매우 큰 수나 작은 수를 효율적으로 처리할 수 있습니다. 이 방식은 매우 큰 수나 작은 수를 나타내는 데 유용합니다. 예를 들어 123.456 (1.23456 * 10^2)이라는 실수가 있을 때 가수는 1.23456이되며 지수는 2가 됩니다. 하지만 일부 실수는 소수점 이하 숫자가 무한히 이어지므로(예: 1/3 = 0.3333…), 이를 근사값으로 저장하여 2진수로 근사하여 표현하게 됩니다. 때문에 실수 연산시 오차가 발생하게 됩니다.

```
# +는 숫자형의 덧셈 연산자입니다.
print(0.1 + 0.2) #0.30000000000000004
```

위 실습 코드로 0.1과 0.2를 더하였을 때 기대하던 0.3이 아닌 값이 출력되는 것을 확인해볼 수 있습니다.

산술 연산자

앞서 숫자 자료형에 대해 살펴보면서 실습 코드에서 덧셈 연산자를 사용해보았습니다. 덧셈 연산자 외에도 다양한 연산자를 살펴보겠습니다. 산술 연산자는 숫자 값을 처리하고 수학적 계산을 수행하는 데 사용되는 연산자이며, 하나씩 살펴보겠습니다.

연산자	연산 방식	예시 코드	출력결과
+	덧셈	print(5+3) print(2.5+4.5)	8 7.0
−	뺄셈	print(5−3) print(2.5−1.5)	2 1.0
*	곱셈	print(5*3) print(2.5*4.0) print(2.5*4)	15 10.0 10.0
/	나눗셈 (항상 실수 반환)	print(6/2) print(10/4) print(10/2)	3.0 2.5 5.0
**	거듭제곱 (앞 수의 n제곱)	print(2**4) print(3**2)	16 9
//	몫 연산 (정수 몫만 반환)	print(16//3) print(14//2) print(10//4)	5 7 2
%	나머지 연산	print(16%3) print(14%2) print(10%4) print(10.0%4.0)	1 0 2 2.0

문자열

문자열(String)은 파이썬에서 텍스트 데이터를 저장하는 기본적인 자료형으로 보통 str으로 줄여부릅니다. 작은따옴표(') 또는 큰따옴표(")로 감싸서 표현할 수 있으며, 여러 줄 문자열은 세 개의 따옴표(''' 또는 """)로 감쌀 수 있습니다. 여러 줄의 문자열은 주로 클래스나 함수의 설명을 작성할 경우에 많이 사용합니다.

문자열 만들기

```
str1 = 'Hello'
str2 = "World"
str3 = '''This is
a multi-line
string.'''
print(str1) #Hello
print(str2) #World
print(str3) #This is
# a multi-line
# string.
```

```
print(type(str1)) #<class 'str'>
print(type(str2)) #<class 'str'>
print(type(str3)) #<class 'str'>
```

이스케이프 문자를 사용해 문자열 만들기

이스케이프 문자(Escape character)는 역슬래시(/)를 특정 문자들 앞에 함께 사용하여 기존 문자의 뜻에 벗어나서 다른 뜻을 표현할 때 사용하는 특수 문자입니다. 한국 키보드에서의 역슬래시는 원화 기호(₩)로 표현됩니다.

이스케이프 문자	설명	예시 코드	출력결과
₩n	줄 바꿈 (new line)	print("Hello₩nWorld")	Hello World
₩t	탭 (tab)	print("Hello₩tWorld")	Hello World
₩'	문자열 내 작은 따옴표	print('It₩'s a good day')	It's a good day
₩"	문자열 내 큰 따옴표	print("He said, ₩"Hello₩"")	He said, "Hello"

문자열 연산자

- **연결 연산자**

  문자열에서의 연결 연산자는 숫자 자료형의 덧셈 연산자와 같은 '+'기호를 사용합니다. 연결 연산하고 싶은 문자열들을 '+'기호와 함께 나열해주면 됩니다.

```
s1 = "Hello"
s2 = "World"
result = s1 + " " + s2
print(result) # "Hello World"
```

- **반복 연산자**

  문자열에서의 반복 연산자는 곱셈 연산자와 같은 '*'기호를 사용합니다. '숫자*문자열' 또는 '문자열*숫자' 형식으로 표현합니다.

```
s = "Hi"
result = s * 3
print(result) # "HiHiHi"
```

인덱스

문자열은 순서를 가지고 있는 자료형으로 문자열에서 각 문자는 고유한 위치를 갖습니다. 이 위치에 대한 정보를 인덱스(index)라고 하며, 0부터 시작합니다.

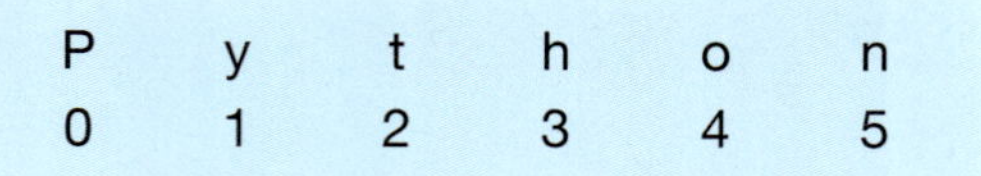

그림 3-1 파이썬에서의 양수 인덱스

파이썬은 음수 인덱스도 지원합니다. 마지막 문자부터 -1 인덱스를 가집니다. 음수 인덱스는 문자열의 끝에서부터 거꾸로 접근할 때 사용합니다.

P	y	t	h	o	n
-6	-5	-4	-3	-2	-1

그림 3-2 파이썬에서의 음수 인덱스

문자열의 인덱싱

인덱싱(Indexing)은 문자열에서 특정 위치의 문자에 접근하는 방법입니다. 인덱스를 사용해 해당 위치에 있는 문자 하나를 반환합니다. 인덱싱은 문자열에 대괄호([ ])를 사용하며, 대괄호 내부에 접근하고 싶은 문자의 인덱스를 지정합니다.

우선 양수 인덱싱을 통해 각 문자에 접근해봅니다.

```
s = "Python"
print(s[0]) #0 → 첫 번째 문자의 인덱스 → 'P'
print(s[3]) #3 → 네 번째 문자의 인덱스 → 'h'
```

이번엔 음수 인덱싱을 해봅시다.

```
s = "Python"
print(s[-6]) # -6 → 첫 번째 문자의 인덱스 → 'P'
print(s[-3]) # -3 → 네 번째 문자의 인덱스 → 'h'
```

인덱싱을 통해서 단일 문자열에 접근했습니다. 문자열의 일부분에 접근할 때는 어떻게 해야할까요? 슬라이싱 기능을 사용하면 됩니다.

문자열의 슬라이싱

슬라이싱(Slicing)은 파이썬에서 문자열 슬라이싱은 문자열의 일부분을 추출하는 기능입니다. 기본적인 사용 문법은 인덱싱처럼 대괄호([])를 사용하지만, 콜론(:)을 통해 추출하고 싶은 문자열의 범위 및 간격을 구분하여 지정합니다. 시작 인덱스를 start, 종료 인덱스를 end, 간격을 step이라고 할때 '추출하고 싶은 문자열[start:end:step]'로 코드를 작성해주면 됩니다. 이때 각 인덱스 정보와 간격 정보는 인덱싱처럼 양수 및 음수 모두 지원합니다. 주의해야할 점은 슬라이싱에서 시작 인덱스는 포함되지만, 종료 인덱스는 포함되지 않습니다. 간격은 따로 지정하지 않으면 기본값은 1입니다.

```
text = "Hello, Python!"
# 양수 슬라이싱 : 인덱스 0부터 5까지 (5는 포함되지 않음)
print(text[0:5]) #Hello
# 음수 슬라이싱 : 끝에서 7번째부터 끝에서 2번째까지
print(text[-7:-2]) #Pytho
# 양수 간격 설정 : 2의 간격으로
print(text[0:5:2]) #Hlo
# 음수 간격 설정 : 역순의 2의 간격으로
print(text[5:2:-2]) #,l
```

간격(step)은 생략할 시에 기본적으로 1의 값으로 설정됨을 앞서 설명했습니다. 추출하고 싶은 문자열의 범위에 대한 인덱스인 start, end도 생략할 수 있습니다. 이때 start를 생략하면 맨 처음, end를 생략하면 맨 끝까지의 문자열의 범위로 명시됩니다.

```
text = "Hello, Python!"
# 인덱스 7부터 끝까지
print(text[7:]) # Python!
# 처음부터 인덱스 5까지
print(text[:5]) # Hello
# 전체 문자열
print(text[:]) # Hello, Python!
# 전체 문자열 2칸씩 건너뛰기
print(text[::2]) # Hlo yhn
# 문자열 뒤집기
print(text[::-1]) # !nohtyP ,olleH
```

리스트

파이썬의 리스트(list) 는 여러 개의 값을 저장할 수 있는 가변(mutable) 자료형입니다. 대괄호([])를 사용해 생성하며, 각 요소는 쉼표(,)로 구분합니다.

```
# 빈 리스트 생성
empty_list = []
# 정수형 리스트
numbers = [1, 2, 3, 4, 5]
# 문자열 리스트
words = ["apple", "banana", "cherry"]
# 여러 자료형 혼합 가능
```

```
mixed = [1, "hello", 3.14]
# 중첩 리스트 (2차원 리스트)
nested = [[1, 2, 3], [4, 5, 6]]
```

리스트의 인덱싱

리스트도 문자열처럼, 인덱싱과 슬라이싱을 통해 요소에 접근할 수 있습니다. 리스트의 양수 및 음수 인덱싱부터 실습합니다.

```
data = ["a", "b", "c", "d", "e"]
print(data[0]) # a
print(data[2]) # c
print(data[-1]) # e
print(data[-2]) # d
```

리스트의 슬라이싱

리스트의 양수 및 음수 슬라이싱과 간격도 설정하여 실습해봅니다.

```
data2 = [10, 20, 30, 40, 50, 60]
print(data2[1:4]) # [20, 30, 40] (1번 인덱스부터 3번 인덱스까지)
print(data2[:3]) # [10, 20, 30] (처음부터 2번 인덱스까지)
print(data2[3:]) # [40, 50, 60] (3번 인덱스부터 끝까지)
print(data2[::2]) # [10, 30, 50] (2칸씩 건너뛰기)
print(data2[::-1]) # [60, 50, 40, 30, 20, 10] (리스트 뒤집기)
```

리스트의 연결 연산자

문자열 자료형에서 '+'기호를 사용하여 문자열을 연결했던 것처럼 리스트 자료형도 동일한 연결 연산을 진행할 수 있습니다.

```
data = [1, 2, 3] + [4, 5, 6]
print(data) #[1, 2, 3, 4, 5, 6]
```

리스트의 반복 연산자

리스트의 반복 연산자도 문자열의 반복 연산자와 동일하게 '*'를 사용하여 구현할 수 있습니다.

```
data = [1, 2, 3] * 3
print(data) #1, 2, 3, 1, 2, 3, 1, 2, 3]
```

리스트의 메서드

리스트는 변경 가능한 자료형이기 때문에 각 요소의 값을 변경할 수 있습니다. 인덱싱을 통해 원하는 값의 위치에 접근하여 대체하고 싶은 값을 명시해주면 됩니다.

```
data = [1, 2, 3, 4, 5]
data[2] = 100 # 3 → 100으로 변경
print(data) #[1, 2, 100, 4, 5]
```

이때 값이 존재하지 않는 인덱스에 접근하여 값을 명시하려고 하면 IndexError가 납니다.

```
data[5] = 100
print(data)
```

출력결과

```
Traceback (most recent call last):
 File "<stdin>", line 1, in <module> data[5] = 100
IndexError: list assignment index out of range
```

리스트의 요소 추가 메서드

변경 가능한 자료형인 리스트에 값을 추가하기 위한 여러 함수들을 알아봅시다.

- **append**

  append 메서드는 한 번에 1개의 요소를 추가할 수 있으며, 추가 시 가장 마지막 원소로 추가해주는 함수입니다. 기본적인 사용 문법은 '리스트.append(추가할 요소)' 입니다.

```
data = [1, 2, 3]
data.append(4)
print(data) # [1, 2, 3, 4]
```

- **insert**

  insert 메서드는 한 번에 1개의 요소를 추가할 수 있다는 것이 append 메서드와 유사하나, 원하는 위치에 값을 삽입할 수 있습니다. 때문에 insert 함수의 첫번째 인자로는 값을 삽입하고 싶은 위치 정보인 인덱스, 두번째 인자로는 삽입하고 싶은 값을 명시합니다.

```
data = [1, 2, 3, 4]
data.insert(1, 100) # 1번 인덱스에 100 삽입
print(data) #[1, 100, 2, 3, 4]
```

- **extend**

  앞서 살펴본 append, insert와 다르게 여러 개의 요소를 한꺼번에 추가하고 싶을 때 사용하는 메

서드입니다. append 함수와 결과를 비교해보겠습니다.

```
a = [1, 2, 3]
a.append(b)
print(a) # [1, 2, 3, [4, 5, 6]]
a = [1, 2, 3]
b = [4, 5, 6]
a.extend(b)
print(a) # [1, 2, 3, 4, 5, 6]
```

append 메서드의 결과는 [4,5,6] 리스트 자체가 하나의 요소로 취급되어 추가되었습니다. 하지만 extend 메서드는 [4,5,6] 리스트 내의 각 원소를 하나씩 리스트에 추가하였습니다. 추가적으로 extend와 유사하게 동작하는 연결 연산자(+)를 앞서 살펴보았습니다. 리스트를 확장할 때 + 연산자를 사용할 수도 있지만, extend 메서는 더 빠르고 메모리를 절약할 수 있습니다.

리스트의 정렬 메서드

리스트 내 요소의 값을 정렬하기 위해 sort 메서드를 사용할 수 있습니다. 기본적으로 sort 메서드는 오름차순으로 정렬하며, 내림차순으로 정렬하고 싶다면 sort 메서드 내부의 reverse라는 변수의 값을 True로 설정해주면 됩니다. 변수가 무엇인지, 함수는 어떻게 만들고 동작하는지는 자료형들을 배우고 살펴볼 예정입니다. 여기서는 어떻게 코드를 작성하고 있는지만 확인하고 넘어가겠습니다.

```
# 오름차순 정렬
numbers = [4, 2, 8, 1, 5]
numbers.sort()
print(numbers) #[1, 2, 4, 5, 8]
# 내림차순 정렬
numbers = [4, 2, 8, 1, 5]
numbers.sort(reverse=True)
print(numbers) #[8, 5, 4, 2, 1]
```

숫자뿐 만 아니라 문자열도 정렬할 수 있습니다. 문자열에는 대소문자가 구분되며, 대문자보다 소문자가 더 큰 값을 가집니다. 또한 기본적인 정렬 기준은 사전 순으로 a보다 z가 더 큰 값입니다. 다만 숫자와 문자열의 대소 비교는 불가능 하기 때문에 리스트 내 요소들이 모두 숫자 또는 모두 문자열일 때만 정렬 가능합니다.

```
words = ["banana", "apple", "cherry", "apple"]
```

```
words.sort()
print(words) #['Apple', 'apple', 'banana', 'cherry']
```

이번에는 문자열 리스트도 역순으로 정렬해봅시다.

```
words = ["banana", "apple", "cherry", "apple"]
words.sort(reverse=True)
print(words) #['cherry', 'banana', 'apple', 'Apple']
```

리스트의 요소 제거 메서드

- **remove**

  리스트에서 remove 메서드를 통해 지정한 값과 일치하는 첫 번째 요소를 삭제합니다. 즉 리스트에 해당 값이 여러 개 있으면 가장 먼저 발견된, 인덱스 값이 작은 데이터 하나만 삭제합니다. 만약 지우고자 하는 값이 리스트에 없으면 ValueError가 발생합니다.

```
fruits = ["apple", "banana", "cherry", "banana"]
fruits.remove("banana") # 첫 번째 'banana'만 삭제
print(fruits) #['apple', 'cherry', 'banana']
```

- **pop**

  pop 메서드는 삭제하고 싶은 인덱스 사용하여 값을 제거하면서, 주어진 인덱스의 요소를 반환합니다.만약 인덱스를 생략하면 마지막 요소를 삭제하며, 존재하지 않는 인덱스를 지정하면 IndexError가 발생합니다.

```
numbers = [10, 20, 30, 40]
num = numbers.pop(1) # 인덱스 1의 값(20)을 꺼내고 삭제
print(num) # 20
print(numbers) # [10, 30, 40]

last_num = numbers.pop() # 마지막 요소(40) 삭제
print(last_num) # 40
print(numbers) # [10, 30]
```

- **clear**

  리스트 내의 모든 요소를 제거하여 빈 리스트로 만들고 싶을 때 사용하는 메서드입니다. 모든 요소만 제거될 뿐 리스트 객체 자체는 그대로 유지됩니다.

```
animals = ["dog", "cat", "elephant"]
animals.clear()
print(animals) # []
```

코드의 출력결과를 확인해보면 리스트 내 요소인 각각의 문자열은 모두 제거되었지만 빈 리스트가 출력되고 있습니다.

튜플

튜플(Tuple)은 순서가 있는(Ordered) 불변(Immutable) 자료형으로, 여러 개의 값을 다루고 싶을 때 사용할 수 있는 자료형입니다. 리스트(list)와 비슷하지만, 튜플은 한 번 생성하면 값을 변경할 수 없다는 점에서 차이가 있습니다.

튜플은 소괄호 (( ))를 사용해서 생성합니다. 또한 쉼표(,)를 통해서 여러 값을 나열하면서 자료형을 명시하지 않았다면 자동으로 튜플 자료형으로 다뤄집니다.

튜플 생성

```
t1 = ()
t2 = (1, 2, 3)
t3 = "apple", "banana", "cherry" # 괄호 없이 쉼표로 구분해도 튜플
print(type(t1)) # <class 'tuple'>
print(type(t2)) # <class 'tuple'>
print(type(t3)) # <class 'tuple'>
```

단일값 하나를 튜플 자료형으로 다루고 싶을 경우에는 값 뒤에 반드시 쉼표를 함께 작성해줘야 합니다. 그렇지 않으면 소괄호가 사용되었더라도 튜플 자료형으로 다뤄지지 않습니다.

```
t4 = (1) # 원소가 1개인 경우 반드시 쉼표 필요
t5 = (1,)
print(type(t4)) # <class 'int'> (튜플이 아니라 정수로 처리됨)
print(type(t5)) # <class 'tuple'> (쉼표가 있어 튜플로 처리됨)
```

튜플의 인덱싱 및 슬라이싱

튜플도 리스트처럼 순서가 있는 자료형이기 때문에 각 요소에 접근하기 위해서 인덱싱, 슬라이싱이 가능합니다.

```
t = (10, 20, 30, 40, 50)
# 인덱싱
print(t[0]) # 10
print(t[-1]) # 50
# 슬라이싱
print(t[1:4]) # (20, 30, 40) (인덱스 1부터 3까지, 4는 포함 X)
```

```
print(t[:3]) # (10, 20, 30) (처음부터 인덱스 2까지)
print(t[2:]) # (30, 40, 50) (인덱스 2부터 끝까지)
```

튜플의 불변성

튜플은 리스트와 달리 불변한 자료형이기 때문에 요소를 수정, 추가, 제거할 수 없습니다. 리스트처럼 인덱싱을 통해 값을 수정할 경우에 TypeError가 발생합니다.

```
t = (1, 2, 3)
t[0] = 10
```

출력결과

```
Traceback (most recent call last):
File "<stdin>", line 1, in <module>
TypeError: 'tuple' object does not support item assignment
```

만약 튜플을 수정하고 싶다면 해당 변수의 값을 새로운 튜플로 만들어야합니다.

```
t = (1, 2, 3)
t = (10, 20, 30) # 새로운 튜플로 변경
print(t) #(10, 20, 30)
```

이러한 튜플의 불변성 때문에 변경할 필요 없는 데이터를 저장할 때 사용한다면 리스트보보다 성능과 메모리 효율이 더 좋습니다.

딕셔너리

딕셔너리(Dictionary는 키(Key)와 값(Value)의 쌍으로 데이터를 저장하는 자료형입니다. 인덱싱 또는 슬라이싱을 통해서 값에 접근하는 리스트와 튜플과 달리 사람이 단어의 철자를 통해 사전에서 단어의 뜻을 찾는 것처럼 키를 통해 값에 접근할 수 있습니다. 딕셔너리는 중괄호({ })를 통해서 정의하며, 키와 값에 대한 구분자는 콜론(:)을 사용합니다. 그리고 키-값 쌍에 대한 각 요소는 다른 자료형들처럼 콤마(,)를 사용합니다.

```
person = { "이름": "홍길동", "나이": 25, "직업": "개발자"}
print(person) #'이름': '홍길동', '나이': 25, '직업': '개발자'}
```

딕셔너리는 키를 통해 값에 접근할 수도 있고, 값을 변경할 수도 있습니다.

```
# 접근
print(person["이름"]) #홍길동
# 수정
person["나이"] = 35
print(person) #이름': '홍길동', '나이': 35, '직업': '개발자'}
```

리스트는 존재하지 않는 인덱스에 접근하게 되면 에러가 발생하지만, 딕셔너리는 존재하지 않는 키에 접근하여 값을 대입하면 키와 값 쌍이 딕셔너리에 추가됩니다.

```
person["ID"] = "abc123"
print(person) #{'이름': '홍길동', '나이': 35, '직업': '개발자', 'ID': 'abc123'}
```

딕셔너리에서 키와 값을 제거하기 위해서는 del 이라는 키워드를 사용할 수 있습니다. 이 때 한 쌍으로 키와 값이 다뤄지기 때문에 함께 제거되며, 키 또는 값만 제거할 수는 없습니다. 또한 존재하지 않는 키를 제거하려고 하면 KeyError가 발생합니다.

```
del person["이름"]
print(person) #{'나이': 35, '직업': '개발자', 'ID': 'abc123'}
```

```
del person["주소"]
```

출력결과

```
KeyError: '주소'
```

값은 자유롭게 사용할 수 있으나 키(key)에는 조건이 존재합니다.

1. 키는 유일해야 하며 중복될 수 없습니다.
2. 불변해야 합니다. 문자열, 숫자, 튜플 자료형은 키로 사용할 수 있습니다. 하지만 리스트나 딕셔너리 또는 리스트 및 딕셔너리가 포함되어 있는 튜플은 키로 사용할 수 없습니다.

불 자료형

불(Bool) 자료형은 Boolean(불리언) 자료형이라고도 불리며, 프로그래밍에서 참(True) 또는 거짓(False) 두 가지 값만 가질 수 있는 자료형입니다. 대소문자 구분이 있으며 반드시 첫 글자를 대문자로 써야 합니다.

```
t = True
f = False
print(t) # True
print(f) # False
```

2 비교 연산자와 논리 연산자

비교 연산자

비교 연산자는 두 값을 비교해서 결과를 True 또는 False로 반환하는 연산자입니다. 이후 다룰 조건문이나 필터링, 반복 제어 등에서 많이 사용됩니다.

연산자	의미	설명
==	같다	두 값이 같으면 True
!=	같지 않다	두 값이 다르면 True
<	크다	왼쪽이 더 크면 True
>	작다	오른쪽이 더 크면 True
>=	크거나 같다	왼쪽이 크거나 같으면 True
<=	작거나 같다	왼쪽이 작거나 같으면 True

표 3-1 파이썬의 비교 연산자

```
a = 10
b = 5
# == (같음)
print(a == b) # False
# != (다름)
print(a != b) # True
# > (크다)
print(a > b) # True
# < (작다)
print(b < a) # True
# >= (크거나 같다)
print(b >= a) # False
# <= (작거나 같다)
print(b <= a) # True
```

논리 연산자

논리 연산자는 여러 조건을 결합하거나 부정할 때 사용하는 연산자입니다. 비교 연산자와 함께 자주 쓰입니다.

연산자	의미	설명
and	그리고	모든 조건이 True일 때만 True
or	또는	하나라도 True면 True
not	아니다	조건을 반대로 바꿈

표 3-2 파이썬의 논리 연산자

```
a = 10
b = 5
print(a > b and b < a) #True
print(a < b or b < a) #True
print(not (a > b)) #False
```

3 변수

변수는 이미 앞서 실습 코드에서 계속 사용하고 있었던 개념으로 값이 저장되어 있는 컴퓨터의 메모리 주소에 대한 이름표라고 생각할 수 있습니다. 변수는 값을 저장하고, 그 값을 계속 활용하기 위한 핵심적인 개념이며 변수를 정의할 때는 대입 연산자인 등호(=)를 사용합니다.

```
# 변수명 = 저장할 값
pi = 3.1415
print(pi) # 3.1415
# 한번에 여러 변수 할당
x, y, z = 1, 2, 3
print(x, y, z) # 1 2 3
# 같은 값을 여러 변수에
a = b = c = 100
print(a, b, c) # 100 100 100
```

변수명을 지을 때 규칙이 존재합니다.

1. 영문자, 숫자, 밑줄(_)만 사용 가능
2. 숫자로 시작하면 안 됨
3. 파이썬의 예약어는 사용 불가
4. 대소문자 구분

만약 위 규칙을 위반할 경우에는 SyntaxError가 발생합니다. 파이썬 예약어(Reserved Keywords)는 프로그래밍 언어에서 특정 기능이나 의미를 미리 갖고 있어 변수명, 함수명 등으로 사용할 수 없도록 예약된 단어들을 말합니다. 따라서 예약어를 임의로 다른 용도로 사용하면 문법 오류가 발생하게 됩니다. 예약어 목록은 파이썬 버전에 따라 달라질 수 있으며, 항상 사용하는 버전에 맞는 예약어를 확인하는 것이 중요합니다.

4 조건문

조건문은 프로그램이 특정 조건을 만족할 때만 특정 코드를 실행하게 만드는 제어 구조입니다. 조건문을 사용하면 프로그램의 흐름을 제어할 수 있고, 사용자 입력이나 데이터 상태에 따라 유연하게 동작하게 만들 수 있습니다.

파이썬에서는 if, elif, else 키워드를 사용해 조건문을 작성하며, 조건문 뒤에 콜론(:)을 붙여야 합니다. 그리고 조건문의 들여쓰기(Indent)를 통해서 조건이 참일 때 실행될 코드 블록을 구분합니다. 가장 기본적으로 조건문을 작성하는 문법 형태는 아래와 같습니다.

```
if 조건:
    조건이 참일 경우 실행할 코드1
    조건이 참일 경우 실행할 코드2
    ...
```

조건문의 조건은 앞서 배웠던 비교 연산자와 논리 연산자를 사용합니다.

```
x = 10
if x > 5:
        print("x는 5보다 큽니다.")
```

출력결과

```
x는 5보다 큽니다.
```

위 코드에서 어떻게 "x는 5보다 큽니다." 라는 문자열이 출력되었을까요? 조건문 x>5의 결과가 True(참)이여서 다음 줄에 들여 쓰기된 코드가 실행되었기 때문입니다.

그렇다면 x가 3으로 5보다 작을 때, "x가 5보다 작습니다." 라는 문자열을 출력하기 위해서는 어떻게 할까요? else를 통해 제어할 수 있습니다. else는 앞선 조건이 False일때 실행됩니다. 때문에 별도의 조건 없이 작성됩니다.

```
x = 3
if x > 5:
    print("x는 5보다 큽니다.")
else :
    print("x는 5보다 작습니다.")
```

출력결과

```
x는 5보다 작습니다.
```

앞서 if와 else를 통해 하나의 조건에 대해서 True, False일 경우 모두에 대해서 제어해보았습니다. 하지만 하나의 조건이 아닌 다른 조건을 추가적으로 사용하고 싶을 때는 어떻게 해야할까요? elif를 사용하여 여러개의 조건들을 추가하여 제어할 수 있습니다.

```
temperature = 30

if temperature >= 35:
    print("무더운 날씨입니다.")
elif temperature >= 25:
    print("따뜻한 날씨입니다.")
```

출력결과

따뜻한 날씨입니다.

조건문에서는 조건의 순서가 중요합니다. 위의 조건부터 순서대로 검사되며 하나의 조건에 대해서 True를 반환 받으면 만족한 조건에 대한 코드들만 실행되고 이후 조건들은 무시되고 종료됩니다. 아래 예시 코드를 실행하면 어떤 출력결과가 나올까요?

```
score = 95
if score >= 80:
    print("B 학점")
elif score >= 90:
    print("A 학점")
```

출력결과

B 학점

첫번째 조건인 score >= 80이 먼저 수행되어 검사되며, 해당 조건의 결과가 True이기 때문에 "B 학점"이 출력됩니다. 하지만 score는 95이므로 실제로는 "A 학점"이 더 맞는 결과입니다. 그러나 이미 첫번째 조건이 만족되었기 때문에 "elif score >= 90:"은 실행되지 않습니다.

elif를 통한 여러 개의 조건과 앞선 모든 조건에 해당되지 않는 경우를 처리하는 else를 함께 사용할 수도 있습니다.

```
score = 75
if score >= 90:
    print("A학점")
elif score >= 80:
    print("B학점")
```

```
elif score >= 70:
    print("C학점")
else: # 앞선 모든 조건이 False일때 실행
    print("F학점")
```

출력결과

C학점

앞서 비교 연산자와 함께 배웠던 논리 연산자도 조건문에서 사용할 수 있습니다.

```
age = 25
has_ticket = True

if age >= 20 and has_ticket:
    print("입장 가능합니다.")
```

출력결과

입장 가능합니다.

5 반복문

파이썬의 반복문은 특정 코드를 여러 번 실행하고자 할 때 사용하는 중요한 제어 구조입니다. 같은 작업을 반복해야 할 때, 반복문을 사용하면 코드의 길이를 줄이고 효율성을 높일 수 있습니다. 파이썬에서는 주로 for문과 while문을 이용해 다양한 방식으로 반복 작업을 수행할 수 있습니다.

for 문

for문은 정해진 범위나 반복하여 다루고자 하는 데이터를 따라 반복할 때 사용합니다. 때문에 반복할 횟수가 정해질 때 적합합니다. for문으로는 하나씩 값을 꺼낼 수 있는 구조인 반복 가능한 객체들을 다룰 수 있습니다. 자료형 중에서는 앞서 배운 리스트, 튜플, 문자열, 딕셔너리 뿐만 아니라 집합 자료형(set), range 함수도 사용할 수 있습니다.

for문을 작성하는 기본적인 문법은 다음과 같습니다.

```
for 변수 in 반복 가능한 자료:
    반복하여 실행하고 싶은 코드1
    반복하여 실행하고 싶은 코드2
```

그림 3-4 반복문 for

반복문도 조건문과 동일하게 반복하여 실행하고 싶은 코드들을 들여쓰기를 통해 반복하여 수행할 코드를 명시합니다. 즉 in뒤의 반복 가능한 객체에서 하나씩 값을 가져와서 in 앞의 변수에 대입합니다. 그 후 아래 들여쓰기 되어있는 코드들을 값이 변수에 하나씩 대입될 때마다 반복하여 수행합니다.

```
fruits = ["사과", "바나나", "포도"]

for fruit in fruits:
    print(fruit)
```

출력결과

```
사과
바나나
포도
```

반복하여 fruit 변수에 리스트의 값이 하나씩 대입되기 때문에 print 함수의 결과가 리스트 내의 요소들의 순서와 같습니다.

```
word = "hello"

for char in word:
    print(char)
```

출력결과

```
h
e
l
l
o
```

for문에서 사용하는 range( )는 숫자들의 연속된 범위를 만들어주는 함수로 for문에서는 반복 횟수를 지정할 때 사용합니다. range 함수는 1~3개의 값을 입력 받아 수행되며, 입력 받은 값을 통해 연속될 범위가 결정됩니다.

```
range(끝)
range(시작, 끝)
range(시작, 끝, 증가값)
```

그림 3-5 range 함수

range 함수에 단일 값이 입력되었을 때는 기본적으로 시작 값은 0, 증가 값은 1로 설정됩니다. 두개의 값이 입력되었을 때는 시작과 끝을 명시하는 값이 입력된 것으로 기본적으로 증가 값은 1로 설정

됩니다. 이때 시작 값은 포함되지만, 끝 값은 범위에 포함되지 않습니다.

```
for i in range(5):
    print(i)
```

출력결과

```
0
1
2
3
4
```

증가 값은 음수가 될 수도 있습니다. 그럼 값의 범위가 감소하게 됩니다.

```
for i in range(5, 0, -1):
    print(i)
```

출력결과

```
5
4
3
2
1
```

while 문

while 반복문은 주어진 조건이 참인 동안 코드 블록을 반복적으로 실행하는 제어 흐름 구문입니다. 즉, 조건이 거짓이 될 때 더 이상 코드를 반복 수행하지 않습니다. 앞서 살펴본 for 반복문과는 달리, while 반복문은 반복 횟수가 미리 정해져 있지 않고 조건에 따라 반복 여부가 결정될 때 주로 사용됩니다. while문을 작성하는 기본적인 문법은 다음과 같습니다.

```
while 조건:
   반복하여 실행할 코드 1
   반복하여 실행할 코드 2
   ...
```

그림 3-6 반복문 while

while문의 조건이 참으로 평가되면 for문과 동일하게 들여쓰기된 코드들이 반복적으로 수행됩니다. 이때 조건은 앞서 배웠던 비교 및 논리 연산자가 사용됩니다. 반복적으로 코드를 수행하다가 조건이 거짓으로 평가되면, while 반복문은 종료됩니다. 아래는 1~5까지 반복적으로 출력하는 while문의 코드 예시입니다.

```
i = 1
while i <= 5:
    print(i)
    i = i + 1
```

출력결과

```
1
2
3
4
5
```

변수 i에 1의 값을 저장해두고, 반복문에 이용하고 있습니다. while문의 조건을 통해서 i가 5이하일 때만 반복하고 있습니다. 반복적으로 print문을 출력하고 있고, i값을 1씩 증가시켜서 제어하고 있습니다. 이를 통해 i가 6이 되었을 경우에 while의 조건을 통해 반복문이 종료되어 5까지만 출력되고 종료됩니다.

다음은 음식점에 대기하는 손님들에게 몇 번째로 대기하고 있는지 안내하다가, 입장 순서가 되면 입장을 알려주는 반복문을 작성해봅니다.

```
i = 5
while i > 0:
    print(i,"번째로 대기중입니다.")
    i = i - 1
print("지금 입장해주세요")
```

출력결과

```
5 번째로 대기중입니다.
4 번째로 대기중입니다.
3 번째로 대기중입니다.
2 번째로 대기중입니다.
1 번째로 대기중입니다.
지금 입장해주세요
```

i변수에 5라는 값으로 초기화했으며, 위 반복문은 i가 0보다 클 때 반복합니다. 이후 반복적으로 손님에게 몇 번째로 대기하고 있는지 안내하며, i는 1씩 감소합니다. 1씩 감소하다가 i의 값이 0이 되면 반

복문을 종료하고 while문의 코드 블럭 밖에 있는 '지금 입장해주세요"라는 출력문이 출력됩니다.

위 코드에서 i의 값이 작아지지 않아 항상 while문의 조건이 참인 경우에는 어떻게 될까요? while문이 절대 종료되지 않고 무한하게 반복될 것입니다. 이를 무한루프라고 합니다. 끝나지 않고 계속 반복되는 무한루프는 컴퓨터가 멈추거나 다운이 되는 등 다양한 문제의 원인이 되므로 주의해야 합니다.

break

때로는 반복 작업을 진행하다가 특정 상황에서 루프를 즉시 멈춰야 할 필요가 있습니다. 이때 사용할 수 있는 것이 break 입니다. break는 반복문(for 루프, while 루프) 현재 실행 중인 반복문을 즉시 종료시키는 역할을 합니다. 특히 if 조건문과 함께 사용되는 경우가 많습니다. 이는 반복 작업을 더 이상 진행할 필요가 없거나, 특정 목표를 달성했을 때 또는 예외적인 상황이 발생했을 때 유용하게 활용됩니다.

for문에서의 if break 예시 코드입니다.

```
numbers = [1, 5, 10, 3, 8, 6]
target = 3

for num in numbers:
    print("현재 숫자: ",num)
    if num == target:
        print("찾았다!",target)
        break # target을 찾았으므로 루프 종료
```

출력결과

현재 숫자: 1
현재 숫자: 5
현재 숫자: 10
현재 숫자: 3
찾았다! 3

원하는 특정 값을 찾았을 경우, 더 이상 다른 요소들을 탐색을 계속할 필요가 없기 때문에 break를 사용하여 효율성을 높일 수 있습니다.

다음은 while문에 대한 break 예시 코드입니다.

```
count = 0
while True: # 무한 루프
    print(f"현재 count: {count}")
    count += 1
```

```
    if count > 5:
        print("count가 5보다 커졌으므로 종료")
        break # count가 5보다 크면 루프 종료
```

출력결과

```
현재 count: 0
현재 count: 1
현재 count: 2
현재 count: 3
현재 count: 4
현재 count: 5
count가 5보다 커졌으므로 종료
```

while문도 for문과 같이 break를 이용하여 특정 조건을 만족하면 더 이상 반복할 필요가 없을 때 break를 사용할 수 있습니다. 또한 위의 예시 코드 상황처럼 while 문의 조건이 항상 참일 경우 무한 루프의 문제가 발생할 수 있습니다. 이처럼 반복 작업 중에 예상치 못한 오류나 예외 상황이 발생했을 때, 더 이상 작업을 진행하는 것이 의미가 없거나 위험할 경우 break를 사용하여 안전하게 루프를 종료할 수 있습니다.

for, while 반복문은 중첩적으로 사용될 수 있으며, break는 명시되고 있는 루프만 종료시킵니다. 중첩된 루프 구조에서 break가 실행되면, break를 포함하는 루프만 종료되고 바깥쪽 루프는 계속 실행될 수 있습니다.

```
for i in range(3):
    for j in range(3):
        if i == 1 and j == 2:
            print("== 내부 루프 break! 종료")
            break # 내부 for 루프만 종료
    print("i: ",i,"j: ",j)
    print("외부 루프 i: ",i,"종료") # 내부 루프가 break 되어도 외부 루프는 계속 실행
print("모든 반복문 종료")
```

출력결과

```
i: 0 j: 0
i: 0 j: 1
i: 0 j: 2
외부 루프 i: 0 종료
i: 1 j: 0
i: 1 j: 1
== 내부 루프 break! 종료
```

```
외부 루프 i: 1 종료
i: 2 j: 0
i: 2 j: 1
i: 2 j: 2
외부 루프 i: 2 종료
모든 반복문 종료
```

외부 루프로 제어되고 있는 i가 0일때, 내부 루프로 제어되고 있는 j가 0부터 2까지의 값이 순서대로 저장됩니다. 이후 i가 1이 되었을 때, 다시 한번 j의 값이 0부터 2까지의 값이 됩니다. i의 값이 바뀔 때마다 '외부 루프 i 종료'에 대한 내용이 출력됩니다. i가 1이고 j가 2일 때 if의 조건이 참이 되어 break가 실행되고, 내부 for j 루프만 즉시 종료됩니다. 때문에 'i: 1 j: 2'라는 출력문은 출력되지 않습니다. 그리고 내부 루프가 종료되더라도 외부 루프인 i는 다음 값인 2으로 진행됩니다.

6 함수

함수는 특정 작업을 수행하는 코드의 묶음으로, 마치 레고 블록처럼 프로그램에서 필요한 기능을 미리 만들어두고 필요할 때마다 사용할 수 있게 해줍니다. 지금까지 여러분이 사용했던 함수들은 다른 개발자들이 만들어 놓은 것을 가져와 쓴 것이었습니다. 함수를 활용하면 코드를 더 깔끔하게 정리할 수 있고, 같은 내용을 반복해서 작성하지 않아도 되어 유지보수와 이해가 쉬워집니다.

하지만 원하는 기능을 하는 함수가 없다면, 직접 함수를 만들어 사용할 수 있습니다. 이렇게 자신이 필요로 하는 기능을 직접 정의해서 만드는 함수를 사용자 정의 함수라고 합니다. 이제 직접 함수를 만들어보며, 함수에 대해 더 깊이 배워보겠습니다.

함수 정의 및 사용

함수를 정의하는 기본적인 문법은 다음과 같습니다.

```
def 함수명(매개변수):
    함수로 실행할 코드 1
    함수로 실행할 코드 2
    ...
```

그림 3-7 함수 정의

def 키워드는 함수를 정의하겠다는 의미입니다. 함수명은 변수명처럼 함수를 사용할 때 명시하는 이름입니다. 그리고 괄호 내에는 매개변수를 정의하며, 자세한 개념은 기본적인 함수 사용 이후 알아보도록 하겠습니다. 콜론(:)은 함수 본문이 시작될 것임을 알립니다. 이후 들여쓰기를 통해서 함수에 속해 있는 코드임을 명시합니다. 아래의 코드 예제는 "안녕하세요!"를 출력하는 간단한 함수입니다.

```
def say_hello():
    print("안녕하세요!")
```

출력결과

def 키워드를 통해 함수를 정의하겠다고 명시합니다. say_hello는 함수의 이름이며, () 안에는 아무것도 작성되어 있지 않기 때문에 이 함수가 받을 매개변수가 없다는 것을 나타냅니다. 이 함수는 들여쓰기 된 print 함수를 실행합니다.

정의된 함수를 사용하기 위해서는 함수를 호출하여 실행하면 됩니다.

```
say_hello()
```

출력결과

안녕하세요!

이 코드는 say_hello라는 이름의 함수를 호출(실행)하라는 명령입니다. 그러면 say_hello 함수 안에 정의된 코드를 실행하게 되고, print 함수를 통해 문자열 "안녕하세요!"가 출력됩니다.

매개변수

함수는 외부로부터 값을 전달받아 사용할 수 있습니다. 이때 전달받는 값을 매개변수(Parameter)라고 부릅니다. 매개변수는 함수를 정의할 때 괄호 안에 명시하며, 함수 내부에서 변수처럼 사용됩니다. 함수 정의 시 지정된 매개변수에 전달되는 실제 값을 인자(Argument)라고 합니다. 인자는 함수가 작업을 수행하는 데 필요한 데이터를 제공하는 역할을 합니다.

아래의 예시코드로 매개변수를 더 배워봅시다. greet 함수는 사람의 이름을 입력 받아 인삿말을 출력합니다.

```
# 함수 정의
def greet(name):
    print("안녕하세요 "+name+"님!")
# 함수 호출 시 이름을 인자로 전달
greet("철수")
greet("영희")
```

출력결과

안녕하세요 철수님!
안녕하세요 영희님!

함수 greet을 정의하면서 name이라는 매개변수를 지정했습니다. 그리고 함수 greet을 호출하면서 문자열 "철수"를 인자로 전달합니다. 이 값은 greet 함수의 괄호 안의 name이라는 매개변수에 저장됩니다. 그리고 함수 내의 실행할 코드인 print 함수에서 사용됩니다.

return

함수는 작업을 수행한 후 결과값을 호출한 곳으로 되돌려줄 수 있습니다. 이때 사용하는 키워드가 return 입니다. return은 함수의 실행을 종료하고, return 뒤에 명시된 값을 함수의 결과로 반환합니다.

```
#함수 정의
def add(num1, num2):
    result = num1 + num2
    return result
```

출력결과

두 개의 매개변수 num1과 num2를 받는 함수 add를 정의합니다. add함수는 num1과 num2의 값을 더하여 result 변수에 저장합니다. 그리고 result 변수의 값을 함수의 결과로서 return 키워드를 사용하여 반환합니다. 이렇게 정의한 add 함수를 인자값을 넣어 호출하기 위해 아래와 같이 코드를 작성합니다.

```
# 함수 호출 후 반환된 값을 변수에 저장하고 출력
sum_result = add(5, 3)
print("두 수의 합:", sum_result)
```

출력결과

두 수의 합: 8

add함수에 5와 3을 인자값으로 전달하여 호출합니다. 5는 num1, 3은 num2 매개변수에 전달되어 add함수 내의 코드들이 수행됩니다. 최종적으로 덧셈 연산을 진행한 결과값인 8이 result 변수에 저장되고, 해당 값이 return을 통해 반환됩니다. 반환된 값은 sum_result 변수로 저장되어 print문으로 출력됩니다.

변수 sum_result를 사용하지 않고, add 함수의 반환값을 print 함수에 바로 전달하여 출력할 수 있습니다. 예시 코드는 아래와 같습니다.

```
# 반환된 값을 직접 출력
print("10과 20의 합", add(10, 20))
```

출력결과

```
10과 20의 합 30
```

7 클래스(Class)

클래스(Class)는 객체지향 프로그래밍(Object-Oriented Programming, OOP)을 구현하기 위한 기본 단위입니다. 클래스는 마치 설계도와 쿠키를 만들기 위한 쿠키틀처럼 클래스를 이용하면 같은 구조를 가진 여러 개의 객체(Object)를 만들어낼 수 있습니다. 구체적으로 클래스는 데이터와 그 데이터를 다루는 메서드를 하나의 구조로 묶는 역할을 합니다. 이 글에서는 클래스의 개념과 구성 요소에 대해 배워보겠습니다.

TIP 객체(Obfect)란?

객체는 현실 세계의 사물을 프로그래밍에서 표현한 것입니다. 예를 들어, "자동차"라는 객체는 색상, 속도 같은 특징(속성)과 달리기, 멈추기 같은 기능(동작)을 가질 수 있습니다. 이처럼 객체는 데이터와 그 데이터를 처리하는 기능을 함께 가진 하나의 단위입니다.

TIP 객체지향 프로그래밍이란?

현실 세계를 모델링하여 프로그램을 구성하는 방식입니다. 이 방법에서는 프로그램을 독립적인 단위인 객체들로 나누고, 각 객체는 자신의 속성(데이터)과 동작(메서드)을 갖습니다. 객체들은 서로 메시지를 주고받으며 협력하고, 이렇게 구성된 시스템은 유지보수가 쉽고, 재사용 가능한 코드 작성에 유리합니다. OOP는 코드의 구조를 논리적으로 나누고, 실제 문제를 프로그램으로 더 자연스럽게 표현할 수 있도록 도와줍니다.

클래스(Class)의 기본 개념

클래스는 사용자 정의 데이터 타입이라고 할 수 있습니다. 우리가 이미 알고 있는 int, list, str 같은 자료형들도 모두 클래스입니다. 클래스는 객체(Object)를 생성하는 틀이며, 동일한 속성과 동작을 갖는 객체들을 생성하는 데 사용됩니다. 이 틀을 기반으로 만들어진 객체를 인스턴스(Instance)라고 부릅니다. 클래스의 기본적인 문법은 아래와 같습니다.

```
class 클래스이름:
    def __init__(self, 매개변수1, 매개변수2, ...):
        self.변수1 = 매개변수1
        self.변수2 = 매개변수2
        ...
    def 메서드이름(self, 기타매개변수):
        수행하고 싶은 코드
```

클래스를 구성하는 메서드, __init__(생성자 메서드), self 등의 각 요소 내용을 하나씩 살펴보겠습니다. 우선 User라는 클래스를 정의해보겠습니다. 클래스 이름은 보통 첫 글자를 대문자로 작성합니다.

```
class User:
    pass
```

출력결과

정의한 User라는 클래스를 기반으로 인스턴스를 만들어보고 출력해보겠습니다.

```
user1 = User()
print(user1)
```

출력결과

```
〈__main__.User object at 0x7f96a6468250〉
```

출력결과를 통해서 User 클래스에서 생성된 인스턴스임을 알 수 있습니다. 또한 'object at 0x7f96a6468250'는 이 인스턴스가 메모리의 어느 위치에 저장되어 있는지를 나타내는 메모리 주소 값을 의미합니다.

User라는 클래스를 만들면, 여러 명의 사용자를 객체로 만들어 관리할 수 있습니다. 이 틀을 기반으로 사용자의 이름, 나이 같은 정보와, 로그인 같은 행동을 담아 각 인스턴스로 만들어보겠습니다.

메서드(Method)

메서드는 클래스 내에 정의된 함수로, 주로 인스턴스의 상태를 조작하거나 정보를 반환하는 데 사용됩니다. 메서드 정의 시 반드시 첫 번째 인자로 self를 포함해야 합니다. self는 "자기 자신(인스턴스 자신)"을 가리키는 키워드로 이 메서드가 호출된 그 객체 자신을 참조하게 해줍니다.

```
#클래스 정의
class User:
        def greet(self):
                print("독자님, 안녕하세요! 저는 User 클래스의 인스턴스입니다.")
#객체 생성
user1 = User()
#해당 객체의 메서드 호출
user1.greet()
```

출력결과

```
독자님, 안녕하세요! 저는 User 클래스의 인스턴스입니다.
```

위 예시 코드에서는 User라는 이름으로 클래스를 정의했고, User클래스 내에 메서드 greet을 정의하고 있습니다. 이후 user1에 User클래스로 객체를 생성하고, user1 인스턴스의 greet 메서드를 호출하여 문자열을 출력하고 있습니다.

생성자 메서드 (__init__)

생성자 메서드는 클래스가 인스턴스화될 때 자동으로 호출되어 실행되는 메서드입니다. 주로 객체의 초기 상태를 설정하는 데 사용됩니다. 생성자 메서드의 이름은 특별하게 __init__으로 명시합니다. __init__ 메서드 안에서 속성을 정의할 수 있습니다. User 클래스에 이름과 나이를 받아서 초기화하는 생성자 메서드를 추가해 보겠습니다.

```
class User:
        def __init__(self, name, age):
                self.name = name # name 속성 초기화
                self.age = age # age 속성 초기화

        def greet(self):
                print(f"안녕하세요, {self.name}님! 나이는 {self.age}살입니다.")

user1 = User("홍길동", 30) # 객체 생성 시 name과 age를 전달
user1.greet() # greet 메서드 호출
```

출력결과

```
안녕하세요, 홍길동님! 나이는 30살입니다.
```

위 예시에서는 __init__ 메서드를 통해 name과 age를 초기화합니다. user1 객체를 생성할 때 홍길동과 30을 전달하면, greet 메서드에서 이를 이용해 "안녕하세요, 홍길동님! 나이는 30살입니다."라는 메시지를 출력합니다.

객체마다 필수적으로 갖춰야 할 정보를 생성자에서 지정해두면, 실수로 누락되는 일을 방지할 수 있습니다. 예를 들어 name이 없는 User 객체가 생기는 일을 막을 수 있습니다. 만약 생성자가 없으면 객체를 생성한 뒤에 모든 속성을 직접 설정해야 합니다. 이 과정에서 속성을 깜빡하거나 잘못된 값을 설정하는 실수가 생길 수 있습니다. 또한 여러 사람이 코드를 작성하거나, 시간이 지나면서 코드를 다시 볼 경우 생성자 없이 모든 초기화를 수동으로 한 코드는 파악하기 어렵고 실수하기 쉽습니다. 때문에 생성자를 사용하여 객체가 가져야 할 필수 정보는 초기화하는 것이 좋습니다.

인스턴스 변수와 클래스 변수

인스턴스 변수와 클래스 변수는 클래스 내에서 데이터를 저장하는 방식에 있어 중요한 차이를 보입니다. 인스턴스 변수는 각 객체(인스턴스)마다 개별적으로 존재하는 변수입니다. 즉, 인스턴스가 생성될 때마다 각각 별도의 값을 가질 수 있습니다. 인스턴스 변수는 self를 사용하여 정의하고 접근합니다. 반면, 클래스 변수는 클래스 자체에 속하는 변수로 모든 인스턴스가 공유하는 변수입니다. 클래스 변수는 클래스 이름을 통해 접근할 수 있으며, 클래스의 모든 인스턴스가 동일한 값을 공유합니다. 다음은 인스턴스 변수와 클래스 변수를 사용하는 예시입니다.

```
class User:
        user_count = 0 # 클래스 변수
        def __init__(self, name, age):
                self.name = name # 인스턴스 변수
                self.age = age # 인스턴스 변수
                User.user_count += 1
# 객체 생성
user1 = User("Alice", 25)
user2 = User("Bob", 30)
# 인스턴스 변수 접근
print(user1.name)
print(user2.name)
# 클래스 변수 접근
print(user1.user_count)
print(user2.user_count)
```

출력결과

```
Alice
Bob
2
2
```

위 코드 예제에서는 User 클래스가 두 개의 주요 변수를 사용하고 있습니다. 하나는 인스턴스 변수인 name과 age, 그리고 다른 하나는 클래스 변수인 user_count입니다.

인스턴스 변수 (age, name) : name과 age는 각 객체마다 고유한 값입니다. 즉, user1은 이름이 "Alice"이고 나이가 25이며, user2는 이름이 "Bob"이고 나이가 30입니다. 이 변수들은 객체마다 개별적으로 존재하고, 다른 객체와는 별개로 값을 유지합니다. 따라서 user1.name과 user2.name은 각각 다르게 출력됩니다.

클래스 변수 (user_count) : user_count는 클래스 변수로, 모든 User 객체가 공유하는 값입니다. 클래스 변수를 사용하면, 객체가 생성될 때마다 해당 클래스의 모든 인스턴스에서 동일한 값을 공유합니다. 여기서 user_count는 User 클래스의 인스턴스가 생성될 때마다 1씩 증가합니다. 따라서 user1.user_count와 user2.user_count는 모두 동일한 값인 2를 출력합니다. 이는 User 클래스에 속하는 모든 객체가 user_count라는 값을 공유하고 있음을 나타냅니다.

8 패키지와 라이브러리

패키지(Package)와 라이브러리(Library)는 코드를 구조화하고 재사용하기 위한 핵심 개념입니다. 패키지는 Py파일로 존재하는 여러 모듈(Module)을 계층적으로 구조화하여 관리할 수 있게 해주는 디렉터리(폴더)로 구조 중심의 개념입니다. 패키지는 보통 __init__.py 파일을 포함하여 해당 디렉터리가 패키지임을 파이썬에게 알립니다. 라이브러리는 특정 기능을 구현해 놓은 모듈과 패키지의 집합으로 기능 중심의 개념입니다. 예를 들어 수학 계산, 데이터 처리, 웹 개발 등 다양한 목적에 맞는 함수와 클래스가 포함되어 있습니다. 패키지와 라이브러리는 구분되는 개념이지만 실제로는 혼용하여 쓰이는 경우가 많습니다. 그럼 패키지와 라이브러리는 어떻게 사용하는지 코드를 통해 학습해봅니다.

표준 라이브러리

파이썬 표준 라이브러리(Standard library)는 파이썬 설치 시 기본적으로 포함되어 제공되는 다양한 모듈과 패키지의 집합입니다. 수학 관련 함수들이 구현되어 있는 math 라이브러리를 사용해보겠습니다.

전체 모듈 import

```
import math
print(math.sqrt(25)) #제곱근 반환 함수
```

출력결과

```
5.0
```

별칭 지정 (as)

```
import math as m
print(m.sqrt(25)) #제곱근 반환 함수
```

출력결과

```
5.0
```

from과 import

패키지/모듈 내부의 특정 함수나 클래스를 직접 가져올 때 사용합니다.

```
from math import sqrt, pi
print(sqrt(9)) # 제곱근을 반환하는 함수
print(pi) # 원주율을 나타내는 상수
```

출력결과

```
3.0
3.141592653589793
```

외부 라이브러리

외부 라이브러리는 파이썬 표준 라이브러리에 포함되어 있지 않은 추가 기능의 코드 모음입니다. pip와 같은 패키지 관리 도구를 통해 설치한 뒤 import 키워드를 통해 사용할 수 있습니다

실습에서는 pandas 라이브러리를 사용해보겠습니다. pandas는 표 형태의 데이터를 쉽게 다룰 수 있는 고수준 라이브러리로 데이터 분석 과정에서 많이 사용합니다.

```
import pandas as pd

# 데이터프레임 생성
data = {
"id": ["a", "b", "c"],
"age": [25, 30, 22],
}
df = pd.DataFrame(data)
```

```
# 통계 요약
df.describe()
```

실행결과

	age
count	3.000000
mean	25.666667
std	4.041452
min	22.000000
25%	23.500000
50%	25.000000
75%	27.500000
max	30.000000

패키지와 라이브러리는 사용자가 만들어 사용할 수도 있습니다.

나만의 작고 소중한 프로그램 만들기

프로그래밍을 가장 빨리 배우는 방법 중 하나는, 머릿속에서만 맴도는 예제가 아니라 내 일상에 바로 쓰일 만한 프로그램을 직접 만들어 보는 일입니다. 학교에서 배운 공식이 시험지를 벗어나면 금세 잊히듯, 코드도 실생활의 문제를 만나지 않으면 머리에 오래 남지 않습니다. 눈에 보이는 불편함 하나를 코드로 해결해 보면, 그 순간부터 프로그램은 책 속의 예제가 아니라 내 손으로 조종할 수 있는 도구가 됩니다.

가령 매달 용돈이 어디로 사라지는지 궁금하다면 지출 내역을 기록하고 분석해 주는 작은 가계부 앱을 만들어 볼 수 있습니다. 좋아하는 가수가 발표한 노래 제목을 자동으로 모아 주는 크롤러나, 시험 공부용으로 쓰는 '단어 맞히기 게임'처럼 간단한 것도 좋습니다. 중요한 것은 크고 완벽한 프로그램을 만드는 것이 아니라 바로 실행해 보고, 불편한 점을 즉시 고쳐 가며 프로그램을 성장시키는 경험입니다.

처음엔 버튼 하나만 눌러도 에러가 발생할 수 있습니다. 그러나 그 순간이 바로 학습 곡선이 가장 가파르게 솟는 지점입니다. 에러 메시지를 해석하고, 문제를 분해하고, 해결책을 찾아 적용하는 과정에서 변수 · 함수 · 조건문 같은 개념들이 실제 맥락 속에서 서로 연결됩니다. 마치 낱말 카드로만 외우던 영어 단어가, 해외 여행에서 길을 묻는 순간 한꺼번에 입 밖으로 튀어나오는 경험과 비슷합니다.

또한 나만의 프로젝트는 완성이라는 뚜렷한 목표를 줍니다. "언젠가 써먹겠지"라는 막연함 대신 "이번 주말까지 입력 · 저장을 끝내야 내 월급이 어디로 갔는지 볼 수 있어!" 같은 긴박함이 생깁니다. 목표가 분명하면 자료를 검색할 때도 흡수력이 달라집니다. 이 과정에서 자연스럽게 버전 관리(Git), 오류 추적, 간단한 테스트처럼 실무 개발자의 습관도 몸에 배어 듭니다.

1 빠르게 만드는 웹, Streamlit

파이썬으로 간단한 기능들을 수행할 수 있는 코드들을 만들다보면 이런 생각이 듭니다. "내가 만든 프로그램을 다른 사람들도 쉽게 사용할 수 있게 하고 싶은데...". 다양한 유저들이 프로그램을 쉽게 활용할 수 있도록 배포하는 방법 중 효과적인 것이 웹 애플리케이션으로 만드는 것입니다. 하지만 웹 개발은 생각보다 만만치 않은 분야입니다.

그러나 웹개발을 처음부터 공부하여 준비하는 것은 쉽지 않습니다. 웹 개발을 시작하려면 HTML, CSS, JavaScript와 같은 프론트엔드 기술부터 배워야 합니다.

이것만으로도 꽤 시간이 필요하죠. 그리고 서버 측 프로그래밍을 위해 Django나 Flask 같은 프레임워크도 익혀야 합니다. 게다가 데이터베이스 연결, 사용자 인증, 보안 등 고려해야 할 사항도 많습니다.

이렇게 다양한 기술을 배우고 통합하는 과정은 특히 프로그래밍 초보자에게는 큰 부담이 됩니다. 여러분이 좋은 프로그램을 잘 작동하도록 만드는 데에 집중하고 싶은데, 웹 개발의 복잡성 때문에 좌절하게 될 수도 있습니다. 바로 이런 상황에서 Streamlit이 등장합니다. Streamlit은 파이썬 개발자가 웹 개발 지식 없이도 쉽게 웹 애플리케이션을 만들 수 있도록 도와주는 라이브러리입니다.

Streamlit의 장점

스트림릿의 핵심 철학은 단순함입니다. 여러분이 알고 있는 파이썬 코드에 몇 줄만 추가하면, 바로 브라우저에서 실행되는 웹 애플리케이션을 만들 수 있습니다. HTML, CSS, JavaScript에 대한 구체적인 지식을 알 필요가 없습니다. 예를 들어 아래의 간단한 코드로 데이터 시각화 웹 앱을 만들 수 있습니다.

```
import streamlit as st
import datetime
import pandas as pd

st.set_page_config(page_title="나만의 일일 대시보드")
st.title("나만의 일일 대시보드")
st.header(f"📅 {datetime.date.today()}")

tasks = st.number_input("오늘 완료한 업무 수", 0, 100, 0)
water = st.slider("물 섭취량 (ml)", 0, 3000, 500)
sleep = st.number_input("어제 수면 시간(시간)", 0.0, 24.0, 7.0, step=0.5)

if st.button("저장"):
    st.success("대시보드가 저장되었습니다!")

df = pd.DataFrame({
    "지표": ["업무", "물(L)", "수면(시간)"],
    "값": [tasks, water/1000, sleep]
})
st.bar_chart(df.set_index("지표"))
```

위 코드의 결과물은 아래와 같습니다.

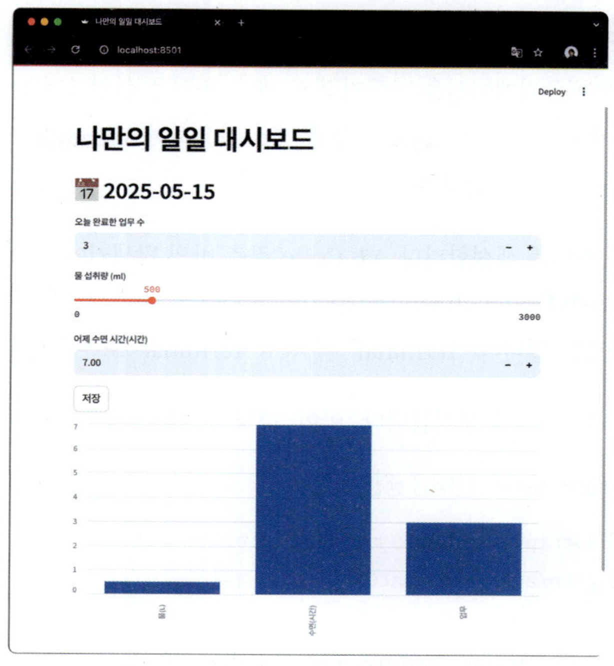

그림 3-1 Streamlit으로 구현한 대시보드

불과 20줄 정도의 코드로 기본적인 기능을 제공하는 웹 애플리케이션을 만들 수 있다니, 놀랍지 않나요? 충분한 아이디어만 있다면 복잡한 웹 개발 지식 없이도 몇 분 안에 빠르게 데모 페이지를 구현할 수 있습니다. 또 Streamlit Cloud나 Heroku 같은 서비스를 통해 쉽게 앱을 온라인에 공개할 수 있습니다. 코드가 수정되면 자동으로 페이지가 새로고침되어 개발 과정이 매우 직관적입니다.

Streamlit의 한계

다만 모든 도구가 그렇듯 한계도 있습니다. 우선 Streamlit은 기본적인 UI 요소를 제공하지만, 완전히 자유로운 디자인은 어렵습니다. 즉 고급 웹 애플리케이션에서 필요한 복잡한 사용자 상호작용이나 실시간 통신 기능 구현이 제한적입니다. 애플리케이션의 품질이 상향 평준화되는 요즘 시기에 Streamlit으로 만든 페이지는 기능적인 측면과 미관, 보안 기능 등이 상용화된 제품에 비해선 아쉬울 수 밖에 없습니다. 또 대규모 데이터나 복잡한 연산이 필요한 앱에서는 성능 제약이 있을 수 있습니다.

따라서 처음에는 Streamlit 기반으로 프로그램을 만들되, 장기적으로는 웹 개발에 대한 기본 지식을 쌓는 것이 좋습니다. HTML, CSS, JavaScript의 기초와 Flask나 Django 같은 파이썬 웹 프레임워크를 배우면, Streamlit으로 시작한 프로젝트를 더 확장하거나 완전히 새로운 웹 애플리케이션을 만들 수 있는 능력을 갖게 됩니다.

Streamlit 개발 환경 설정

Streamlit 소개 및 기반 애플리케이션을 만들기전에, 개발 환경을 설정하겠습니다. 앞서 설명한 개발 환경 설정법과 동일하게 VS Code와 venv 가상 환경을 사용하여 Streamlit 프로젝트를 설정하고 실행하는 방법을 단계별로 알아보겠습니다.

1. Streamlit 프로젝트 폴더를 생성합니다. VS Code 좌측 바의 탐색기에서 작업의 기반이 될 작업영역 폴더(예: C:₩Users₩HongGilDong₩Documents)를 열거나 새로운 폴더를 생성합니다. 이후 해당 폴더에서 터미널을 엽니다("Terminal" 〉 "New Terminal" 또는 Ctrl+).

2. st_tutorial 이름의 가상환경을 생성합니다. 이어, 해당 가상환경을 실행합니다.

```
$ python -m venv st_tutorial # 가상환경 생성

$ source ./ tutorial /Scripts/activate # Windows git bash일 경우
$ source ./ tutorial /bin/activate # macOS/Linux일 경우
```

3. 가상환경에 Streamlit과 Pandas, Numpy 라이브러리를 설치합니다. Numpy는 수치 계산과 행렬처리를 위한 라이브러리입니다. Pandas는 테이블 데이터를 조작하고 분석하기 위한 라이브러리로, 파이썬의 엑셀이라 불리는 라이브러리입니다. 간단한 Streamlit 예제를 위하여 두 라이브러리가 필요합니다. 아래 명령어를 입력하여 세 라이브러리를 설치합니다.

```
$ pip install streamlit==1.45.1 numpy==2.2.5 pandas==2.2.3
```

pip install 뒤에 세 라이브러리를 공백으로 구분하여 연속으로 입력하면, 모든 라이브러리가 모두 설치됩니다. == 는 구체적인 버전을 지정할 때 쓰입니다. 이 때 주의할 점은 실제 존재하지 않는 버전을 지정하여 설치를 지시할 경우, 라이브러리가 설치되지 않을 수 있습니다.

4. Streamlit 앱을 실행하기 위하여 파이썬 스크립트를 만들어보겠습니다. VS Code 탐색기에서 프로젝트 폴더를 우클릭하고 "New File"을 선택합니다. 파일 이름을 app.py로 지정하고, 아래 코드를 입력합니다. 입력이 완료되면 Ctrl+S를 눌러 파일을 저장합니다.

```
import streamlit as st

st.title("나의 첫 Streamlit 앱")
st.write("안녕하세요! Streamlit의 세계에 오신 것을 환영합니다.")

name = st.text_input("이름을 입력하세요")
if name:
    st.write(f"반갑습니다, {name}님!")
```

5. 작성한 파일을 실행합니다. Streamlit 앱을 실행하는 방법은 파이썬 스크립트 실행 방법과 약간 차이가 있습니다. 가상환경이 활성화되어 있는지 확인한 후, 파일이 있는 디렉토리에서 터미널을 실행 후 다음 명령어를 실행합니다.

```
$ streamlit run app.py
```

아래 명령어 실행 시 자동으로 웹 브라우저가 열리며 "http://localhost:8501" 주소에서 Streamlit 앱이 실행됩니다. 또한 다음과 같은 내용이 터미널에 출력됩니다.

출력결과

```
You can now view your Streamlit app in your browser.
  Local URL: http://localhost:8501
  Network URL: http://x.x.x.x:8501
```

이는 현재 컴퓨터(로컬)에서 Streamlit 앱이 실행 중이며, 웹 브라우저에서 이 주소를 열면 앱을 볼 수 있다는 뜻입니다. 여기서 localhost는 내 컴퓨터를 가리키는 주소입니다. 만약 웹페이지가 보이지 않는다면, 브라우저의 주소창에 "http://localhost:8501" 를 입력해도 접근이 가능합니다. 웹페이지가 열리면, "이름을 입력하세요" 하단 입력창에 이름을 적고 엔터키를 눌러봅시다.

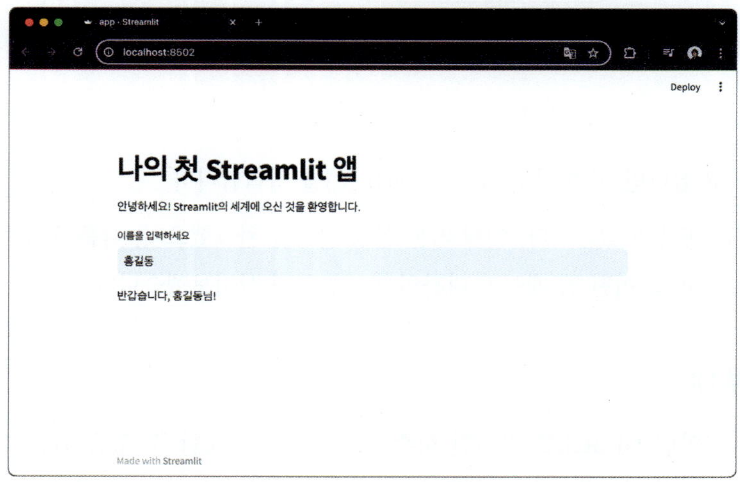

그림 3-2 Streamlit 앱 화면

6. 코드 수정 후 화면을 수정해봅니다. Streamlit의 편리한 기능 중 하나는 코드를 저장할 때마다 앱이 자동으로 새로고침된다는 점입니다. app.py의 코드의 마지막 줄을 다음과 같이 수정한 후, 파일을 다시 저장합니다.

```
# 수정 후
if name:
```

```
st.write(f"반갑습니다, {name}님!")
st.write(f"{name}님, Streamlit으로 멋진 앱을 만들 준비는 되셨나요?")
```

이 경우, Streamlit 화면의 상단에 다음과 같이 원본 코드 변경 내역 알림과 반영 여부에 대한 선택이 팝업합니다.

Rerun 버튼을 누를 경우 수정된 코드가 반영되며 창이 새로고침됩니다.

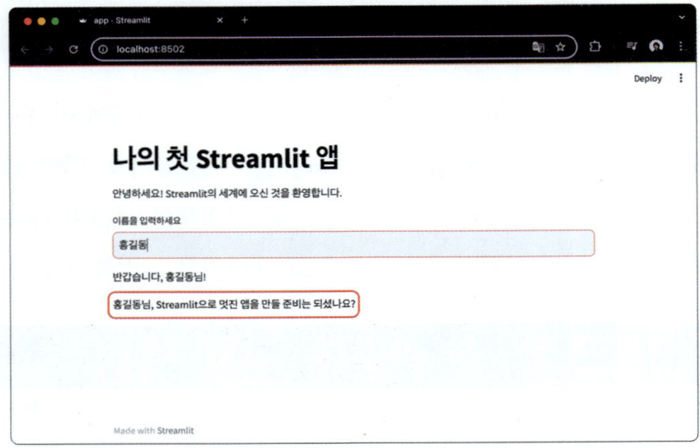

앱 실행을 종료하고 싶다면, 터미널로 돌아가 Ctrl+C를 입력합니다.

간단한 웹 페이지가 만들어졌습니다. 이제 기본 환경 설정을 완료했으니, 다음 장에서 Streamlit의 기본적인 기능을 살펴보고, 어떤 웹 페이지 디자인이 가능한지 살펴보겠습니다..

Streamlit 기본 UI

Streamlit에서는 다양한 UI 요소를 간단한 함수 호출만으로 생성할 수 있습니다. 가장 자주 사용되는 기본 UI 요소들을 살펴보겠습니다. 각종 Streamlit 함수와 이들의 구현 결과를 비교하기 위하여, app.py와 동일한 위치에 새로운 스크립트인 tutorial.py를 만들겠습니다. 아래에서 제시되는 코드들은 이 스크립트에 입력됩니다. 스크립트 실행방법은 app.py와 마찬가지로 다음 코드를 통해 실행됩니다.

```
$ streamlit run tutorial.py
```

텍스트 표시하기

Streamlit에서는 다양한 형태의 텍스트를 표시할 수 있습니다. 코드의 Streamlit 여러 함수들에 입력된 문자열이 화면에 어떻게 출력되는지 살펴보겠습니다.

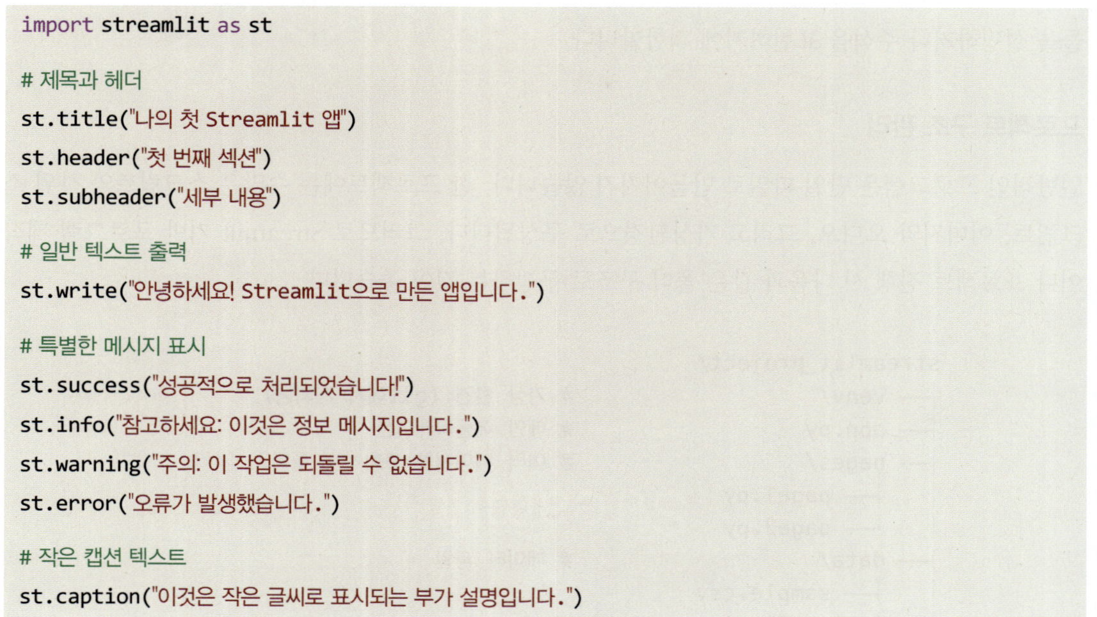

```
import streamlit as st

# 제목과 헤더
st.title("나의 첫 Streamlit 앱")
st.header("첫 번째 섹션")
st.subheader("세부 내용")

# 일반 텍스트 출력
st.write("안녕하세요! Streamlit으로 만든 앱입니다.")

# 특별한 메시지 표시
st.success("성공적으로 처리되었습니다!")
st.info("참고하세요: 이것은 정보 메시지입니다.")
st.warning("주의: 이 작업은 되돌릴 수 없습니다.")
st.error("오류가 발생했습니다.")

# 작은 캡션 텍스트
st.caption("이것은 작은 글씨로 표시되는 부가 설명입니다.")
```

위 파일을 저장 후 실행 시 표시되는 화면은 다음과 같습니다.

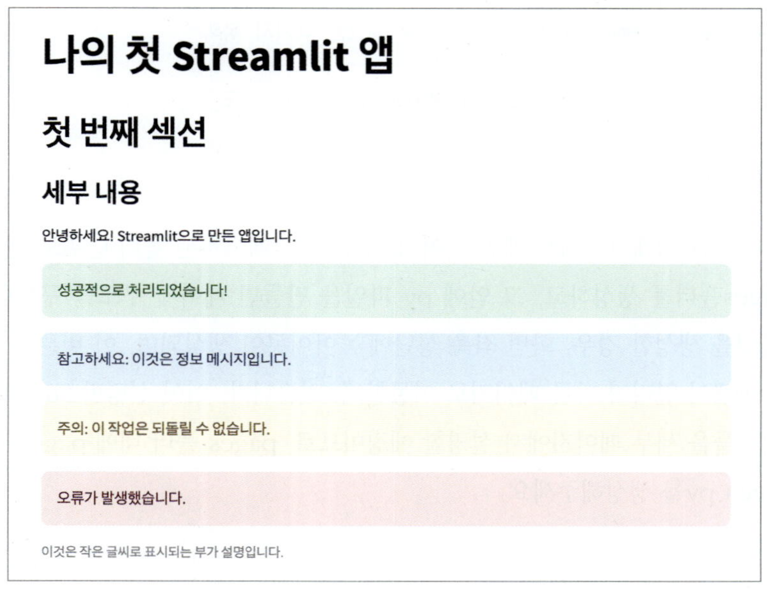

title, header, subheader는 페이지의 제목 및 부제 문자열 출력을 담당합니다. write( )는 텍스트 출력을 담당하지만, 문자열 뿐만 아니라 데이터프레임, 차트, 이미지 등 다양한 데이터 유형을 자동으로 적절하게 표시해주므로 특히 유용합니다. success, info, warning, error는 코드의 출력 색상을 다듬어주어 다양한 상황을 연출할 수 있습니다. caption은 이미지, 테이블, 텍스트 등의 하단에서 이들을 설명하거나 주석을 표현하기에 적합합니다.

프로젝트 구조 관리

일반적인 프로그램은 단일 파일로 만들어지지 않습니다. 한 프로젝트에는 수많은 스크립트와 하위 스크립트, 이미지와 오디오, 그리고 가상환경으로 구성됩니다. 그러므로 Streamlit 기반 프로그램 제작이나 프로젝트 진행 시 다음과 같은 폴더 구조로 구성하는 것이 좋습니다.

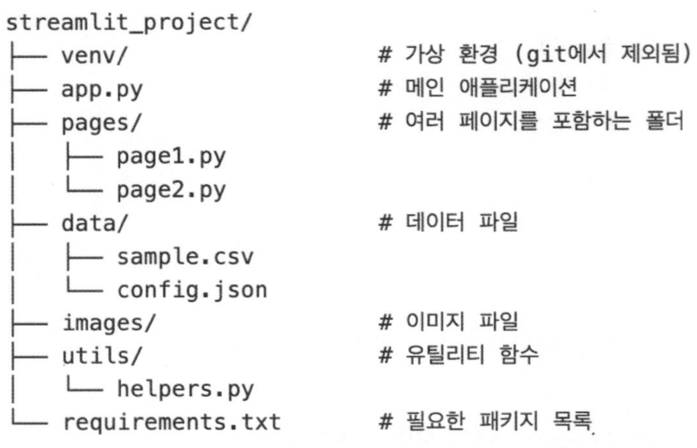

```
streamlit_project/
├── venv/                    # 가상 환경 (git에서 제외됨)
├── app.py                   # 메인 애플리케이션
├── pages/                   # 여러 페이지를 포함하는 폴더
│   ├── page1.py
│   └── page2.py
├── data/                    # 데이터 파일
│   ├── sample.csv
│   └── config.json
├── images/                  # 이미지 파일
├── utils/                   # 유틸리티 함수
│   └── helpers.py
└── requirements.txt         # 필요한 패키지 목록
```

그림 3-3 Streamlit 프로젝트 구조도

여러 페이지 만들기

Streamlit으로 구현한 웹페이지에서 메인 페이지 아래 세부 페이지는 폴더 단위로 관리됩니다. 작업 디렉토리에 pages폴더를 생성하고, 그 안에 py 파일을 만들면 페이지 구조를 구현할 수 있습니다. 세부 페이지 파일을 생성할 경우, 화면 좌측 상단에 〉 아이콘이 생성되며, 이 버튼을 누를 경우 좌측에 숨어있던 확장탭이 열리며 다른 페이지로 이동할 수 있습니다. 이어 설명할 Streamlit의 레이아웃 및 인터랙션 기능들을 세부 페이지에서 설명할 예정이므로, pages 폴더 내에 page1.py, page2.py, page3.py, page4.py를 생성해주세요.

사용자 입력 받기

Streamlit은 텍스트, 숫자, 슬라이더, 라디오 버튼 등 다양한 방식으로 사용자 입력을 받을 수 있습니다. 또한 파일을 업로드하거나 체크박스를 만들어 체크하고, 버튼을 눌러 동작하게 만들 수 있습니다. 아래 코드를 page1.py에 입력합니다. 간단한 웹사이트 가입 페이지를 구현해보겠습니다.

```
import streamlit as st

# 텍스트 입력
name = st.text_input("이름을 입력하세요")
description = st.text_area("자기소개를 작성해주세요", height=150)

# 숫자 입력
age = st.number_input("나이", min_value=0, max_value=120, value=25)
height = st.slider("키(cm)", min_value=100.0, max_value=220.0, value=170.0)

# 선택 요소
gender = st.radio("성별", ["남성", "여성"])
favorite_color = st.selectbox("좋아하는 색상", ["빨강", "파랑", "초록", "노랑", "보라"])
interests = st.multiselect("관심사 (여러 개 선택 가능)", ["음악", "영화", "독서", "스포츠", "여행", "요리"])

# 날짜 선택
import datetime
birthday = st.date_input("생일", datetime.date(2000, 1, 1))

# 파일 업로드
uploaded_file = st.file_uploader("프로필 사진 업로드", type=["jpg", "png", "jpeg"])

# 체크박스
agree = st.checkbox("이용약관에 동의합니다")

if st.button("회원가입"):
    if agree:
        st.success(f"안녕하세요, {name}님! 가입을 환영합니다!")
    else:
        st.error("이용약관에 동의해주세요.")
```

위 코드를 저장 후 Streamlit을 Rerun하면 다음과 같은 페이지를 볼 수 있습니다.

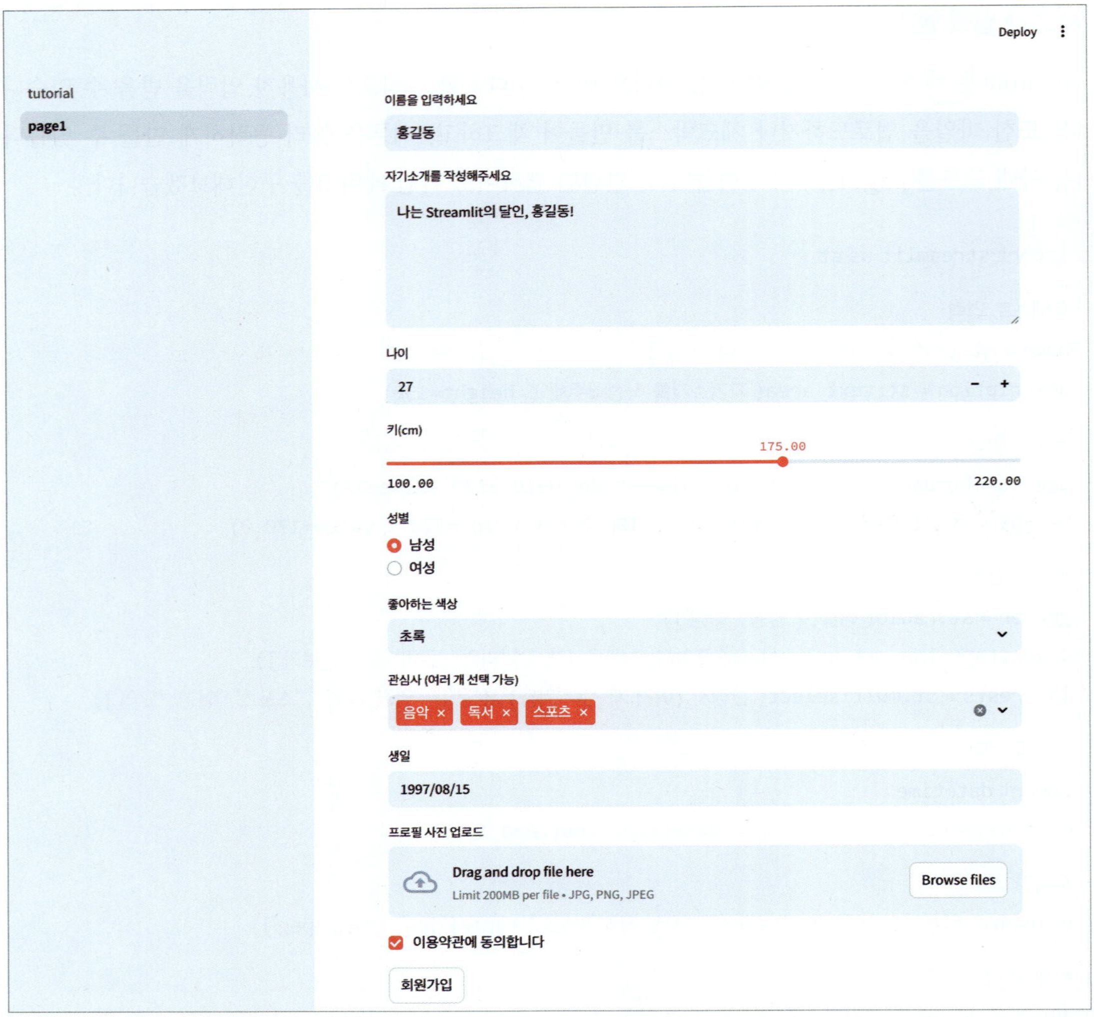

Deploy

tutorial

page1

이름을 입력하세요

홍길동

자기소개를 작성해주세요

나는 Streamlit의 달인, 홍길동!

나이

27

키(cm)

175.00

100.00 220.00

성별

남성

여성

좋아하는 색상

초록

관심사 (여러 개 선택 가능)

음악 × 독서 × 스포츠 ×

생일

1997/08/15

프로필 사진 업로드

Drag and drop file here

Limit 200MB per file • JPG, PNG, JPEG

Browse files

이용약관에 동의합니다

회원가입

앞서 만든 tutorial 페이지의 하단에 page1이 생성되었습니다. 화면에서 구현된 내용을 코드와 연결지어 보면, Streamlit에서 텍스트를 입력하는 방법은 st.text_input과 st.text_area 두 가지가 있습니다. 다만 text_area는 길이가 더 긴 텍스트르를 입력하기에 적합합니다. 숫자는 number_input을 통해 타이핑하여 입력하거나, slider 함수로 슬라이더를 구현하여 입력할 수 있습니다. 날짜의 경우 st.date_input으로 입력받을 수 있으며, 해당 영역을 클릭할 경우 캘린더 상에서 날짜를 지정할 수 있습니다. 특정 요소를 선택할 경우에는, st.selectbox로 드롭다운 메뉴를 만들거나 st.radio로 라디오 버튼을 만들 수 있습니다. 다만 이 둘은 단일 선택만 가능합니다. 복수 선택 가능한 UI는 st.multiselect나 st.checkbox를 활용해야 합니다. 파일 업로드는 st.file_uploader를 사용하며 최대 200MB 까지 업로드할 수 있습니다.

버튼과 이를 눌렀을 경우 특정 행동을 하게 만드는 액션 트리거(Action trigger)도 구현할 수 있습니다. st.button을 통해 버튼을 생성하고, 버튼을 누를 경우 발생할 액션을 if문으로 만들 수 있습니다.

여기에서는 체크박스에 체크할 경우 agree에 True가 할당되며, 버튼을 눌렀을 때, agree 값이 True인 경우에는 success 문구를 띄우고 그렇지 않을 경우 error 문구를 띄웁니다.

테이블 데이터 시각화

Streamlit은 기본적인 웹 애플리케이션을 만들어주지만, 데이터 사이언스나 머신러닝 모델, LLM을 활용한 챗봇 애플리케이션을 만드는 기능들을 주로 지원합니다. 즉 테이블 데이터를 시각화하고, 이에 대한 그래프를 그리는 기능이 간편하게 제공됩니다. 아래 코드를 통해 numpy와 pandas로 간단한 테이블 데이터를 만들고, 이에 대한 시각화를 시켜보겠습니다. page2.py에 아래 코드를 합니다.

```
import streamlit as st
import pandas as pd
import numpy as np

# 간단한 데이터프레임 표시
data = pd.DataFrame({
    "이름": ["김철수", "이영희", "박지민", "최동욱"],
    "나이": [24, 31, 19, 27],
    "직업": ["학생", "개발자", "디자이너", "교사"]
})
st.dataframe(data)

# 정적 테이블
st.table(data)

# 차트 그리기
chart_data = pd.DataFrame(
    np.random.randn(20, 3),
    columns=["A", "B", "C"]
)
st.line_chart(chart_data)
st.bar_chart(chart_data)
```

page2에는 테이블 데이터와 이를 바탕으로 그린 차트들이 시각화 됩니다.

테이블은 st.dataframe이나 st.table로 표현할 수 있습니다. 이들은 테이블 데이터를 pandas 라이브러리를 활용하여 DataFrame 객체로 변환해야 입력받습니다. st.dataframe로 만들어진 테이블은 유저가 값을 셀을 더블클릭하여 수정하거나 확대, 전체보기, 다운로드 등의 인터페이스를 제공합니다. 반면 st.table은 정적인 테이블을 출력하므로, 인터랙션이 불가합니다. 선 그래프와 막대 그래프는 각각 st.line_chart와 st.bar_chart를 통해 그릴 수 있으며, 이들 또한 확대하거나 이미지로 저장할 수 있으며 커서를 갖다 댈 경우 해당 위치에서의 값을 표시합니다.

Streamlit 레이아웃

이번에는 앱의 구조와 시각적 배치를 제어할 수 있는 레이아웃 관련 기능들을 살펴보겠습니다. 앞서 살펴본 기본 UI구조와 마찬가지로 코드의 구조가 단순하여 자세한 형태의 제어는 어려우나 직관적으로 이해할 수 있습니다.

사이드바, 컬럼 레이아웃, 탭

인터넷에서 웹페이지를 사용하다 보면 양 측면에 사이드바에 별도의 기능들을 제공하는 곳을 적잖이 볼 수 있습니다. 한 페이지 내에 많은 정보를 입력하거나 비슷하지만 다른 정보들을 제시해야 할 때에는 컬럼을 통해 컨텐츠의 위치를 구분하거나 탭을 활용합니다. 이 세 가지 기능 또한 Streamlit의 기본 레이아웃으로 제공됩니다. 아래 코드는 page3.py입니다.

```
import streamlit as st
import numpy as np
import pandas as pd

# ① 사이드바 제어
st.sidebar.header("설정")  # 사이드바에 제목 추가

# 사이드바에 컨트롤 추가
display_mode = st.sidebar.radio("표시 모드", ["기본", "상세", "요약"])
temperature = st.sidebar.slider("온도 설정", 0.0, 1.0, 0.5)
use_cache = st.sidebar.checkbox("캐시 사용", value=True)

# 사이드바에 버튼 추가
if st.sidebar.button("적용"):
    st.success("설정이 적용되었습니다!")

# ② 화면 컬럼 분할
col1, col2 = st.columns(2)  # 화면을 두 개의 동일한 크기 컬럼으로 나눔
with col1:
    st.header("첫 번째 컬럼")
    st.image("https://streamlit.io/images/brand/streamlit-logo-secondary-colormark-
    darktext.svg")
    st.write("왼쪽 컬럼의 내용입니다.")
with col2:
    st.header("두 번째 컬럼")
    st.write("오른쪽 컬럼의 내용입니다.")
    chart_data = pd.DataFrame(np.random.randn(20, 1), columns=["데이터"])
    st.line_chart(chart_data)

# 컬럼 너비 비율 조정
col1, col2, col3 = st.columns([1, 2, 1])  # 비율 1:2:1로 세 개의 컬럼 생성

# ③ 탭 생성 및 설정
tab1, tab2, tab3 = st.tabs(["차트", "데이터", "설정"])

with tab1:
    st.header("차트")
    chart_data = pd.DataFrame(np.random.randn(20, 3), columns=["A", "B", "C"])
```

```
    st.line_chart(chart_data)
with tab2:
    st.header("데이터")
    st.dataframe(chart_data)
with tab3:
    st.header("설정")
    st.write("차트 설정을 변경할 수 있습니다.")
    chart_type = st.radio("차트 유형", ["선 그래프", "막대 그래프", "영역 그래프"])
```

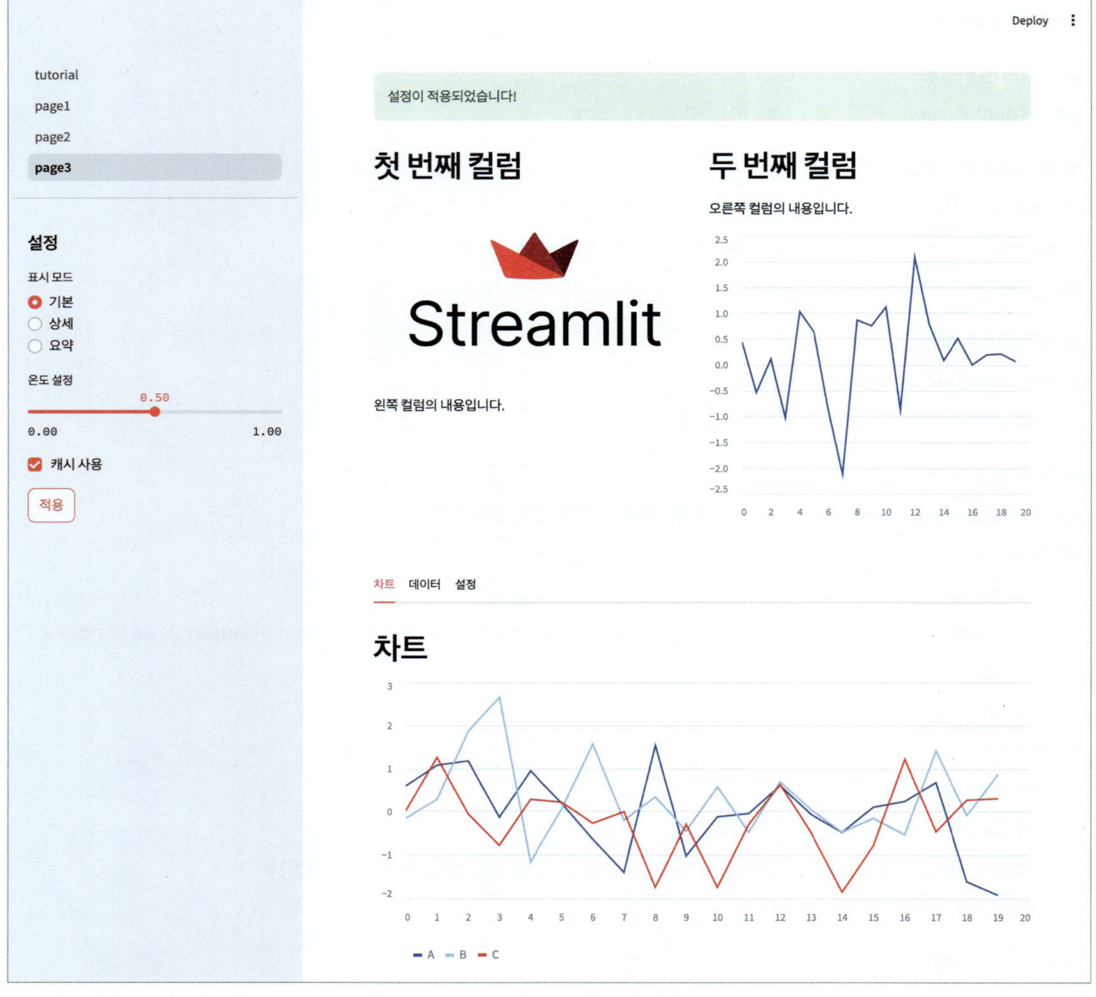

사이드바는 st.sidebar을 통해 생성하고 제어합니다 (① 아래 코드). 일반적인 페이지에 사용했던 헤더(header), 라디오 버튼, 슬라이더, 등의 입력 도구들은 함수 이름을 그대로 사용하되, 이들의 실행 위치가 st에서 st.sidebar로 바뀝니다.

화면을 여러 컬럼 단위로 나누고 요소를 나란히 배치하여 사용할 수 있습니다(②). st.columns는 화면을 분할하는 객체를 생성하며, 인자로 나뉠 컬럼의 수를 입력 받아 그 수만큼 이들을 반환합니다. 컬럼 안의 요소는 with 문으로 제어할 수 있으며, 내부에 컨텐츠를 입력하는 명령어는 일반적인 Streamlit 페이지를 다루는 방식과 일치합니다. 컬럼의 간격은 기본적으로 동등하게 조정되지만, st.columns( ) 내에 숫자 리스트를 입력하면 원소의 크기를 너비로, 갯수를 컬럼의 수로 인지하여 구역을 분할합니다.

화면에서 탭을 만드는 방법은 st.tabs를 활용하는 것입니다(③). 탭 또한 컬럼처럼 with 문으로 다룰 수 있으며, 그 내부에 컨텐츠를 입력하는 것 또한 일반적인 Streamlit 페이지를 다루는 것 처럼 header, write 등을 사용할 수 있습니다.

구분선과 익스팬더

페이지의 내용이 많아지면 사용자가 정보를 한눈에 파악하기 어려워집니다. 이때 시각적 구분선과 접을 수 있는 확장 영역을 활용하면 깔끔하고 체계적인 인터페이스를 만들 수 있습니다. 아래 내용은 page4.py에 해당하는 코드입니다.

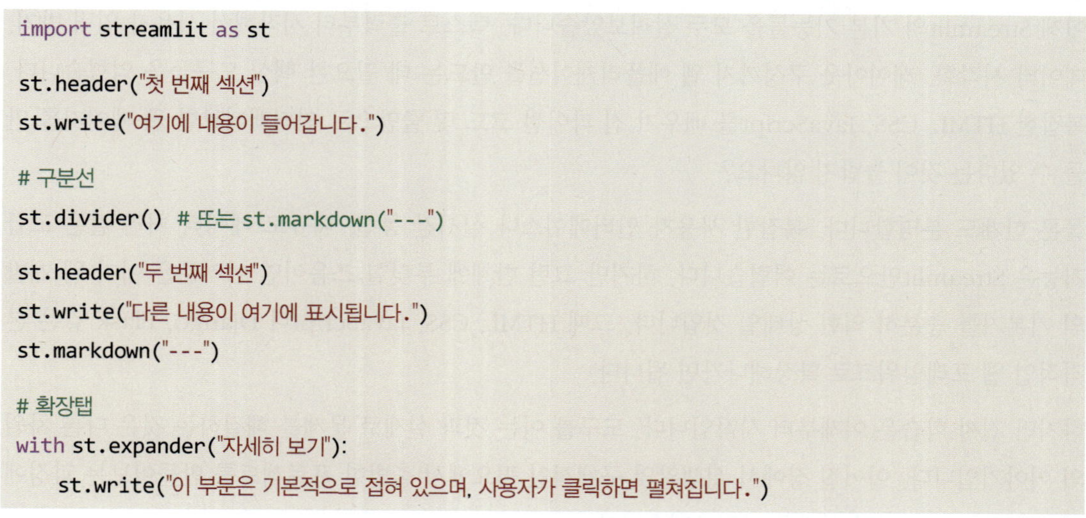

```python
import streamlit as st

st.header("첫 번째 섹션")
st.write("여기에 내용이 들어갑니다.")

# 구분선
st.divider() # 또는 st.markdown("---")

st.header("두 번째 섹션")
st.write("다른 내용이 여기에 표시됩니다.")
st.markdown("---")

# 확장탭
with st.expander("자세히 보기"):
    st.write("이 부분은 기본적으로 접혀 있으며, 사용자가 클릭하면 펼쳐집니다.")
```

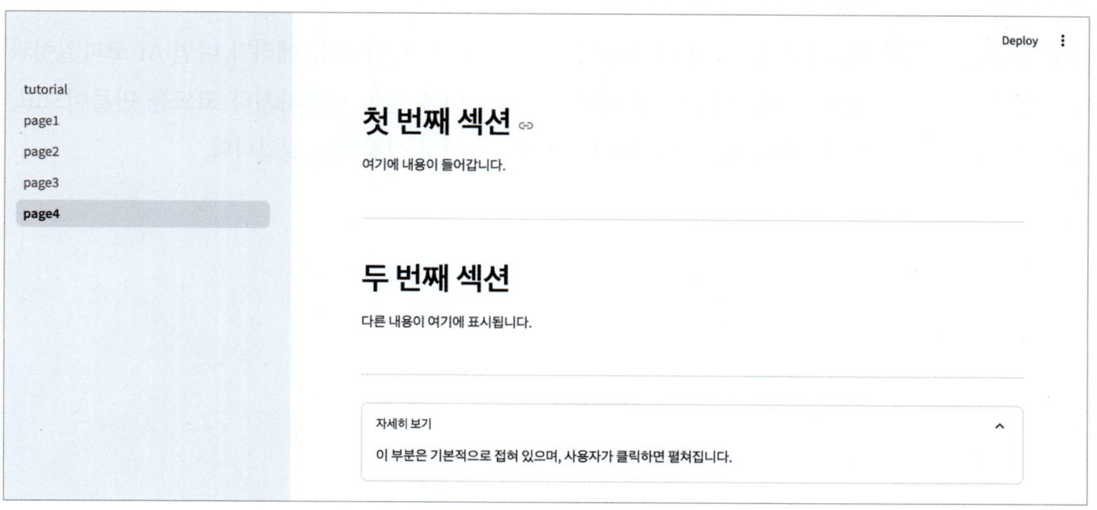

구분선을 만드는 방법은 두 가지가 있습니다. st.divider( )는 Streamlit에서 제공하는 전용 함수로, 깔끔한 수평선을 그어줍니다. 또는 st.markdown("---")을 사용해도 동일한 효과를 얻을 수 있습니다. 마크다운에서 하이픈(-) 세 개는 구분선을 의미하는 문법이므로, Streamlit이 이를 인식해서 시각적 구분선으로 변환해줍니다.

익스팬더(Expander)는 접을 수 있는 콘텐츠 영역을 만드는 기능입니다. st.expander("자세히 보기")로 생성하고, with 문을 사용해서 그 안에 들어갈 내용을 정의합니다. 기본적으로는 접혀 있다가 사용자가 클릭하면 펼쳐지는 방식입니다.

익스팬더는 특히 부가적인 설명이나 고급 설정, 도움말 같은 선택적 정보를 넣을 때 유용합니다. 예를 들어 계산기에서 특정 계산 공식이나 변수에 대한 자세한 설명 익스팬더에 넣으면, 필요한 사람만 펼쳐서 볼 수 있어 페이지가 깔끔해집니다. 또한 에러 해결 방법이나 사용법 가이드 같은 긴 텍스트도 익스팬더에 넣으면 평상시에는 간단하게 유지하면서도 필요할 때 자세한 정보를 제공할 수 있습니다.

이제 Streamlit의 기본 기능들을 모두 살펴보았습니다. 텍스트 출력부터 시작해서 사용자 입력 받기, 데이터 시각화, 레이아웃 구성까지 웹 애플리케이션을 만드는 데 필요한 핵심 도구들을 익혔습니다. 복잡한 HTML, CSS, JavaScript를 배우기 전 파이썬 코드 몇 줄만으로 인터랙티브한 웹 페이지를 만들 수 있다는 것이 놀랍지 않나요?

물론 한계도 분명합니다. 복잡한 사용자 인터페이스나 실시간 통신, 대규모 데이터 처리 같은 고급 기능은 Streamlit만으로는 어렵습니다. 하지만 그런 한계에 부딪힐 즈음이면 여러분은 이미 웹 개발의 기본기를 충분히 익힌 상태일 것입니다. 그때 HTML, CSS, JavaScript나 Django, Flask 같은 본격적인 웹 프레임워크로 확장해나가면 됩니다.

하지만 진짜 학습은 이제부터 시작입니다. 도구를 아는 것과 실제로 문제를 해결하는 것은 다른 차원의 이야기입니다. 이어질 장에서 실생활의 구체적인 필요에서 출발한 프로젝트를 만들어보는 과정에서 진정한 프로그래밍 실력을 키워보겠습니다.

중요한 것은 완벽한 앱을 만드는 것이 아니라 만들면서 배우는 것입니다. 에러가 나면 AI 코파일럿과 구글에서 찾아보고, 원하는 기능이 없으면 다른 라이브러리를 찾아 연결하거나 코드를 만들어보고, 사용자 피드백을 듣고 개선해나가는 과정 자체가 프로그래머로 성장하는 길입니다.

2 미니 프로젝트 1: BMI 계산기 만들기

이제 지금까지 배운 파이썬, Streamlit 함수와 기능들을 종합하여 실생활에 간단하게 활용할 수 있는 프로그램을 만들어 보겠습니다. 첫 번째 프로젝트는 BMI(체질량지수) 계산기입니다. 단순해 보이지만 이 프로젝트 하나에는 사용자 입력 처리, 데이터 변환, 조건부 분류, 파일 처리, 그래프 시각화까지 웹 애플리케이션의 기본 기능들이 모두 담겨 있습니다.

BMI 계산기가 첫 프로젝트인 이유는 간단합니다. 누구나 한 번은 자신의 체중과 건강이 궁금했던 경험이 있고, BMI의 계산 공식도 복잡하지 않으며, 결과를 직관적으로 확인할 수 있기 때문입니다. 더 중요한 것은 개인 계산 뿐만 아니라 여러 사람의 데이터를 한 번에 처리하는 기능까지 포함하여, 실무에서 자주 마주치는 다수의 데이터 처리 상황을 자연스럽게 경험할 수 있다는 점입니다.

프로젝트 구조 파악하기

이번 실습에서 만들어볼 BMI 계산기는 크게 세 부분으로 나뉩니다. 첫 번째는 사이드바에 BMI 계산 공식과 기준표를 표시하여 사용자가 언제든 참고할 수 있도록 하는 부분입니다. 두 번째는 개별 사용자가 자신의 키와 몸무게를 입력하여 BMI를 계산하는 부분이고, 세 번째는 CSV 파일로 여러 명의 데이터를 한 번에 업로드하여 처리하는 부분입니다.

이런 구조를 선택한 이유는 사용자의 다양한 니즈를 고려했기 때문입니다. 한 사람의 정보에 대해서만 계산하고 싶은 사람도 있고, 헬스장 트레이너처럼 여러 회원의 BMI를 한 번에 관리하고 싶은 사람도 있습니다. 또한 미터법과 야드파운드법 두 단위 체계를 모두 지원하여 국가나 개인의 선호에 관계없이 누구나 편리하게 사용할 수 있도록 했습니다. 이번 프로젝트는 다음 환경에서 진행됩니다.

```
streamlit==1.44.1
matplotlib==3.10.1
pandas==2.2.3
```

또한 이번 실습에 활용될 코드는 단일 스크립트(01_BMI_calc.py)에 저장됩니다.

사이드바로 참고 정보 제공하기

코드의 첫 번째 부분을 살펴보겠습니다. 우선 활용될 라이브러리를 불러옵니다.

```
import streamlit as st
import pandas as pd
import matplotlib.pyplot as plt
```

pandas는 파이썬에서 테이블 형태의 데이터를 다루는 가장 중요한 라이브러리로, 엑셀 스프레드시트와 비슷한 방식으로 데이터를 조작할 수 있게 해줍니다. matplotlib는 파이썬에서 가장 널리 사용되는 그래프 그리기 라이브러리입니다.

우선, 사이드바를 만듭니다. 사이드바에는 BMI 계산 공식과 기준표가 표시됩니다.

```
st.title("BMI 계산기")

# ① 사이드바에 계산식과 기준표 출력
# BMI 계산식 표시
st.sidebar.header("BMI 계산식") # 좌측 사이드바에 헤더 추가
st.sidebar.write("BMI = 체중(kg) / (신장(m) ^ 2)")  # 텍스트 출력

# BMI 기준 표
st.sidebar.header("BMI 기준 표")   #
bmi_table = pd.DataFrame({  # pandas Dataframe을 활용하여 테이블 구조화
    "BMI 범위": ["18.5 미만", "18.5이상 24.9미만", "25이상 29.9미만", "30이상"],
    "분류": ["저체중", "정상", "과체중", "비만"]
})
st.sidebar.table(bmi_table)
```

pd.DataFrame( )은 딕셔너리 형태의 데이터를 받아서 행과 열로 구성된 테이블을 만듭니다. 딕셔너리의 키는 컬럼명이 되고, 값들은 각 컬럼의 데이터가 됩니다. 사이드바에 이런 정보를 배치한 이유는 사용자가 계산하는 동안 언제든 참고할 수 있도록 하기 위함입니다. 메인 화면에 두면 스크롤을 올려야 하지만, 사이드바에 있으면 항상 보이기 때문에 사용성이 훨씬 좋아집니다.

위 코드의 실행 결과는 다음과 같습니다.

BMI 계산식

BMI = 체중(kg) / (신장(m) ^ 2)

BMI 기준 표

	BMI 범위	분류
0	18.5 미만	저체중
1	18.5이상 24.9미만	정상
2	25이상 29.9미만	과체중
3	30이상	비만

개별 BMI 계산

우선 개개인의 키와 몸무게를 입력하면 BMI를 계산할 수 있는 항목을 만듭니다. 우선 사용자가 미터법과 야드파운드법 중 하나를 선택할 수 있도록 라디오 버튼을 구현하고, 이에 따라 체중과 신장이 환산될 수 있는 조건부 계산식을 만듭니다.

```
# ② 개별 BMI 계산
st.header("개별 BMI 계산")
unit = st.radio("단위 선택", ["Metric (cm, kg)", "Imperial (inch, lb)"])  # 라디오 버튼을 통한 단위 선택

if unit == "Metric (cm, kg)":
    height_input = st.number_input("키 (cm)", min_value=0.0, step=0.1)
    weight_input = st.number_input("몸무게 (kg)", min_value=0.0, step=0.1)
    height_m = height_input / 100
    weight_kg = weight_input
else:
    height_input = st.number_input("키 (inch)", min_value=0.0, step=0.1)
    weight_input = st.number_input("몸무게 (lb)", min_value=0.0, step=0.1)
    height_m = height_input * 0.0254
    weight_kg = weight_input * 0.453592
```

이 코드에서 핵심은 조건문을 활용한 동적 인터페이스입니다. 사용자가 선택한 단위에 따라 입력 필드의 라벨과 단위 변환 방식이 자동으로 바뀝니다. 미터법을 선택하면 height_input과 weight_input 변수에서 값을 센티미터와 킬로그램으로 입력받고, 야드파운드법을 선택하면 인치와 파운드로 입력받습니다.

단위 변환 계산도 중요한 부분입니다. BMI는 항상 미터와 킬로그램을 기준으로 계산하므로, 야드파운드법으로 입력받은 값은 미터법으로 변환해야 합니다. 인치를 미터로 바꾸려면 0.0254를 곱하고, 파운드를 킬로그램으로 바꾸려면 0.453592를 곱합니다. 위 코드를 추가하여 업데이트할 경우 다음 화면이 출력됩니다.

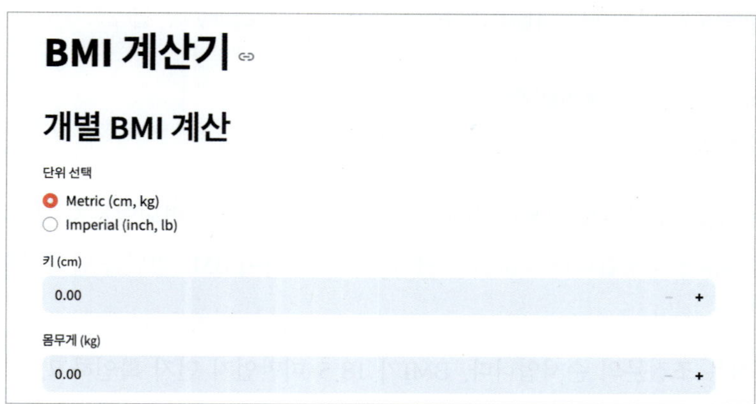

BMI 계산과 분류 조건문

키와 체중을 입력했다면, 이를 바탕으로 BMI를 계산해야 합니다. 또한 이를 BMI 기준(저체중, 정상, 과체중, 비만)에 따라 나누고 건강 상태를 확인할 수 있습니다. 먼저 후에 있을 결과 출력을 위해 키와 무게를 인치, 파운드로 환산한 값을 따로 변수에 저장합니다.

```
# ③ 단위 변환 값 계산
height_cm = height_input if unit.startswith("Metric") else height_m * 100
height_inch = height_input if unit.startswith("Imperial") else height_cm / 2.54
weight_lb = weight_input if unit.startswith("Imperial") else weight_kg / 0.453592
```

미터법으로 기록된 키는 height_cm 변수에 cm로, 야드파운드법으로 기록된 키는 height_inch 변수에 inch로 저장됩니다. 체중은 파운드로 변환되어 weight_lb에 저장됩니다. 이 변수들은 Unit 문자열의 앞을 기준으로 판단됩니다.

이어서 아래 코드에서는 계산 버튼을 만들며 BMI를 계산하고, 조건문을 활용하여 카테고리를 분류하여 그 결과를 출력합니다.

```
if st.button("계산하기"):  # 버튼 생성 및 클릭 시 동작 설계
    if height_m > 0:
        bmi = weight_kg / (height_m ** 2)
        if bmi < 18.5:
            category = "저체중"
        elif bmi < 25:
            category = "정상"
        elif bmi < 30:
            category = "과체중"
        elif:
            category = "비만"
        st.write(f"키: {height_cm:.1f} cm / {height_inch:.2f} in")
        st.write(f"몸무게: {weight_kg:.1f} kg / {weight_lb:.2f} lb")
        st.success(f"당신의 BMI는 {bmi:.2f}이며, 분류는 **{category}** 입니다.")
    elif:
        st.error("키를 올바르게 입력해주세요.")
st.markdown("---")
```

이 부분에서는 중첩된 조건문을 사용합니다. 먼저 키가 올바르게 입력되었는지 확인하고, 그 다음에 BMI 값에 따라 분류를 결정합니다. elif문을 연속으로 사용하여 BMI 범위를 단계적으로 확인하는 방식입니다.

여기서 주목할 점은 조건문의 순서입니다. BMI가 18.5 미만인지 먼저 확인하고, 그렇지 않으면 25

미만인지 확인하는 식으로 진행됩니다. 이렇게 하면 각 조건이 서로 겹치지 않으면서도 모든 경우를 빠짐없이 처리할 수 있습니다.

버튼을 누르면 일련의 검증과 계산이 진행됩니다. 먼저 키가 0보다 큰지 확인해서 잘못된 입력을 걸러냅니다. BMI 계산 공식은 체중을 키의 제곱으로 나누는 것인데, 키가 0이면 에러가 발생하기 때문입니다. 계산이 끝나면 입력값들을 양쪽 단위로 모두 표시해서 사용자가 확인할 수 있게 하고, st.success( )를 사용해서 결과를 강조해서 보여줍니다. 완성된 결과는 아래와 같습니다.

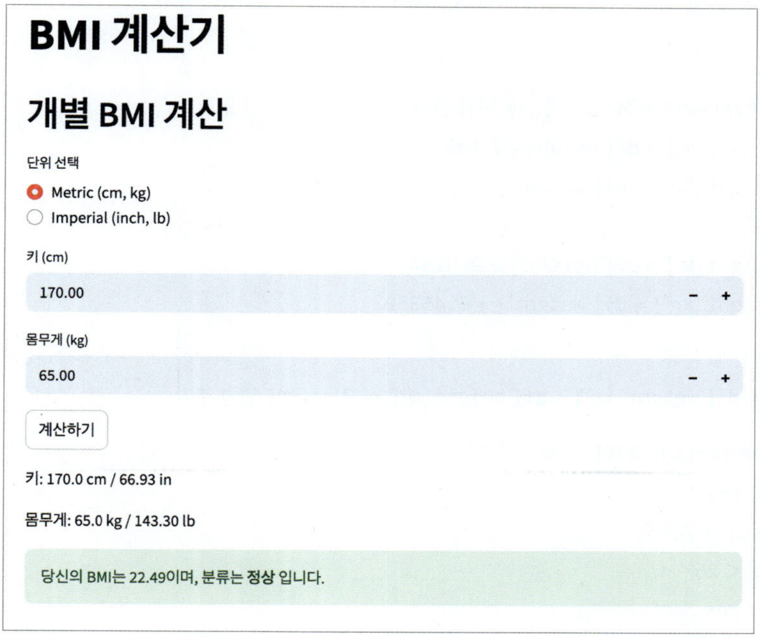

BMI 계산기

개별 BMI 계산

단위 선택

Metric (cm, kg)

Imperial (inch, lb)

키 (cm)

170.00

몸무게 (kg)

65.00

계산하기

키: 170.0 cm / 66.93 in

몸무게: 65.0 kg / 143.30 lb

당신의 BMI는 22.49이며, 분류는 **정상** 입니다.

CSV 파일 처리와 대량 데이터 분석

개인용 계산기로도 충분히 유용하지만, 여러 사람의 데이터를 한 번에 처리할 수 있다면 더욱 실용적입니다. 예를 들어 체육 선생님이 학급 전체 학생들의 BMI를 계산하거나, 헬스장에서 회원들의 데이터를 분석할 때 활용할 수 있습니다. 아래 코드는 파일을 입력받아 열 별로 단위를 환산해줍니다.

```
# ④ CSV 파일 단위 처리
st.header("CSV 파일 BMI 계산기")
uploaded_file = st.file_uploader("CSV 파일 업로드", type=["csv"])  # 업로드 창 생성
st.caption("CSV에 'height', 'weight' 컬럼이 있어야 합니다. 단위는 위에서 선택한 단위와 동일하게 준비하세요.")
if uploaded_file is not None:
    df = pd.read_csv(uploaded_file) # CSV를 pandas DataFrame 객체로 변환
```

파일 업로드 기능은 st.file_uploader( )로 간단하게 구현할 수 있습니다. type 매개변수를 사용해

서 CSV 파일만 업로드할 수 있도록 제한했습니다. 사용자가 어떤 형식으로 파일을 준비해야 하는지 st.caption( )으로 안내문구를 추가했는데, 이런 작은 배려가 프로그램의 사용성을 크게 높입니다.

데이터 전처리와 대량 계산

업로드된 CSV 파일의 데이터를 처리하는 과정이 이 프로젝트의 핵심입니다. 개별 계산과 달리 여러 행의 데이터를 한 번에 처리해야 하므로, pandas의 기능들을 활용합니다. 아래 코드는 위의 if에 이어서 진행되므로 전체 코드가 한 칸 들여쓰기 되어야 함을 주의해주세요.

```
# 단위 변환
    if unit.startswith("Metric"):  # 단위 변환 컬럼 추가
        df["height_m"] = df["height"] / 100
        df["weight_kg"] = df["weight"]
    else:
        df["height_m"] = df["height"] * 0.0254
        df["weight_kg"] = df["weight"] * 0.453592

    # ⑤ BMI 계산 및 분류
    df["BMI"] = df["weight_kg"] / df["height_m"] ** 2  # BMI 컬럼 추가

    def categorize(b):  # BMI 분류 기준 생성
        if b < 18.5:
            return "저체중"
        elif b < 25:
            return "정상"
        elif b < 30:
            return "과체중"
        elif:
            return "비만"
    df["Category"] = df["BMI"].apply(categorize)  # BMI 분류 컬럼 생성

    st.subheader("계산 결과")  # 계산 결과 테이블 시각화
    st.dataframe(df[["height", "weight", "BMI", "Category"]])
```

pandas에서는 전체 컬럼에 동일한 연산을 적용할 수 있습니다. df["height"] / 100 처럼 쓰면 height 컬럼의 모든 값이 100으로 나누어집니다. 이것을 벡터화 연산이라고 하는데, 반복문을 써서 행마다 연산을 하는 것보다 훨씬 빠르고 간단합니다. 이 연산 방식을 통해 키와 신장 컬럼을 변환하면 이를 바탕으로 BMI를 계산하여 테이블 데이터에 새로 생성된 BMI 열에 이 값들을 추가합니다.

BMI 분류를 위해서는 categorize라는 함수를 따로 만들었습니다. 이 함수는 BMI 값 하나를 받아서 해당하는 분류를 반환하는 역할을 합니다. 데이터프레임 전체에 함수를 적용하는 방법은 데이터프

레임의 메서드인 apply( )를 사용하면 됩니다. 원소마다 적용할 수 있는 함수를 선언한 후(여기서는 categorize)이를 메서드의 인자로 입력하면 데이터프레임이나 일부 컬럼에 대하여 일괄 변환을 적용할 수 있습니다. 여기서 df["BMI"].apply(categorize)는 BMI 컬럼의 모든 값에 이 함수를 적용해서 새로운 Category 컬럼을 만듭니다.

st.dataframe(df[["height", "weight", "BMI", "Category"]]) 함수는 데이터프레임에서 height, weight, BMI, Category 네 개의 컬럼을 추출하여 이 테이블 데이터를 스트림릿 화면에 출력하는 코드입니다. 깃허브에 함께 제시된 CSV 파일(Mock_BMI_Data.csv)을 활용하거나, height, weight 두 열로 구성된 CSV 파일을 직접 만들고, 이를 업로드해봅시다. 여기까지의 실행 결과는 다음과 같습니다.

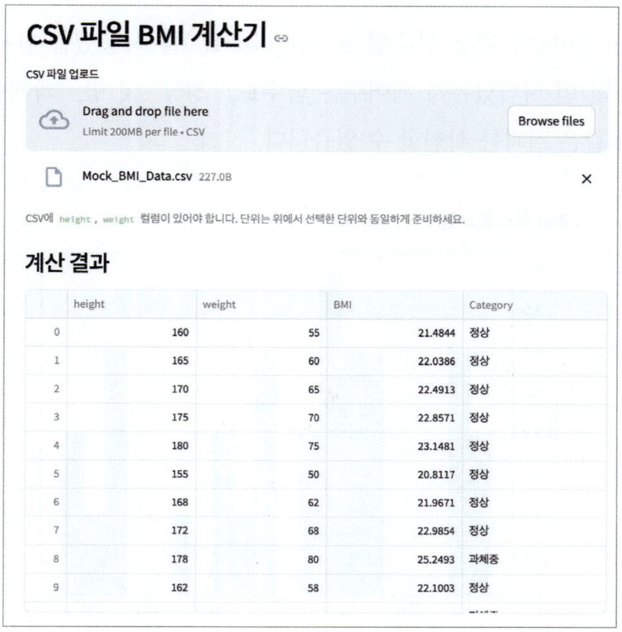

CSV 파일 BMI 계산기

CSV 파일 업로드

Drag and drop file here
Limit 200MB per file • CSV

Browse files

Mock_BMI_Data.csv 227.0B

CSV에 height, weight 컬럼이 있어야 합니다. 단위는 위에서 선택한 단위와 동일하게 준비하세요.

계산 결과

	height	weight	BMI	Category
0	160	55	21.4844	정상
1	165	60	22.0386	정상
2	170	65	22.4913	정상
3	175	70	22.8571	정상
4	180	75	23.1481	정상
5	155	50	20.8117	정상
6	168	62	21.9671	정상
7	172	68	22.9854	정상
8	178	80	25.2493	과체중
9	162	58	22.1003	정상

데이터 시각화로 인사이트 발견하기

숫자로만 이루어진 표보다는 그래프가 훨씬 직관적입니다. 특히 여러 사람의 데이터를 다룰 때는 전체적인 분포와 패턴을 한눈에 볼 수 있는 시각화가 중요합니다. 아래 코드는 CSV 내 사람들의 BMI에 대한 분포를 히스토그램으로 살펴보고, BMI에 따른 카테고리의 빈도를 막대그래프로 시각화하는 코드입니다. 이 또한 if 문 안에서 실행되므로 전체 한 칸 들여쓰기 되어야 합니다.

```
# ⑥ BMI 히스토그램
st.subheader("BMI 히스토그램")
fig, ax = plt.subplots()          # Pyplot을 활용한 서브 플롯 생성
ax.hist(df["BMI"], bins=20)       # 히스토그램 그리기
ax.set_xlabel("BMI")              # X축 타이틀 설정
```

```
ax.set_ylabel("Frequency")     # Y축 타이틀 설정
st.pyplot(fig)

# ⑦ BMI 분류 별 분포 시각화
st.subheader("분류별 인원 수") # 분류 별 빈도 시각과
counts = df["Category"].value_counts() # 분류 별 인원 수 집계
st.bar_chart(counts)    # 분류 결과 막대그래프 시각화
```

히스토그램은 데이터의 분포를 보여주는 가장 기본적인 그래프입니다. matplotlib 라이브러리의 hist( ) 함수를 사용하고, bins=20은 구간을 20개로 나누라는 의미입니다. 구간이 많을수록 더 세밀한 분포를 볼 수 있지만, 데이터가 적으면 오히려 읽기 어려워질 수 있습니다.

분류별 인원 수는 Streamlit의 내장 함수인 st.bar_chart( )를 사용했습니다. value_counts( )는 pandas에서 각 값이 몇 번 나타났는지 세어주는 함수로, "정상" 몇 명, "과체중" 몇 명 이런 식으로 집계해줍니다. 아래와 같은 결과를 확인할 수 있습니다.

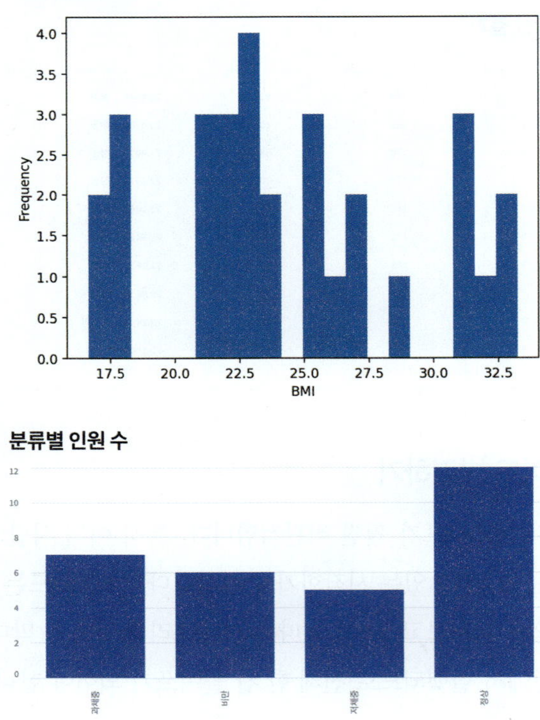

이렇게 만든 BMI 계산기는 단순한 계산 도구를 넘어서 데이터 분석 도구의 기능까지 갖추고 있습니다. 개인 사용자는 편리하게 BMI를 계산할 수 있고, 기관이나 단체에서는 대량의 데이터를 업로드해서 전체적인 건강 상태를 파악할 수 있습니다. 무엇보다 코드가 복잡해 보이지만 실제로는 논리적인 단계들로 나누어져 있어서, 각 부분의 역할을 이해하면 전체 구조를 파악하기 어렵지 않습니다.

3 미니 프로젝트 2: 나만의 사진 필터 만들기

스마트폰으로 사진을 찍으면 SNS 앱이나 카메라 보정 앱에서 사진을 흑백으로 바꾸거나, 색감을 조정하거나, 블러 효과를 주는 것처럼 자동으로 다양한 필터 효과를 적용할 수 있습니다. 이번에는 이런 이미지 필터 기능을 직접 만들어보겠습니다. 복잡한 그래픽 프로그램을 사용하지 않고도 파이썬 코드만으로 전문적인 이미지 처리 도구를 만들 수 있다는 것이 놀랍지 않나요?

이번 프로젝트에서는 PIL이라는 강력한 이미지 처리 라이브러리를 사용합니다. PIL은 이미지를 불러오고, 크기를 조정하고, 다양한 효과를 적용할 수 있는 기능들을 제공합니다. 사용자가 이미지를 업로드하면 실시간으로 필터를 적용해서 결과를 확인할 수 있도록 구성했습니다. 이번 실습 환경은 다음과 같습니다.

```
streamlit==1.44.1
numpy==2.2.5
pillow==11.2.1
```

예시 이미지로 필터 효과 미리보기

사용자가 어떤 필터를 선택해야 할지 감을 잡을 수 있도록, 먼저 예시 이미지에 각 필터를 적용한 결과를 보여주는 기능을 만들었습니다. 아래 코드를 살펴보겠습니다.

```
import streamlit as st
from PIL import Image, ImageEnhance, ImageFilter
import numpy as np

st.title("이미지 필터링 데모")

# 예시 이미지 미리보기
st.header("Example Preview")
try:
    example = Image.open("example.png")
    st.subheader("Original Example")
    st.image(example, use_container_width=True)
    st.markdown("---")
    st.subheader("Filter Previews")
    filter_names = ["Grayscale", "Color Intensity", "Blur", "RGB Adjust"]
    cols = st.columns(len(filter_names))
    for col, name in zip(cols, filter_names):
        with col:
            if name == "Grayscale":
```

```python
            img_preview = example.convert("L").convert("RGB")
        elif name == "Color Intensity":
            enhancer = ImageEnhance.Color(example)
            img_preview = enhancer.enhance(1.5)
        elif name == "Blur":
            img_preview = example.filter(ImageFilter.GaussianBlur(2.0))
        elif name == "RGB Adjust":
            arr = np.array(example).astype(float)
            arr[..., 0] *= 1.2
            arr[..., 1] *= 1.0
            arr[..., 2] *= 1.2
            arr = np.clip(arr, 0, 255).astype('uint8')
            img_preview = Image.fromarray(arr)
        col.image(img_preview, caption=name, use_container_width=True)
except FileNotFoundError:
    st.warning("example.png 파일을 스크립트와 동일한 디렉토리에 두고 실행하세요.")

st.markdown("---")
```

이 코드를 실행하면 화면 상단에 원본 이미지와 함께 4가지 필터가 적용된 미리보기 이미지들이 나란히 표시됩니다.

여기서 주목할 점은 try-except 구문을 사용해서 예시 이미지 파일이 없을 경우를 대비했다는 것입니다. 파일이 없으면 FileNotFoundError가 발생하는데, 이때 사용자에게 친절한 안내 메시지를 보여줍니다. zip( ) 함수는 두 개의 리스트를 짝지어주는 역할을 합니다. cols와 filter_names를 짝지어서 각 컬럼마다 해당하는 필터 이름의 이미지를 배치합니다.

이 코드의 핵심 부분을 더 자세히 살펴보겠습니다. zip( ) 함수는 두 개의 리스트를 짝지어주는 역할을 합니다. cols와 filter_names를 짝지어서 각 컬럼마다 해당하는 필터 이름의 이미지를 배치합니다. 예를 들어 첫 번째 컬럼에는 "Grayscale" 필터가, 두 번째 컬럼에는 "Color Intensity" 필터가 들어갑니다. 이어 위 코드를 추가설명하기 위하여 PIL과 NumPy을 짚고 넘어가야 합니다.

PIL(Pillow)로 이미지 다루기

PIL은 Python Imaging Library의 줄임말로, 파이썬에서 이미지를 처리하는 가장 기본적인 도구입니다. 마치 포토샵의 기본 기능들을 파이썬 코드로 사용할 수 있게 해주는 라이브러리라고 생각하면 됩니다. 여기에는 이미지 형태 변환, 색상변환, 밝기와 채도 변경 등 다양한 기능을 사용할 수 있는 모듈과 메서드가 포함됩니다.

convert( ) 메서드는 이미지의 색상 모드를 바꾸는 기능입니다. "L"은 Luminance(휘도)의 줄임말로, 컬러 이미지를 흑백으로 바꿔줍니다. convert("L") 다음에 convert("RGB")를 호출합니다. 이는 나중에 다른 필터들과 형식을 맞추기 위해서입니다. 흑백 이미지도 RGB 형식으로 저장하면 빨강, 초록, 파랑 값이 모두 같은 수치가 되어 회색으로 보입니다.

ImageEnhance.Color는 이미지의 채도를 조정하는 도구입니다. enhance(1.5)는 원본보다 1.5배 더 선명한 색상을 만들어냅니다. 1.0이면 원본과 동일하고, 0에 가까우면 흑백에 가까워집니다.

ImageFilter.GaussianBlur(2.0)은 이미지를 흐리게 만드는 블러 효과입니다. 2.0은 블러의 강도를 나타내며, 숫자가 클수록 더 흐려집니다.

NumPy 배열로 이미지를 다루는 이유

가장 복잡해 보이는 부분이 아래 RGB 조정 부분입니다. 여기서는 PIL 대신 NumPy를 사용하는데, 그 이유가 있습니다. 위에서 본 코드 중 NumPy를 활용하는 부분을 확대해보면 다음과 같습니다.

```
arr = np.array(example).astype(float)
                arr[..., 0] *= 1.2
                arr[..., 1] *= 1.0
                arr[..., 2] *= 1.2
arr = np.clip(arr, 0, 255).astype('uint8')
img_preview = Image.fromarray(arr)
```

PIL은 이미지 전체에 동일한 효과를 적용하는 데는 뛰어나지만, 개별 색상 채널을 세밀하게 조정하는 것은 어렵습니다. 반면 NumPy는 숫자 배열을 다루는 전문가입니다. 이미지를 NumPy 배열로 바꾸면 각 픽셀의 RGB 값을 숫자로 직접 조작할 수 있습니다.

np.array(example)은 PIL 이미지를 NumPy 배열로 변환합니다. 이때 이미지는 3차원 배열이 됩니다. 예를 들어 가로 100픽셀, 세로 100픽셀 이미지라면 (100, 100, 3) 형태가 됩니다. 마지막 3은 빨강, 초록, 파랑 채널을 의미합니다.

astype(float)는 정수 타입을 실수 타입으로 바꾸는 것입니다. 이미지의 색상 값은 보통 0~255 사이의 정수인데, 곱셈 연산을 정확하게 하려면 실수로 바꿔야 합니다. 예를 들어 100 * 1.2 = 120.0 같은 계산을 할 때 소수점이 잘리지 않도록 하는 것입니다.

arr[..., 0]에서 ...은 "모든 행, 모든 열"을 의미하는 NumPy의 특별한 표기법입니다. 즉 모든 픽셀의 빨강 채널(0번째 채널)을 선택한다는 뜻입니다. 마찬가지로 arr[..., 1]은 초록 채널, arr[..., 2]는 파랑 채널입니다.

np.clip(arr, 0, 255)는 배열의 값을 0과 255 사이로 제한하는 함수입니다. 곱셈 연산 후에 255를 넘는 값이 생길 수 있는데, 이를 255로 제한해야 정상적인 색상이 나옵니다. 마치 음량을 최대치로 제한하는 것과 비슷합니다.

마지막에 astype('uint8')로 다시 정수 타입으로 바꾸고, Image.fromarray( )로 NumPy 배열을 PIL

이미지로 되돌립니다. 이렇게 해야 Streamlit에서 이미지를 표시할 수 있습니다. 위 코드의 실행 결과는 다음과 같습니다.

정리하면, PIL은 간단한 이미지 효과에 적합하고, NumPy는 픽셀 단위의 정밀한 조작에 적합합니다. 두 라이브러리를 함께 사용하면 전문적인 이미지 편집 프로그램 못지않은 기능을 만들 수 있습니다.

이미지 업로드 기능 구현

필터를 적용할 이미지를 사용자로부터 받아야 합니다. Streamlit의 파일 업로드 기능을 활용해보겠습니다.

```
# 1) 이미지 업로드
uploaded = st.file_uploader("이미지를 업로드하세요", type=["png", "jpg", "jpeg"])
if uploaded is None:
    st.stop()

img = Image.open(uploaded)
st.subheader("원본 이미지")
st.image(img, use_container_width=True)
st.markdown("---")
```

파일이 업로드되면 화면에 원본 이미지가 표시됩니다.

st.file_uploader( )에서 type 매개변수로 허용할 파일 형식을 제한했습니다. 이미지 파일이 아닌 다른 파일을 업로드하면 에러가 발생할 수 있기 때문입니다. st.stop( )은 특별한 함수인데, 이 지점에서 프로그램 실행을 멈춥니다. 즉, 이미지가 업로드되지 않으면 아래쪽 코드들은 실행되지 않습니다. use_container_width=True는 이미지를 화면 너비에 맞춰서 표시하라는 뜻입니다.

그레이스케일 필터로 흑백 사진 만들기

첫 번째 필터는 컬러 사진을 흑백으로 바꾸는 그레이스케일 변환입니다. 아래 코드를 살펴보겠습니다.

```
# 2) 필터 선택
filter_type = st.radio("필터 선택", ["None", "Grayscale", "Color Intensity 조정", "Blur", "RGB 조정"])

# Grayscale
if filter_type == "Grayscale":
    gray = img.convert("L").convert("RGB")
    st.subheader("그레이스케일 변환")
    st.image(gray, use_container_width=True)
```

라디오 버튼으로 "Grayscale"을 선택하면 흑백 이미지가 화면에 표시됩니다. 앞에서 설명했듯 PIL에서 이미지를 흑백으로 바꾸는 방법은 convert("L")입니다. 이어서 convert("RGB")를 다시 호출하는 것은 나중에 다른 필터들과 호환성을 맞추기 위해서입니다. Streamlit에서 이미지를 표시할 때 RGB 형식을 선호하기 때문입니다.

채도 조정으로 색감 변화주기

두 번째 필터는 이미지의 채도를 조정하는 기능입니다. 채도를 높이면 색깔이 더 선명해지고, 낮추면 차분해집니다.

```
# Color Intensity
elif filter_type == "Color Intensity 조정":
    factor = st.slider("채도 조정 (0: 흑백 → 1: 원본 → 2: 과포화)", 0.0, 2.0, 1.0, 0.01)
    enhancer = ImageEnhance.Color(img)
    enhanced = enhancer.enhance(factor)
    st.subheader(f"채도 조정 결과 (factor={factor:.2f})")
    st.image(enhanced, use_container_width=True)
```

슬라이더를 움직이면 실시간으로 채도가 조정된 이미지를 확인할 수 있습니다.

ImageEnhance.Color는 PIL에서 제공하는 색상 향상 도구입니다. enhance( ) 메서드에 factor 값을 넘기면, 0에 가까울수록 흑백에 가까워지고, 1은 원본, 2 이상은 과포화된 색상이 됩니다. 슬라이더의 step=0.01은 0.01 단위로 세밀하게 조정할 수 있다는 뜻입니다. f-string에서 {factor:.2f}는 소수점 둘째 자리까지 표시하라는 형식 지정자입니다.

블러 효과로 부드러운 느낌 만들기

세 번째 필터는 이미지를 흐릿하게 만드는 블러 효과입니다. 사진의 배경을 흐려서 주인공을 돋보이게 하거나, 전체적으로 부드러운 느낌을 줄 때 사용합니다.

```
# Blur
elif filter_type == "Blur":
    radius = st.slider("블러 강도 (radius)", 0.0, 10.0, 0.0, 0.1)
    blurred = img.filter(ImageFilter.GaussianBlur(radius))
    st.subheader(f"블러 적용 결과 (radius={radius:.1f})")
    st.image(blurred, use_container_width=True)
```

블러 강도를 0부터 10까지 조정할 수 있으며, 값이 클수록 더 흐려집니다.

GaussianBlur는 가우시안 분포를 이용한 블러 알고리즘입니다. 복잡한 수학적 계산이 들어가지만, 우리는 PIL이 제공하는 기능을 그대로 사용하기만 하면 됩니다. radius는 블러의 반지름을 의미하며, 이 값이 클수록 더 넓은 범위의 픽셀들이 서로 섞여서 흐려집니다. 0일 때는 블러 효과가 전혀 없고, 10 정도면 상당히 흐려집니다.

RGB 채널 개별 조정으로 색조 변경하기

마지막 필터는 가장 고급 기능입니다. 빨강(R), 초록(G), 파랑(B) 각 색상 채널을 개별적으로 조정해서 독특한 색조 효과를 만들 수 있습니다.

```
# RGB 조정
elif filter_type == "RGB 조정":
    st.subheader("RGB 채널 조정")
    r_factor = st.slider("R 채널 조정", 0.0, 2.0, 1.0, 0.01)
    g_factor = st.slider("G 채널 조정", 0.0, 2.0, 1.0, 0.01)
    b_factor = st.slider("B 채널 조정", 0.0, 2.0, 1.0, 0.01)
    arr = np.array(img).astype(float)
    arr[..., 0] *= r_factor
    arr[..., 1] *= g_factor
    arr[..., 2] *= b_factor
    arr = np.clip(arr, 0, 255).astype('uint8')
    rgb_img = Image.fromarray(arr)
    st.image(rgb_img, use_container_width=True)
# None
```

```
else:
    st.info("필터를 선택하면 결과가 여기에 표시됩니다.")
```

세 개의 슬라이더로 R, G, B 채널을 각각 조정하면, 전혀 다른 느낌의 이미지를 만들 수 있습니다.이 부분은 NumPy 배열을 직접 조작하는 고급 기법입니다. PIL 이미지를 np.array( )로 NumPy 배열로 변환하면, 각 픽셀의 RGB 값에 직접 접근할 수 있습니다. 앞서 설명한 것과 같이, astype(float)는 정확한 계산을 위해 데이터 타입을 실수로 바꾸는 것입니다. arr[..., 0]은 모든 픽셀의 R 채널을, arr[..., 1]은 G 채널을, arr[..., 2]는 B 채널을 의미합니다.

계산 후에는 np.clip( )으로 값을 0과 255 사이로 제한해야 합니다. 색상 값이 255를 넘거나 0 아래로 떨어지면 이상한 결과가 나오기 때문입니다. 마지막에 astype('uint8')로 다시 정수 타입으로 바꾸고, Image.fromarray( )로 PIL 이미지 형식으로 되돌립니다.

마지막의 else 문은 필터를 선택하지 않았을 때의 상황 처리입니다. "None"을 선택했거나 아무것도 선택하지 않았을 때 빈 화면 대신 안내 메시지를 보여줍니다. 이런 작은 배려가 사용자 경험을 개선합니다. 완성된 화면은 아래와 같습니다.

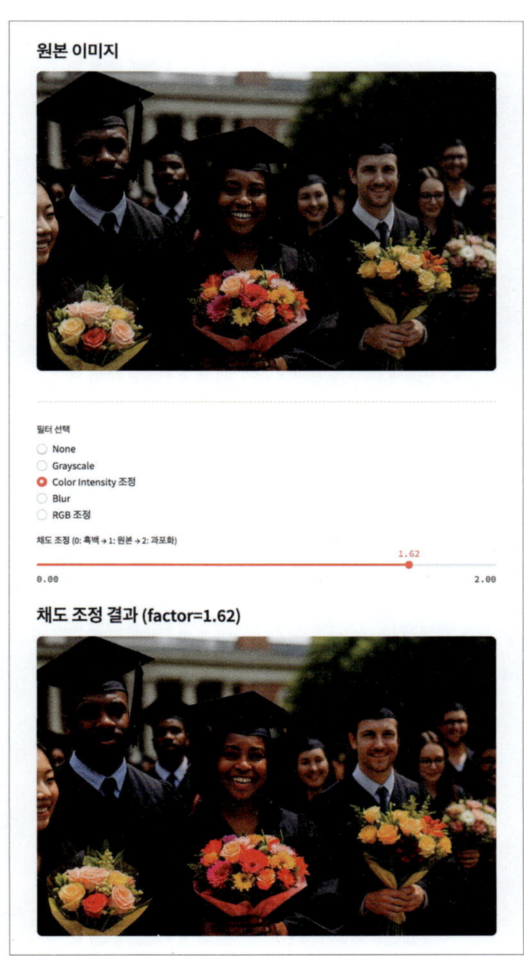

이렇게 만든 이미지 필터 프로그램은 전문적인 이미지 편집 소프트웨어의 핵심 기능들을 간단한 코드로 구현한 것입니다. PIL과 NumPy 같은 라이브러리 덕분에 복잡한 이미지 처리 알고리즘을 직접 구현하지 않고도 준수한 결과를 얻을 수 있습니다. 무엇보다 사용자가 슬라이더를 조정하면 실시간으로 결과를 확인할 수 있어서, 원하는 효과를 찾을 때까지 실험해볼 수 있다는 점이 매력적입니다. 그러나 아직 우리가 라이브러리를 활용하여 세부적인 기술들을 직접 구현한다는 점에서는 다소 어려움이 있으며, 우리가 구현하고 싶은 기능이 복잡해질 수록 우리가 모든 코드를 일일이 짜는 것에는 한계가 있습니다. 이어지는 장에서는 API를 활용하여 간편하게 이러한 어려움을 해소해보겠습니다.

AI 활용, 코딩에 날개 달기

1. API와의 첫 만남
2. AI API

PYTHON PROGRAMMING

오늘날 프로그래밍은 단순히 동작하는 코드를 작성하는 것을 넘어, 날씨, 뉴스, 환율 정보 같은 외부 데이터를 가져오거나, 음성 인식, 자동 번역, 챗봇 같은 지능형 기능을 구현하는 일로 확장되고 있습니다. 특히 자연어 처리(NLP), 이미지 분석, 코드 자동 생성과 같은 AI 기능을 프로그램에 연동하면, 복잡한 작업을 자동화하고 사용자 경험을 획기적으로 개선할 수 있습니다. 이 장에서는 실생활 데이터를 가져오거나, AI 기능을 추가하는 데 꼭 필요한 기술인 API를 중심으로 AI를 활용한 실습 프로젝트를 진행해보려 합니다.

API와의 첫 만남

AI 기능이나 실시간 데이터를 프로그램에 활용하려면, 외부 서비스와 소통할 수 있는 기술인 API가 필수적입니다. 이번 절에서는 API가 어떤 원리로 동작하는지 이해하고, 간단한 요청을 보내 데이터를 받아보는 실습을 통해 프로그래밍과 외부 세계를 연결하는 방법을 배워봅니다.

1 API 란?

API는 'Application Programming Interface'의 약자로, '응용 프로그램 인터페이스'라고 번역됩니다. 이 용어가 다소 어렵게 느껴질 수 있지만, 그 본질은 매우 단순합니다. API란 서로 다른 프로그램이나 시스템이 정해진 규칙에 따라 정보를 주고받을 수 있도록 만들어진 '약속'이자 '통로'입니다.

API의 개념을 이해하기 위해 흔히 '레스토랑의 웨이터'에 비유하곤 합니다. 손님이 웨이터에게 음식을 주문하면, 웨이터는 그 주문을 주방에 전달하고, 완성된 음식을 다시 손님에게 가져다줍니다. 이 과정에서 손님은 주방 내부가 어떻게 돌아가는지 몰라도, 웨이터를 통해 원하는 음식을 받을 수 있습니다. 마찬가지로, 우리가 만든 프로그램이 다른 프로그램이나 서버에 어떤 기능이나 데이터를 요청할 때, 그 내부 구조를 몰라도 API라는 '웨이터'를 통해 정해진 방식으로 요청을 보내고, 결과를 받아올 수 있습니다.

좀 더 기술적으로 설명하자면, API는 프로그램 간의 소통을 위한 '인터페이스', 즉 정보 교환의 규칙과 방법을 명확히 정해놓은 문서이자 도구입니다. 한 프로그램(클라이언트)이 API를 통해 다른 프로그램(서버)에 요청을 보내면, 서버는 그 요청을 처리한 뒤 결과를 응답으로 돌려줍니다. 예를 들어, "오늘의 환율을 알려줘"라는 요청을 보내면, 서버는 "1달러는 1,300원입니다"와 같은 응답을 보내주는 식입니다. 이때 요청과 응답의 형식, 사용할 수 있는 기능, 데이터의 구조 등은 모두 API 문서에 명확하게 정의되어 있습니다.

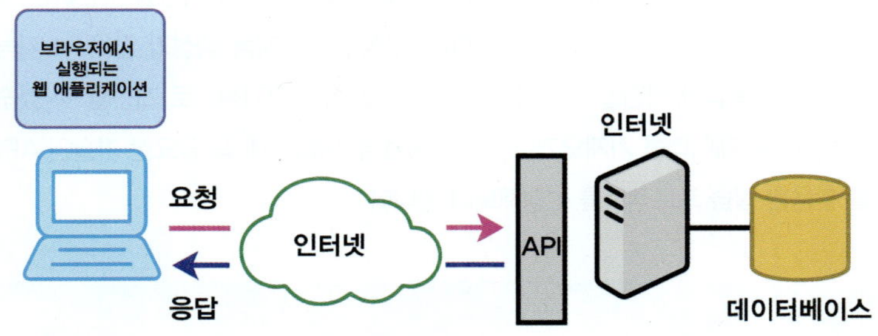

실제로 API는 우리가 일상적으로 사용하는 다양한 앱과 서비스 곳곳에 활용되고 있습니다. 예를 들어 스마트폰의 날씨 앱은 기상청이나 민간 기상 서비스의 서버에 직접 접속해서 데이터를 가져오는 것이 아니라, 해당 기관이 제공하는 API를 통해 "오늘 서울의 날씨를 알려주세요"와 같은 요청을 보냅니다. 서버는 미리 정해진 형식에 따라 날씨 정보를 응답으로 보내주고, 앱은 이 데이터를 사용자에게 보여줍니다. 또 다른 예로 여러 앱에서 구글이나 카카오 계정으로 로그인할 수 있는 것도 API 덕분입니다. 각 회사가 제공하는 로그인 API를 이용하면 복잡한 인증 과정을 직접 구현하지 않고도 외부 계정과 손쉽게 연동할 수 있습니다.

살펴본 실제 사용 예시들처럼 API의 가장 큰 장점은 이미 만들어진 다양한 기능과 데이터를 손쉽게 활용할 수 있다는 점입니다. 때문에 개발 시간과 노력을 크게 절약할 수 있습니다. 또한 외부 서비스와의 연동이 쉬워지기 때문에 프로그램을 더 빠르게 확장하고 관리할 수 있습니다.

2 캘린더/날씨/환율/뉴스를 확인할 수 있는 대시보드 만들기

여러분이 매일 사용하는 스트림릿(Streamlit) 웹 앱에서 캘린더, 날씨, 환율, 뉴스를 한 번에 확인할 수 있는 통합 대시보드를 만들어보겠습니다. 각각의 정보를 따로 찾아볼 필요 없이 하나의 페이지에서 모든 일상 정보를 한눈에 볼 수 있다면 얼마나 편리할까요? 이번 프로젝트에서는 실시간 API를 활용해서 살아있는 데이터를 가져오는 방법을 배웁니다. Open-Meteo API로 실시간 날씨 정보를, Exchange Rate API로 최신 환율을, 그리고 RSS 피드로 뉴스 헤드라인을 가져와서 하나의 대시보드에 통합합니다.

이번 실습을 통해 웹 API 연동, XML/JSON 데이터 파싱, 그리고 사용자 인터페이스 디자인까지 실무에서 자주 사용되는 핵심 기술들을 한 번에 익힐 수 있습니다.

프로젝트 구조 파악하기

우선 해당 프로젝트를 구현하기 위한 파일 구조는 다음과 같습니다.

```
dashboard/
├── streamlit_env/          # 가상 환경
├── app.py                  # 메인 애플리케이션
└── requirements.txt        # 패키지 목록
```

이번 실습에서 만들어볼 통합 대시보드는 크게 네 개의 주요 섹션으로 구성됩니다. 첫 번째는 캘린더 기능으로 사용자가 원하는 날짜를 선택하고 오늘 날짜를 확인할 수 있는 부분입니다. 두 번째는 실시간 날씨 정보 섹션으로 한국 주요 도시 중 하나를 선택하면 24시간 동안의 3시간 간격 날씨 예보를 이모지와 함께 직관적으로 보여줍니다. 세 번째는 환율 정보로 USD-KRW 실시간 환율을 표시하고, 네 번째는 IT 뉴스 헤드라인을 RSS 피드를 통해 가져와서 최신 5개 뉴스를 링크와 함께 제공합니다.

이런 구조를 선택한 이유는 일상생활에서 자주 확인하는 정보들을 하나의 화면에 모아 효율성을 극대화하기 위해서입니다. 직장인이나 학생들이 아침에 컴퓨터를 켜면 날씨를 확인하고, 해외 쇼핑이나 투자를 위해 환율을 체크하고, 업계 동향을 파악하기 위해 뉴스를 읽는 일련의 과정을 한 번에 해결할 수 있습니다. 또한 각 API의 응답 시간과 네트워크 상황을 고려하여 오류 처리 기능을 포함했고, 사용자 경험을 향상시키기 위해 이모지와 구분선을 활용한 직관적인 인터페이스를 구현했습니다. 이번 프로젝트는 다음 환경에서 진행됩니다.

```
streamlit==1.45.1
```

캘린더 대시보드

```
import streamlit as st
import datetime as dt

st.header("📅 캘린더")
today = dt.date.today()
selected_date = st.date_input("날짜를 선택하세요", today)
st.write(f"오늘은 {today.strftime('%Y년 %m월 %d일')} 입니다.")
```

먼저 st.header(“📅 캘린더")로 캘린더 섹션의 제목을 화면에 표시합니다. 달력 이모지와 함께 "캘린더"라는 제목이 헤더 형태로 출력됩니다. dt.date.today( )를 사용해서 오늘 날짜를 today 변수에 저장합니다. 이는 현재 시스템의 날짜 정보를 가져오는 기능입니다.

st.date_input(“날짜를 선택하세요”, today)는 사용자에게 날짜 선택 위젯을 제공합니다. 첫 번째 매개변수는 위젯에 표시될 라벨이고, 두 번째 매개변수인 today는 기본값으로 설정되어 사용자가 위젯을 처음 볼 때 오늘 날짜가 미리 선택된 상태로 나타납니다. 사용자는 이 위젯을 클릭해서 캘린더를 열고 원하는 날짜를 선택할 수 있습니다.

마지막으로 st.write( )를 사용해서 오늘 날짜를 한국어 형태로 화면에 출력합니다. strftime('%Y년 %m월 %d일')을 통해 “2025년 06월 08일”과 같은 형태로 날짜를 포맷팅해서 보여줍니다. 이렇게 하면 사용자가 현재 날짜를 쉽게 확인할 수 있습니다.

예시 코드 기준으로 파일을 실행시켰을 때 팝업 창에서 다음과 같은 화면을 확인 할 수 있습니다.

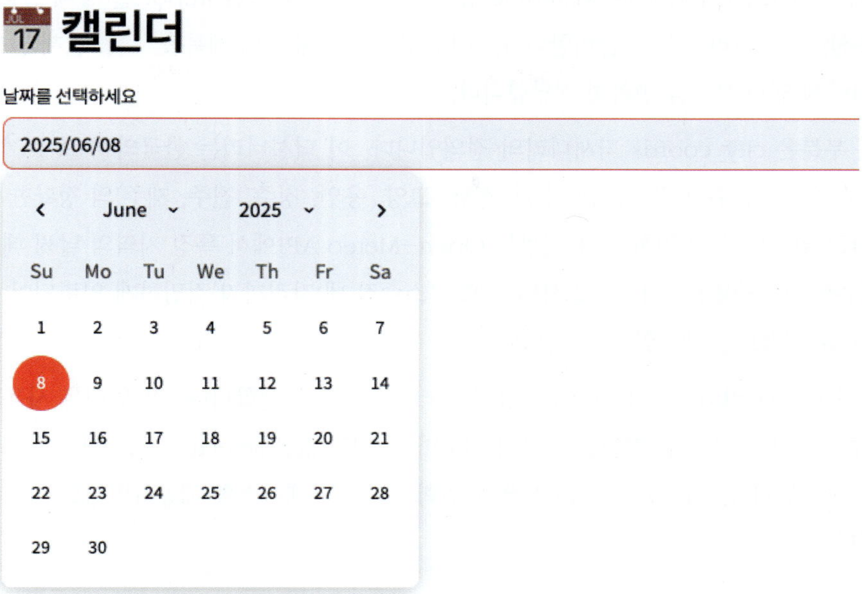

📅 캘린더

날짜를 선택하세요

2025/06/08

‹ June ⌄ 2025 ⌄ ›

Su	Mo	Tu	We	Th	Fr	Sa
1	2	3	4	5	6	7
8	9	10	11	12	13	14
15	16	17	18	19	20	21
22	23	24	25	26	27	28
29	30					

날씨 대시보드 – 기본 설정 및 UI 구성

```
import streamlit as st
import requests
import datetime as dt
from datetime import timedelta

# ① UI: 앱 제목 출력 및 도시 선택
st.header("☁️ 현재 날씨")

# 주요 도시들의 위도/경도
city_coords = {
    "서울": (37.5665, 126.9780), "부산": (35.1796, 129.0756),
    "대구": (35.8714, 128.6014), "인천": (37.4563, 126.7052),
    "광주": (35.1595, 126.8526), "대전": (36.3504, 127.3845),
    "울산": (35.5384, 129.3114), "수원": (37.2636, 127.0286),
    "성남": (37.4202, 127.1265), "고양": (37.6584, 126.8320),
    "용인": (37.2411, 127.1776), "청주": (36.6424, 127.4890),
    "전주": (35.8242, 127.1480), "제주": (33.4996, 126.5312)
}

# 도시 선택 위젯
selected_city = st.selectbox("도시를 선택하세요", list(city_coords.keys()))
```

첫 번째 코드 블록은 Streamlit 웹 애플리케이션의 기본 토대를 구축하는 역할을 합니다. 코드의 시작 부분에서는 streamlit, requests, datetime 등 필수 라이브러리들을 import를 통해 불러와 앱 구성, HTTP 통신, 시간 처리 기능을 준비합니다. st.header를 통해 앱의 제목을 "☁️ 현재 날씨"로 설정하여 사용자에게 앱의 목적을 명확히 전달합니다.

핵심적인 부분은 city_coords 딕셔너리의 정의입니다. 이 딕셔너리는 한국의 주요 14개 도시(서울, 부산, 대구, 인천, 광주, 대전, 울산, 수원, 성남, 고양, 용인, 청주, 전주, 제주)의 정확한 위도와 경도 좌표를 담고 있습니다. 이러한 좌표 정보는 Open-Meteo API에서 특정 지역의 날씨 데이터를 요청할 때 필수적으로 사용됩니다. 각 도시의 좌표는 소수점 네 자리까지 정밀하게 입력되어 있어 정확한 위치 기반 날씨 정보를 제공할 수 있습니다.

마지막으로 st.selectbox를 사용하여 사용자 인터페이스를 구성합니다. 이 위젯은 사용자가 드롭다운 메뉴에서 원하는 도시를 선택할 수 있게 해주며, 선택된 값은 selected_city 변수에 저장되어 후속 처리에서 활용됩니다. 이러한 구조는 사용자 친화적인 인터페이스를 제공하면서도 확장성을 고려한 설계입니다.

날씨 대시보드 – 날씨 코드 매핑 정의

```
# ② 날씨 코드 → 설명 매핑 정의
weather_code_descriptions = {
    0: "☀️ 맑음", 1: "🌤️ 약간 흐림", 2: "⛅ 대체로 흐림", 3: "☁️ 흐림",
    45: "🌫️ 안개", 48: "🌫️ 서리낀 안개",
    51: "🌦️ 가벼운 이슬비", 53: "🌦️ 중간 이슬비", 55: "🌧️ 강한 이슬비",
    61: "🌦️ 약한 비", 63: "🌧️ 중간 비", 65: "🌧️  강한 비",
    66: "🌧️ 약간 얼어붙는 비", 67: "🌧️  강한 얼어붙는 비",
    71: "🌧️ 약한 눈", 73: "🌧️ 중간 눈", 75: "🌧️ 강한 눈", 77: "🌧️ 진눈깨비",
    80: "🌧️ 소나기", 81: "🌧️ 중간 소나기", 82: "🌧️ 강한 소나기",
    95: "⛈️ 천둥번개", 96: "⛈️ 천둥 + 약한 우박", 99: "⛈️ 천둥 + 강한 우박",
}
```

두 번째 코드 블록은 사용자 경험을 크게 개선하는 핵심 구성요소입니다. Open-Meteo API는 날씨 상태를 0부터 99까지의 숫자 코드로 제공하는데, 이러한 숫자는 일반 사용자가 직관적으로 이해하기 어렵습니다. 따라서 weather_code_descriptions 딕셔너리는 이러한 숫자 코드를 한국어 설명과 적절한 이모지로 변환하는 매핑 테이블 역할을 합니다. 이 매핑 테이블은 세심하게 구성되어 있습니다.

기본적인 날씨 상태부터 시작하여 맑음(0), 약간 흐림(1), 대체로 흐림(2), 완전히 흐림(3)으로 구분하고, 각각에 적절한 이모지(☀️, 🌤️, ⛅, ☁️)를 배정했습니다. 안개 상황(45, 48)에는 🌫️ 이모지를, 다양한 강도의 비(51, 53, 55, 61, 63, 65)에는 🌦️ 과 🌧️ 이모지를 사용하여 강도를 시각적으로 구분할 수 있도록 했습니다. 특히 한국의 기후 특성을 고려하여 얼어붙는 비(66, 67), 다양한 강도의 눈(71, 73, 75, 77), 소나기(80, 81, 82), 그리고 천둥번개와 우박(95, 96, 99)까지 포괄적으로 다룹니다.

각 날씨 상태는 한국어로 직관적으로 표현되어 있어 사용자가 즉시 현재 날씨 상황을 파악할 수 있습니다. 이러한 세심한 매핑은 단순한 숫자 정보를 의미 있는 정보로 변환하는 중요한 역할을 합니다.

날씨 대시보드 – API 요청 구성 및 실행

```
# ③ 버튼 클릭 시: 날씨 API 요청 및 데이터 파싱
if st.button("3시간 간격 24시간 날씨 보기"):
    latitude, longitude = city_coords[selected_city]

    # Open-Meteo API URL 구성
    weather_url = (
        f"https://api.open-meteo.com/v1/forecast?"
        f"latitude={latitude}&longitude={longitude}"
        f"&hourly=temperature_2m,windspeed_10m,weathercode"
        f"&timezone=Asia%2FSeoul"
    )

    response = requests.get(weather_url)
```

세 번째 코드 블록은 사용자 인터랙션에 반응하여 실제 날씨 데이터를 가져오는 핵심 로직의 시작점입니다. st.button을 통해 "3시간 간격 24시간 날씨 보기"라는 버튼을 생성하고, 사용자가 이 버튼을 클릭했을 때만 API 요청이 실행되도록 조건부 실행 구조를 구성합니다. 이러한 설계는 불필요한 API 호출을 방지하고 사용자가 원할 때만 데이터를 가져오는 효율적인 구조를 만듭니다.

버튼 클릭 시 첫 번째 작업은 선택된 도시의 좌표를 가져오는 것입니다. selected_city 변수를 키로 사용하여 city_coords 딕셔너리에서 해당 도시의 위도와 경도를 추출합니다. 이렇게 얻은 좌표 정보는 API 요청의 핵심 파라미터로 사용됩니다. Open-Meteo API URL 구성 부분은 매우 정교하게 설계되어 있습니다. 기본 URL에 위도와 경도를 동적으로 삽입하고, hourly 파라미터를 통해 시간별 데이터를 요청합니다.

구체적으로 temperature_2m(지상 2미터 높이의 온도), windspeed_10m(지상 10미터 높이의 풍속), weathercode(날씨 코드)를 요청하여 종합적인 날씨 정보를 얻습니다. timezone 파라미터를 "Asia%2FSeoul"로 설정하여 모든 시간 데이터가 한국 시간대로 제공되도록 합니다. 마지막으로 "requests.get( )을 통해 실제 HTTP GET 요청을 수행하여 API 서버로부터 데이터를 받아옵니다.

TIP 객체지향 프로그래밍이란?

실제 HTTP는 웹에서 데이터를 주고받기 위한 기본 규약입니다. 사용자가 웹페이지를 열거나 서버와 정보를 교환할 때 항상 HTTP 요청이 사용됩니다. 요청 방식에는 대표적으로 GET, POST, PUT, DELETE, HEAD 등이 있으며, 각각의 목적이 다릅니다. 예를 들어 GET은 정보를 가져올 때, POST는 새로운 데이터를 보낼 때 사용합니다. 또한 HEAD는 응답의 본문 없이 헤더만 확인할 수 있어 상태 점검에 활용됩니다. PUT은 기존 데이터를 수정하고 DELETE는 삭제하는 데 쓰입니다. 이러한 요청 방식을 이해하면 API 호출과 웹 동작 원리를 쉽게 파악할 수 있습니다.

날씨 대시보드 – 데이터 처리 및 스마트 필터링

```
# ④ 응답 데이터 처리 및 24시간 예보 필터링
if response.status_code == 200:
    data = response.json()
    hourly = data.get("hourly", {})
    times = hourly.get("time", [])
    temps = hourly.get("temperature_2m", [])
    winds = hourly.get("windspeed_10m", [])
    codes = hourly.get("weathercode", [])

    now = dt.datetime.now()
    forecast = []

    for i in range(len(times)):
        forecast_time = dt.datetime.fromisoformat(times[i])
        if now <= forecast_time <= now + timedelta(hours=24):
            if forecast_time.hour % 3 == 0:
                desc = weather_code_descriptions.get(codes[i], "❓ 알 수 없음")
                forecast.append((
                    forecast_time.strftime("%Y-%m-%d %H:%M"),
                    temps[i],
                    winds[i],
                    desc
                ))
```

네 번째 코드 블록은 API 응답을 처리하고 사용자에게 의미 있는 정보로 변환하는 복잡한 데이터 처리 로직을 담고 있습니다. 먼저 HTTP 응답 상태 코드가 200인지 확인하여 API 요청이 성공했는지 검증합니다. 성공한 경우에만 후속 처리를 진행하여 오류 상황을 방지합니다. JSON 응답에서 hourly 데이터를 추출하고, 그 안에서 time, temperature_2m, windspeed_10m, weathercode 배열을 각각 분리합니다. 이때 get( ) 메서드를 사용하여 키가 존재하지 않을 경우 빈 리스트를 반환하도록 하여 안전한 데이터 처리를 보장합니다.

현재 시간(now)을 기준점으로 설정하고, 빈 forecast 리스트를 준비하여 필터링된 데이터를 저장할 준비를 합니다. 데이터 필터링 로직은 매우 정교합니다. 전체 시간별 데이터를 순회하면서 각 시간 데이터를 datetime 객체로 변환하고, 현재 시간부터 24시간 이내의 데이터만 선별합니다. 더 나아가 forecast_time.hour % 3 == 0 조건을 통해 3시간 간격(0시, 3시, 6시, 9시, 12시, 15시, 18시, 21시)의 데이터만 추출합니다. 이는 사용자에게 적절한 양의 정보를 제공하면서도 너무 많은 데이터로 인한 정보 과부하를 방지합니다.

각 선별된 시간대에 대해서는 날씨 코드를 앞서 정의한 weather_code_descriptions 딕셔너리를 통해 한국어 설명으로 변환하고, 시간 형식을 사용자 친화적인 "YYYY-MM-DD HH:MM" 형식으로 포맷팅합니다. 최종적으로 시간, 온도, 풍속, 날씨 설명을 튜플 형태로 forecast 리스트에 추가하여 구조화된 예보 데이터를 완성합니다.

날씨 대시보드 – 데이터 처리 및 결과 출력 및 종합적 오류 처리

```
    # ⑤ 예보 결과 출력
    if forecast:
        st.subheader(f"📍 {selected_city} 24시간 예보 (3시간 간격)")
        for time, temp, wind, desc in forecast:
            st.write(f"🕒 {time} | 🌡 {temp}°C | 🍃 {wind}km/h | {desc}")
    else:
        st.warning("예보 데이터를 찾을 수 없습니다.")
else:
    st.error("⛔ API 요청 실패! 다시 시도해 주세요.")
```

마지막 코드 블록은 처리된 데이터를 사용자에게 표시하고 다양한 오류 상황을 처리하는 완성도 높은 출력 시스템을 구현합니다. 먼저 forecast 리스트에 데이터가 존재하는지 확인하여 정상적인 데이터 처리가 완료되었는지 검증합니다.

정상적인 경우 st.subheader를 통해 선택된 도시명과 함께 "📍 {도시명} 24시간 예보 (3시간 간격)"이라는 섹션 제목을 생성합니다. 이는 사용자에게 어떤 도시의 예보인지, 어떤 간격으로 제공되는지 명확히 알려줍니다. 그 다음 for 루프를 통해 각 시간대별 정보를 순회하면서 체계적으로 출력합니다.

각 예보 정보는 일관된 형식으로 표시됩니다. "🕒 시간 | 🌡 온도°C | 🍃 풍속km/h | 날씨설명" 형식을 사용하여 시각적으로 구분하기 쉽고 가독성이 높은 정보를 제공합니다. 이모지를 활용한 시각적 구분은 사용자가 정보를 빠르게 스캔할 수 있게 도와줍니다.

오류 처리 부분도 세심하게 구성되어 있습니다. 예보 데이터가 없는 경우 st.warning을 통해 "예보 데이터를 찾을 수 없습니다"라는 경고 메시지를 표시하고, API 요청 자체가 실패한 경우(응답 코드가

200이 아닌 경우) st.error를 통해 "⛔ API 요청 실패! 다시 시도해 주세요"라는 오류 메시지를 표시합니다. 이러한 다층적 오류 처리는 다양한 실패 상황에서도 사용자가 문제를 인식하고 적절한 조치를 취할 수 있도록 도와줍니다.

예시 코드 기준으로 파일을 실행시켰을 때 팝업 창에서 다음과 같은 화면을 확인 할 수 있습니다.

환율 대시보드 – 기본 설정 및 API 요청 구성

```
import streamlit as st
import requests

# ① UI: 환율 섹션 제목 출력
st.header("💱 환율 (USD → KRW)")

# ② API 요청: Open Exchange Rates 호출
exchange_url = "https://open.er-api.com/v6/latest/USD"
exchange_response = requests.get(exchange_url)
```

첫 번째 코드는 환율 정보를 제공하는 웹 애플리케이션의 기본 구조를 설정합니다. streamlit과 requests 라이브러리를 import하여 웹 앱 구성과 HTTP 통신 기능을 준비합니다. st.header를 통해 "💱 환율 (USD → KRW)"라는 제목을 설정하여 사용자에게 달러-원화 환율 정보를 제공한다는 것을 명확히 전달합니다.

API 요청 부분에서는 Open Exchange Rates의 무료 API를 활용합니다. "https://open.er-api.com/v6/latest/USD" 엔드포인트는 미국 달러 기준으로 전 세계 통화의 최신 환율 정보를 JSON 형태로 제공합니다. 이 API는 인증 키가 필요 없어 간단한 프로젝트에 적합하며, requests.get( ) 메서드로 HTTP GET 요청을 수행하여 응답을 exchange_response 변수에 저장합니다.

환율 대시보드 – 응답 처리 및 오류 처리

```
# ③ 응답 처리 및 시각화
if exchange_response.status_code == 200:
    exchange_data = exchange_response.json()

    # KRW 환율 정보가 존재하는 경우
    if 'rates' in exchange_data and 'KRW' in exchange_data['rates']:
        usd_krw = exchange_data['rates']['KRW']
        update_time_utc = exchange_data.get('time_last_update_utc', '업데이트 시간 정보 없음')

        # 환율 출력
        st.metric(label="1달러당 원화", value=f"{usd_krw:.2f} 원")

        # 기준 시각 출력
        st.caption(f"⏰ 기준 시각 (UTC 기준): {update_time_utc}")

    # 데이터 구조 문제 시
    else:
        st.error("환율 데이터를 불러오는데 실패했습니다.")
# API 요청 실패 시
else:
    st.error("환율 API 서버에 연결할 수 없습니다.")
```

두 번째 코드는 API 응답을 처리하고 사용자에게 환율 정보를 표시하는 동시에 다양한 오류 상황을 처리합니다. 먼저 HTTP 상태 코드가 200인지 확인하여 요청이 성공했는지 검증합니다. 성공한 경우 JSON 데이터를 파싱하고, 'rates' 키와 'KRW' 키가 존재하는지 이중 검증하여 한국 원화 환율 정보가 올바르게 포함되어 있는지 확인합니다.

정상적인 데이터가 확인되면 환율 정보를 추출하여 표시합니다. st.metric을 사용해 "1달러당 원화" 라벨과 함께 소수점 둘째 자리까지 포맷된 환율 값을 시각적으로 강조하여 보여줍니다. 추가로

st.caption을 통해 환율 정보의 기준 시각을 UTC 기준으로 표시하여 정보의 신뢰성을 보장합니다.

오류 처리는 두 가지 주요 상황을 다룹니다. 데이터 구조에 문제가 있는 경우 "환율 데이터를 불러오는데 실패했습니다"라는 메시지를, API 요청이 실패한 경우 "환율 API 서버에 연결할 수 없습니다"라는 메시지를 표시하여 사용자가 문제의 원인을 파악할 수 있도록 합니다.

예시 코드 기준으로 파일을 실행시켰을 때 팝업 창에서 다음과 같은 화면을 확인 할 수 있습니다.

💱 환율 (USD → KRW)

1달러당 원화

1358.37 원

⏰ 기준 시각 (UTC 기준): Sun, 08 Jun 2025 00:02:31 +0000

뉴스 대시보드 – 기본 설정 및 RSS 피드 요청

```
import streamlit as st
import requests
from xml.etree import ElementTree as ET

# ① UI: 뉴스 섹션 제목 출력
st.header("📰 주요 뉴스 헤드라인")

# ② RSS 데이터 요청
news_url = "https://rss.etnews.com/Section902.xml" # 전자신문 IT뉴스 RSS
rss_response = requests.get(news_url)
```

첫 번째 코드는 뉴스 헤드라인을 표시하는 웹 애플리케이션의 기본 구조를 설정합니다. streamlit, requests와 함께 xml.etree.ElementTree를 import하여 XML[1] 파싱 기능을 준비합니다. ElementTree는 RSS 피드와 같은 XML 데이터를 파싱하고 처리하는 파이썬의 표준 라이브러리입니다.

st.header를 통해 "📰 주요 뉴스 헤드라인"이라는 제목을 설정하여 사용자에게 뉴스 정보를 제공한다는 것을 명확히 전달합니다. 📰 이모지를 사용하여 뉴스 관련 콘텐츠임을 시각적으로 표현합니다.

RSS 데이터 요청 부분에서는 전자신문의 IT뉴스 RSS 피드를 활용합니다. "https://rss.etnews.com/Section902.xml" URL은 전자신문의 IT 분야 최신 뉴스를 RSS 형태로 제공하는 엔드포인트입

1) XML은 데이터를 담는 상자 같은 언어입니다. 〈태그〉로 이름을 붙이고 내용을 감싸서 누가 봐도 쉽게 구분할 수 있게 합니다. 줄 세우듯 계층 구조로 정리되어 있어 자료가 깔끔하게 보관됩니다. 프로그램이나 환경에 상관없이 널리 쓰이며, 보통 시스템 간 자료 주고받기나 설정 파일에 활용됩니다.

니다. RSS(Really Simple Syndication)는 웹사이트의 최신 콘텐츠를 XML 형태로 배포하는 표준 형식으로, 뉴스 사이트에서 널리 사용됩니다. requests.get( ) 메서드로 RSS 피드를 요청하여 응답을 rss_response 변수에 저장합니다.

뉴스 대시보드 – XML 파싱 및 뉴스 출력

```
# ③ 뉴스 데이터 파싱 및 출력
if rss_response.status_code == 200:
    root = ET.fromstring(rss_response.content)
    items = root.findall('.//item')
    news_list = []

    for item in items[:5]:  # 상위 5개 뉴스만 추출
        title = item.find('title').text
        link = item.find('link').text
        news_list.append((title, link))

    # 뉴스 리스트 표시
    for title, link in news_list:
        st.markdown(f"- [{title}]({link})")
else:
    st.error("뉴스 정보를 가져오지 못했습니다.")
```

두 번째 코드는 RSS 응답을 파싱하고 사용자에게 뉴스 헤드라인을 표시하는 핵심 로직을 구현합니다. 먼저 HTTP 상태 코드가 200인지 확인하여 RSS 피드 요청이 성공했는지 검증합니다. 성공한 경우 ET.fromstring( )을 사용하여 RSS 응답의 XML 콘텐츠를 파싱합니다. RSS XML 구조에서 각 뉴스 항목은 태그로 감싸져 있으므로, root.findall('.//item')을 통해 모든 뉴스 항목을 찾아 items 리스트에 저장합니다. 빈 news_list를 준비하여 파싱된 뉴스 데이터를 저장할 준비를 합니다.

for 루프에서는 상위 5개 뉴스만 선별하여 처리합니다(items[:5]). 각 item에서 title과 link 요소를 찾아 텍스트를 추출하고, 이를 튜플 형태로 news_list에 추가합니다. 이렇게 제한을 두는 이유는 사용자에게 적절한 양의 정보를 제공하면서 페이지 로딩 속도를 최적화하기 위함입니다. 최종 출력 단계에서는 수집된 뉴스 데이터를 사용자 친화적인 형태로 표시합니다. st.markdown을 사용하여 각 뉴스 제목을 클릭 가능한 링크 형태로 출력합니다. 마크다운 문법 제목를 활용하여 사용자가 관심 있는 뉴스를 클릭하면 원본 기사로 이동할 수 있도록 합니다. RSS 피드 요청이 실패한 경우에는 st.error를 통해 "뉴스 정보를 가져오지 못했습니다"라는 오류 메시지를 표시하여 사용자에게 상황을 알립니다.

예시 코드 기준으로 파일을 실행시켰을 때 팝업 창에서 다음과 같은 화면을 확인 할 수 있습니다.

📰 주요 뉴스 헤드라인

- 해성디에스, 미국지사 3년 만에 폐쇄
- 김동연 경기지사, 여야 대표의원·도의회 의장과 만찬
- 화성시, 지자체 최초 AI 엑스포 'MARS 2025' 개최
- [포토] 인공지능 휴머노이드 로봇 테스트
- [포토] 다양한 기술 적용된 얼음정수기

[전체 앱 예시 코드]

```
import streamlit as st
import requests
import datetime as dt
from datetime import timedelta
from xml.etree import ElementTree as ET

# ① 🎯 페이지 기본 설정
st.set_page_config(page_title="대시보드: 캘린더/날씨/환율/뉴스", layout="wide")
st.title("📅 ☁️ 💱 📰 대시보드")

# ② 📅 캘린더 기능
st.header("📅 캘린더")

today = dt.date.today()
selected_date = st.date_input("날짜를 선택하세요", today)
st.write(f"오늘은 {today.strftime('%Y년 %m월 %d일')} 입니다.")

st.divider()

# ③ ☁️ 날씨 기능
st.header("☁️ 현재 날씨")

# 날씨 코드에 따른 설명 매핑
weather_code_descriptions = {
    0: "☀️ 맑음", 1: "🌤️ 약간 흐림", 2: "⛅ 대체로 흐림", 3: "☁️ 흐림",
    45: "🌫️ 안개", 48: "🌫️ 서리낀 안개", 51: "🌦️ 가벼운 이슬비",
    53: "🌦️ 중간 이슬비", 55: "🌧️ 강한 이슬비", 61: "🌦️ 약한 비",
    63: "🌧️ 중간 비", 65: "🌧️ 강한 비", 66: "🌧️ 약간 얼어붙는 비",
    67: "🌧️ 강한 얼어붙는 비", 71: "🌧️ 약한 눈", 73: "🌧️ 중간 눈",
    75: "🌧️ 강한 눈", 77: "🌧️ 진눈깨비", 80: "🌧️ 소나기", 81: "🌧️ 중간 소나기",
```

```
    82: "🌧 강한 소나기", 95: "⛈ 천둥번개", 96: "⛈ 천둥 + 약한 우박", 99: "⛈ 천둥 + 강한 우박",
}

# 한국 주요 도시 좌표
city_coords = {
    "서울": (37.5665, 126.9780), "부산": (35.1796, 129.0756),
    "대구": (35.8714, 128.6014), "인천": (37.4563, 126.7052),
    "광주": (35.1595, 126.8526), "대전": (36.3504, 127.3845),
    "울산": (35.5384, 129.3114), "수원": (37.2636, 127.0286),
    "성남": (37.4202, 127.1265), "고양": (37.6584, 126.8320),
    "용인": (37.2411, 127.1776), "청주": (36.6424, 127.4890),
    "전주": (35.8242, 127.1480), "제주": (33.4996, 126.5312)
}

selected_city = st.selectbox("도시를 선택하세요", list(city_coords.keys()))

if st.button("3시간 간격 24시간 날씨 보기"):
    latitude, longitude = city_coords[selected_city]
    weather_url = (
        f"https://api.open-meteo.com/v1/forecast?"
        f"latitude={latitude}&longitude={longitude}"
        f"&hourly=temperature_2m,windspeed_10m,weathercode"
        f"&timezone=Asia%2FSeoul"
    )

    response = requests.get(weather_url)
    if response.status_code == 200:
        data = response.json()
        hourly = data.get("hourly", {})
        times = hourly.get("time", [])
        temps = hourly.get("temperature_2m", [])
        winds = hourly.get("windspeed_10m", [])
        codes = hourly.get("weathercode", [])

        now = dt.datetime.now()
        forecast = []
        for i in range(len(times)):
            forecast_time = dt.datetime.fromisoformat(times[i])
            if now <= forecast_time <= now + timedelta(hours=24):
                if forecast_time.hour % 3 == 0:
                    description =
weather_code_descriptions.get(codes[i], "❓ 알 수 없음")
                    forecast.append((forecast_time.strftime("%Y-%m-%d %H:%M"), temps[i],
```

```python
winds[i], description))
        for time_str, temp, wind, desc in forecast:
            st.info(f"🕒 {time_str} → {desc} | 🌡{temp}°C | 🌬 {wind} km/h")
    else:
        st.error("예보 데이터를 가져오지 못했습니다.")

st.divider()

# ④ 💱 환율 기능
st.header("💱 환율 (USD → KRW)")

exchange_url = "https://open.er-api.com/v6/latest/USD"
exchange_response = requests.get(exchange_url)

if exchange_response.status_code == 200:
    exchange_data = exchange_response.json()

    if 'rates' in exchange_data and 'KRW' in exchange_data['rates']:
        usd_krw = exchange_data['rates']['KRW']
        update_time_utc = exchange_data.get('time_last_update_utc', '업데이트 시간 정보 없음')
        st.metric(label="1달러당 원화", value=f"{usd_krw:.2f} 원")
        st.caption(f"⏰ 기준 시각 (UTC 기준): {update_time_utc}")
    else:
        st.error("환율 데이터를 불러오는데 실패했습니다.")
else:
    st.error("환율 API 서버에 연결할 수 없습니다.")

st.divider()

# ⑤ 📰 뉴스 헤드라인 기능
st.header("📰주요 뉴스 헤드라인")
news_url = "https://rss.etnews.com/Section902.xml" # 전자신문 IT뉴스 RSS
rss_response = requests.get(news_url)

if rss_response.status_code == 200:
    root = ET.fromstring(rss_response.content)
    items = root.findall('.//item')
    news_list = []

    for item in items[:5]: # 상위 5개 뉴스
        title = item.find('title').text
        link = item.find('link').text
        news_list.append((title, link))

    for title, link in news_list:
        st.markdown(f"- [{title}]({link})")
```

```
else:
    st.error("뉴스 정보를 가져오지 못했습니다.")
```

예시 코드 기준으로 파일을 실행시켰을 때 팝업 창에서 다음과 같은 화면을 확인 할 수 있습니다.

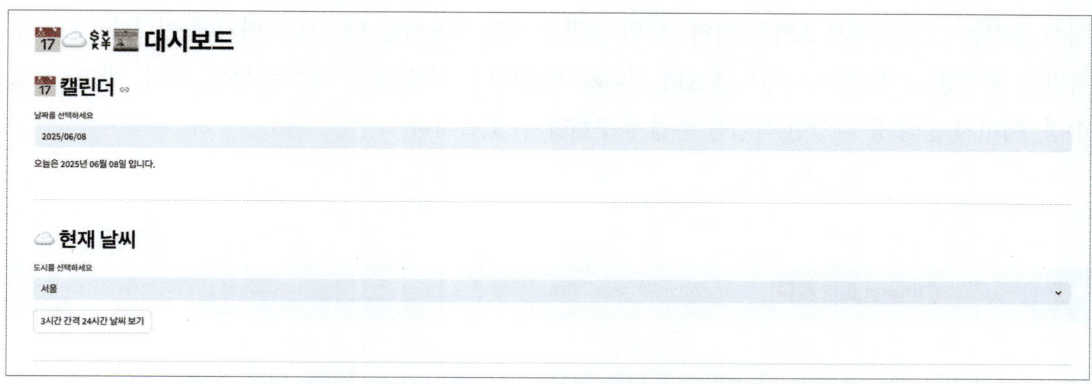

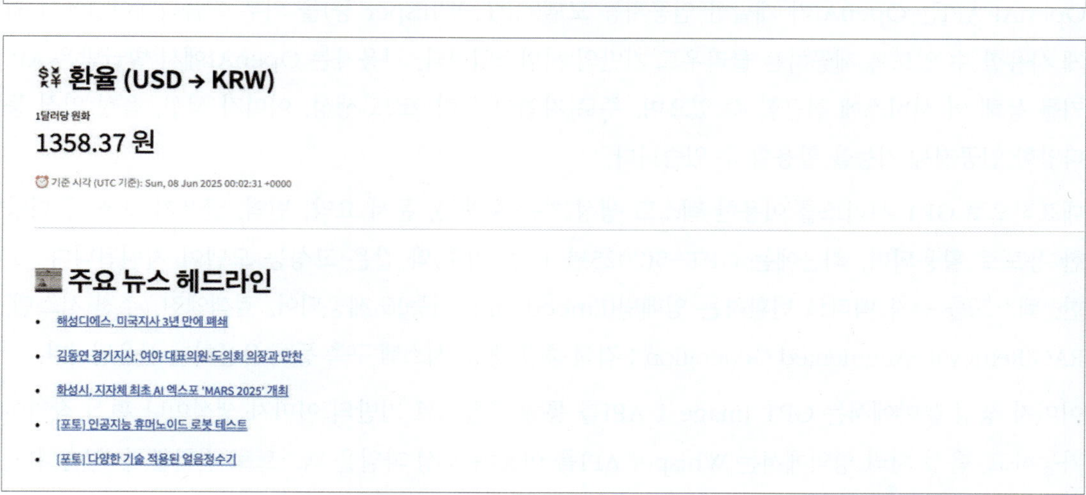

AI API

이제 우리는 단순한 정보 API를 넘어, AI의 능력을 직접 활용하는 단계로 나아가게 됩니다. 최근 주목받는 생성형 AI 모델들은 대부분 API 형태로 제공되며, 이를 통해 텍스트 생성, 요약, 번역, 코드 수정, 이미지 생성 등 다양한 작업을 손쉽게 구현할 수 있습니다.

1 OpenAI API

OpenAI API는 OpenAI가 개발한 인공지능 모델(GPT, Whisper 등)을 외부 애플리케이션에서 쉽게 사용할 수 있도록 제공하는 클라우드 기반의 서비스입니다. 사용자는 OpenAI에서 발급받은 API 키를 통해 이 서비스에 접근할 수 있으며, 주로 자연어 처리, 코드 생성, 이미지 생성, 음성 인식 등 다양한 인공지능 기능을 활용할 수 있습니다.

대표적으로 GPT 시리즈를 이용한 텍스트 생성 기능은 챗봇, 문서 요약, 번역, 글쓰기 보조 등 다양한 용도로 활용되며, 최근에는 GPT-5(2025년 10월 기준)와 같은 고성능 모델이 지원됩니다. 또한, 텍스트를 숫자 벡터로 변환하는 임베딩(Embedding) 기능도 제공되어, 검색엔진, 추천 시스템, RAG(Retrieval-Augmented Generation : 검색 증강 생성) 시스템 구축 등에 유용하게 사용됩니다.

이미지 생성 분야에서는 GPT Image 1 API를 통해 프롬프트 기반의 이미지 생성이나 편집 작업이 가능하고, 음성 처리 영역에서는 Whisper API를 이용해 음성 파일을 텍스트로 변환할 수 있습니다. 최근에는 텍스트를 자연스러운 목소리로 읽어주는 Text-to-Speech 기능도 추가되어 다양한 멀티모달 활용이 가능해졌습니다.

OpenAI API는 사용량에 따라 요금이 부과되는 종량제 과금 구조를 채택하고 있으며, 신규 사용자에게는 일정 금액의 무료 크레딧이 제공됩니다. Python이나 Node.js 같은 프로그래밍 언어에서 손쉽게 사용할 수 있도록 전용 라이브러리도 제공됩니다.

무료 크레딧이 있는 AI API인 Gemini API에 대해서는 다음 목차에서 다룰 예정입니다.

OPENAI API 발급

OpenAI에서 제공하는 다양한 인공지능 기능을 외부 애플리케이션이나 웹 서비스에 연동하여 사용하기 위해서는 반드시 OpenAI API에 접근할 수 있는 고유한 인증 수단, 즉 API Key가 필요합니다. 이 API 키는 마치 열쇠처럼 작동하여, 사용자 또는 개발자가 자신의 계정과 연결된 OpenAI 리소스에 접근할 수 있도록 허용하는 중요한 정보입니다.

1. 구글에 " OPENAI "를 검색하고 " OpenAI API "를 클릭합니다.

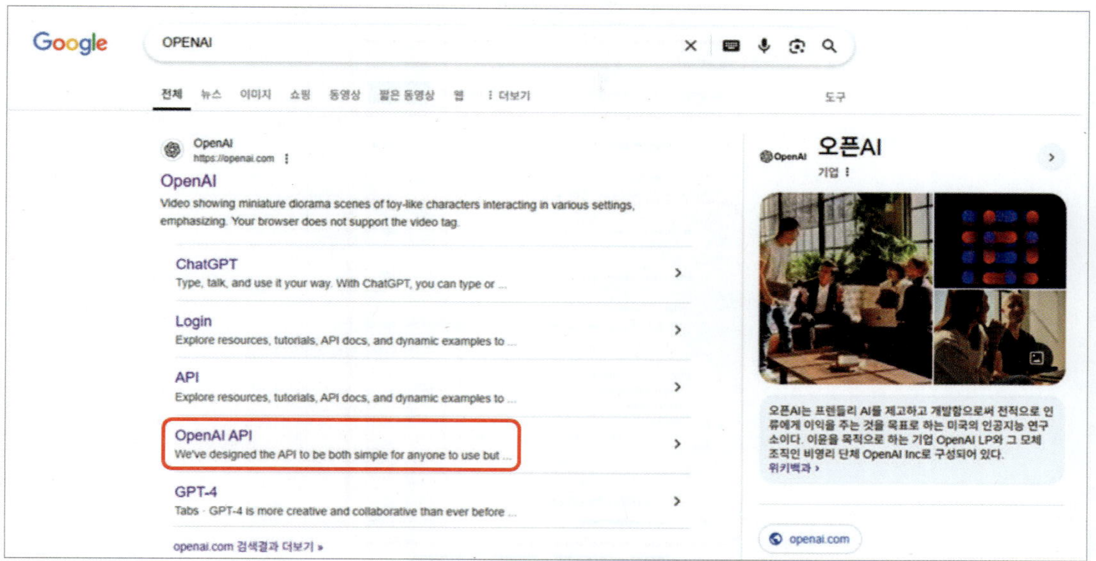

2. 오른쪽 상단 " Log in "을 클릭하고 "API Platform "을 클릭합니다.

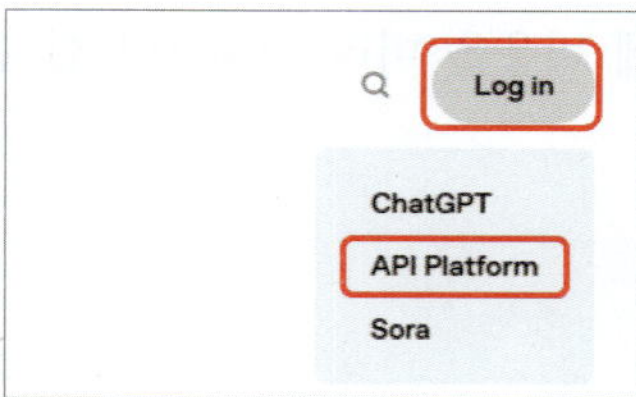

3. 원하는 방식으로 로그인을 진행합니다.

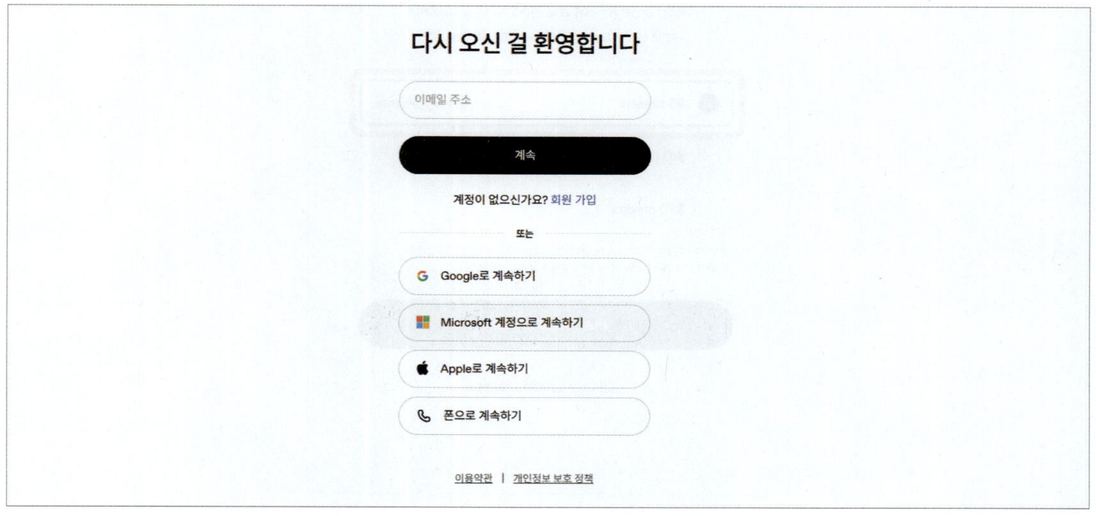

4. 테스트 API를 통해 호출 테스트를 진행할 수 있습니다.

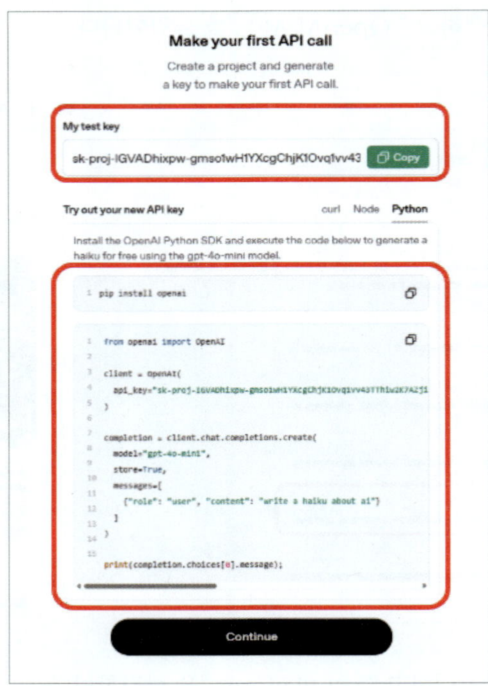

5. OpenAI API는 유료이기 때문에 비용을 미리 결제해야 합니다. 5달러를 선택하고 " Purchase credits "을 클릭합니다.

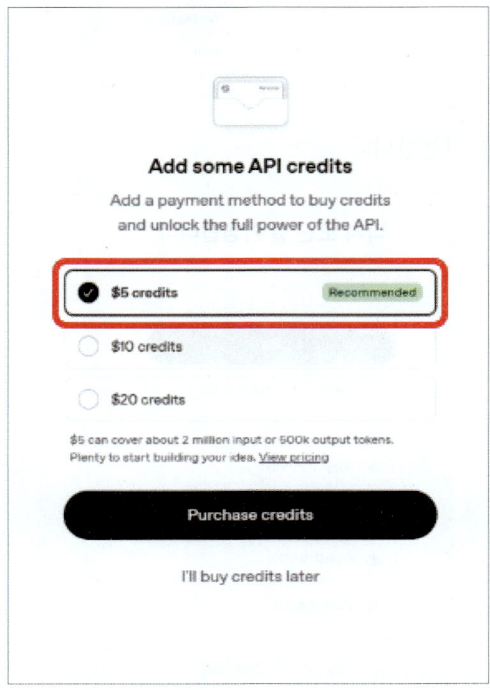

6. 해외 결제가 가능한 카드 정보를 입력합니다.

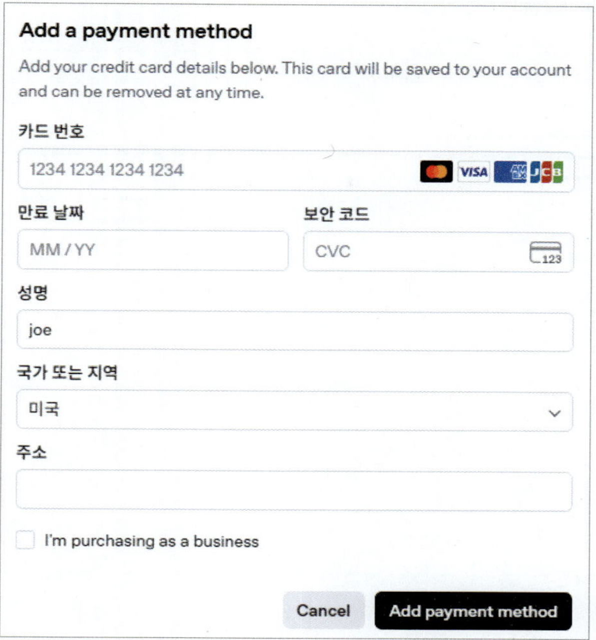

7. 상단 " Dashboard " 탭을 클릭하고 " API Keys "를 클릭합니다.

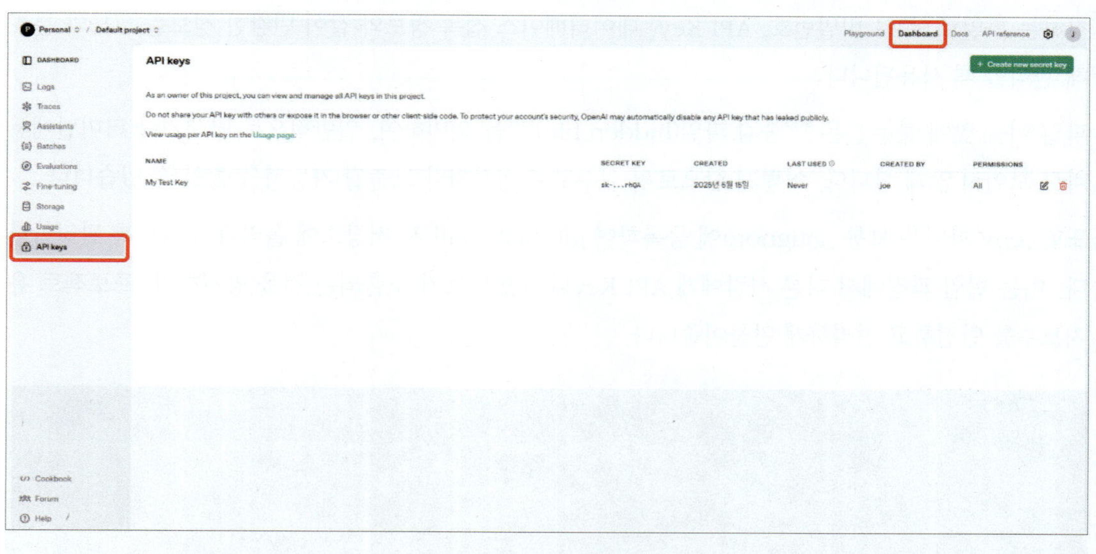

8. " + Create new secret key "를 클릭하여 API Key를 만들 수 있고 쓰레기통 아이콘을 클릭하여 API Key를 지울 수도 있습니다.

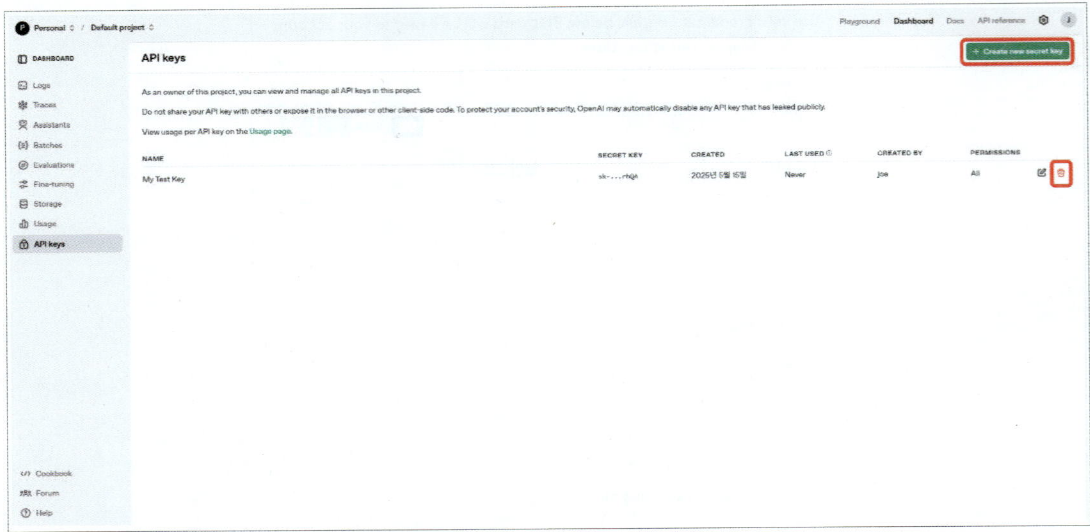

API Key 관리

API Key는 보안과 유지보수의 편의성 때문에 .env 파일에 보관합니다. .env 파일은 환경 변수를 저장하는 파일로, 주로 비밀번호, API Key, 데이터베이스 접속 정보와 같이 민감한 정보를 코드와 분리해 관리할 때 사용됩니다.

파일 이름 앞에 붙는 . 은 **숨김 파일(hidden file)**을 의미하여, 일반적으로 탐색기나 터미널에서 바로 보이지 않게 합니다. 이렇게 함으로써 실수로 수정하거나 노출될 가능성을 줄일 수 있습니다.

또한 .env 파일은 보통 .gitignore에 등록하여 git push/pull 시 저장소에 올라가지 않도록 관리합니다. 이는 협업 과정에서 다른 사람에게 API Key나 비밀번호가 노출되는 것을 방지하며, 프로젝트 유지보수를 안전하고 편리하게 만들어줍니다.

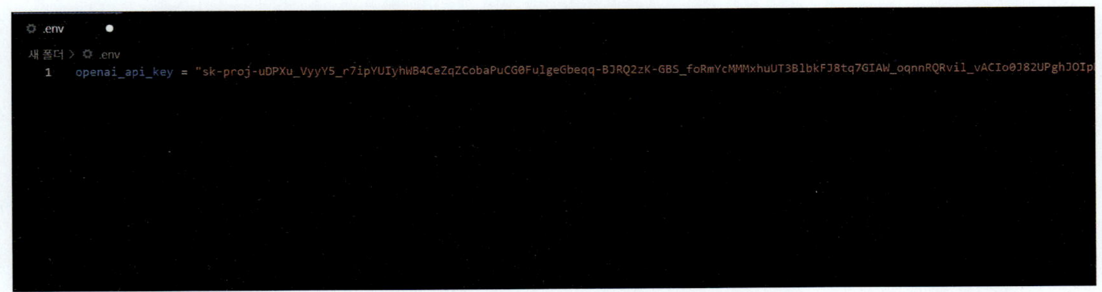

아래 코드를 이용하여 .env에 있는 open_api_key를 불러와서 사용합니다.

```
from dotenv import load_dotenv
import os

load_dotenv()
api_key = os.getenv("open_api_key")
```

OpenAI 라이브러리 설치 코드

```
!pip install openai
```

OpenAI 텍스트 생성 호출 코드

```
import openai

openai.api_key = "YOUR_API_KEY"

response = openai.ChatCompletion.create(
    model="gpt-4",
    messages=[
        {"role": "system", "content": "You are a helpful assistant."},
        {"role": "user", "content": "OpenAI API에 대해 설명해줘."}
    ]
)

print(response["choices"][0]["message"]["content"])
```

OpenAI 임베딩 생성 호출 코드

```
import openai

openai.api_key = "YOUR_API_KEY"

response = openai.Embedding.create(
    model="text-embedding-3-small",
    input="OpenAI API에 대해 설명해줘"
)
print(response['data'][0]['embedding'])
```

2 Gemini API

제미나이 API는 구글이 개발한 생성형 인공지능 모델인 Gemini를 외부 애플리케이션에서 사용할 수 있도록 제공하는 API입니다. 이 API를 통해 사용자는 자연어 텍스트를 생성하거나 요약하고, 질문에 답하거나 코드를 분석하는 등의 다양한 작업을 자동화할 수 있습니다.

Gemini API는 단순한 텍스트 처리뿐 아니라 이미지와 텍스트를 함께 다루는 멀티모달 기능도 제공하며, Python 라이브러리인 google-generativeai를 통해 쉽게 연동할 수 있습니다. API 키를 발급받아 설정한 후, 원하는 입력을 모델에 전달하면 자연스러운 응답 결과를 받아볼 수 있습니다. 개발자는 이를 활용해 챗봇, 요약기, 번역기, 문서 분석기 등 다양한 AI 기반 기능을 빠르게 구현할 수 있습니다.

1. 구글에 " 제미나이 api "를 검색하고 " Gemini API 키 가져오기 "를 클릭합니다.

2. " Google AI Studio에서 Gemini API 키 받기" 버튼을 클릭합니다.

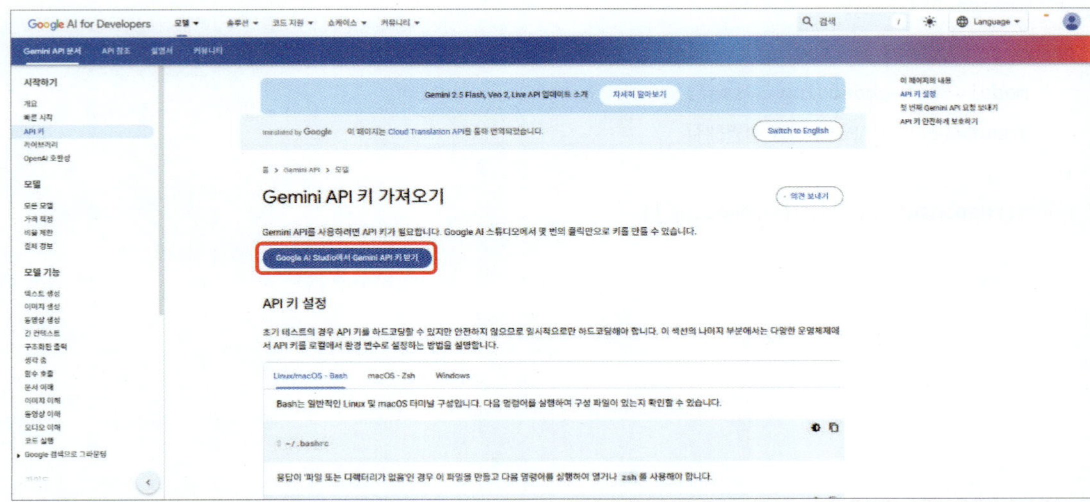

3. Get API key 버튼을 클릭합니다.

4. 오른쪽 상단 " + API 키 만들기 " 버튼을 클릭합니다.

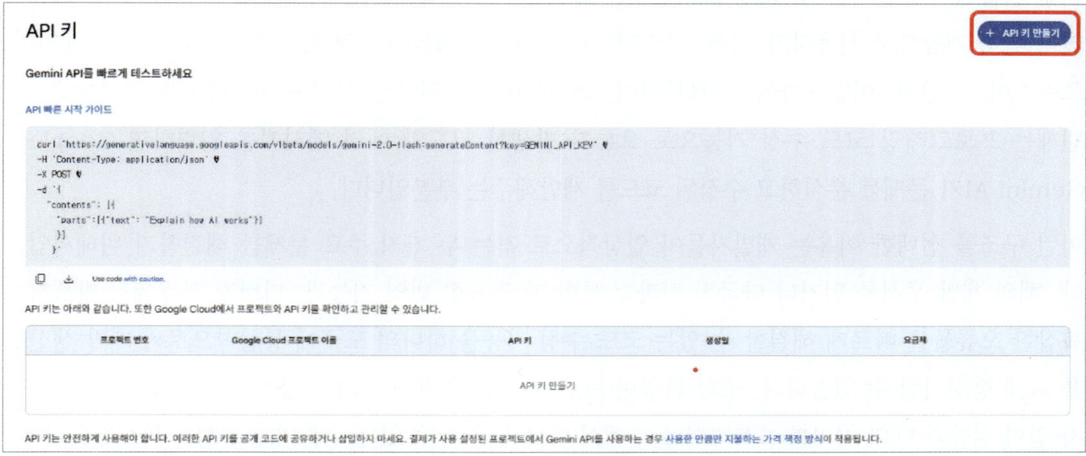

5. API key가 생성된 것을 확인할 수 있습니다.

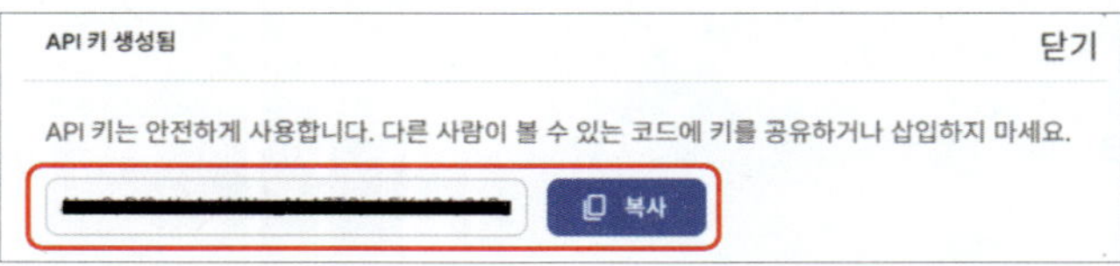

Gemini 라이브러리 설치 코드

```
!pip install google-genai
```

Gemini 텍스트 생성 호출 코드

```
from google import genai

client = genai.Client(api_key="API-KEY")

response = client.models.generate_content(
    model="gemini-2.0-flash", contents="LLM에 대해 알려줘"
)
print(response.text)
```

3 AI API를 활용한 코딩 & 번역 코파일럿 만들기

우선 해당 프로젝트를 구현하기 위한 파일 구조는 다음과 같습니다.

```
copilot/
├── streamlit_env/          # 가상 환경
├── app.py                  # 메인 애플리케이션
├── .env                    # API KEY
└── requirements.txt        # 패키지 목록
```

이번 실습에서 만들어볼 AI 코딩 코파일럿은 크게 두 가지 핵심 기능으로 구성됩니다. 첫 번째는 자연어 번역 기능으로 사용자가 입력한 텍스트를 10개 언어(한국어, 영어, 일본어, 중국어, 스페인어, 프랑스어, 독일어, 이탈리아어, 포르투갈어, 러시아어) 중 원하는 언어로 번역해주는 부분이고, 두 번째는 프로그래밍 코드 수정 기능으로 오류가 발생한 코드와 에러 메시지를 입력하면 Google의 Gemini AI가 문제를 분석하고 수정된 코드를 제안해주는 부분입니다.

이런 구조를 선택한 이유는 개발자들이 일상적으로 겪는 두 가지 주요 문제를 해결하기 위해서입니다. 해외 개발 문서를 읽거나 다국적 팀과 소통할 때 필요한 번역 기능과, 디버깅 과정에서 발생하는 복잡한 오류들을 빠르게 해결할 수 있는 코드 수정 기능을 하나의 도구에 통합함으로써 개발 생산성을 크게 향상시킬 수 있습니다. 또한 환경변수(.env 파일)를 통해 API 키를 안전하게 관리하고, 사용자 입력 검증과 예외 처리를 포함하여 실무에서 바로 사용할 수 있는 수준의 안정성을 확보했습니다.

이번 실습 환경은 다음과 같습니다.

```
streamlit==1.45.1
dotenv==0.9.9
google-genai==1.13
```

환경 설정 및 페이지 구성

```python
import streamlit as st
from google import genai
import os
from dotenv import load_dotenv

# ① 환경 설정: API 키 불러오기 및 페이지 설정
load_dotenv()
api_key = os.getenv("gemini_api_key")

st.set_page_config(page_title="언어 번역 & 코드 수정 코파일럿", layout="wide")
st.title("🤖 코딩 코파일럿 (언어 번역 & 코드 수정)")
```

위 코드는 Gemini AI를 활용한 코딩 코파일럿 애플리케이션의 기본 환경을 설정합니다. 필요한 라이브러리들을 import하는데, streamlit은 웹 앱 구성용, google.genai는 Gemini AI API 사용용, os와 dotenv는 환경 변수 관리용입니다. load_dotenv()를 통해 .env 파일에서 환경 변수를 불러오고, os.getenv()로 Gemini API 키를 안전하게 가져옵니다.

st.set_page_config를 사용하여 페이지 제목을 "언어 번역 & 코드 수정 코파일럿"으로 설정하고 layout="wide"를 통해 넓은 레이아웃을 적용합니다. 이는 코드나 긴 텍스트를 다룰 때 더 나은 사용자 경험을 제공합니다. st.title로 앱의 메인 제목을 설정하여 사용자에게 이 앱이 언어 번역과 코드 수정 기능을 제공하는 AI 코파일럿임을 명확히 전달합니다.

기능 선택 인터페이스

```
# ② 기능 선택: 번역 또는 코드 수정
st.header("1. 작업 선택")
selected_function = st.selectbox(
    "🛠 수행할 작업을 선택하세요",
    ("사람 언어 번역하기", "프로그래밍 코드 수정하기")
)
```

위 코드는 사용자가 원하는 작업을 선택할 수 있는 인터페이스를 구성합니다. st.header를 통해 "1. 작업 선택"이라는 섹션 제목을 설정하고, st.selectbox를 사용하여 드롭다운 메뉴를 생성합니다. 사용자는 "사람 언어 번역하기"와 "프로그래밍 코드 수정하기" 두 가지 옵션 중 하나를 선택할 수 있습니다.

이러한 설계는 하나의 앱에서 다양한 AI 기능을 제공하면서도 사용자 경험을 단순하게 만들어 줍니다. 선택된 값은 selected_function 변수에 저장되어 후속 처리에서 조건부 로직을 실행하는 기준이 됩니다.

조건부 입력 인터페이스

```
# ③ 입력 영역: 선택한 기능에 따라 사용자 입력 받기
if selected_function == "사람 언어 번역하기":
    st.header("2. 번역할 문장 입력")
    user_text = st.text_area("💬 번역할 자연어 문장을 입력하세요", height=200)
    target_language = st.selectbox(
        "🌎 번역할 언어를 선택하세요",
        ("한국어", "영어", "일본어", "중국어", "스페인어", "프랑스어", "독일어", "이탈리아어", "포르투갈어", "러시아어")
    )
```

```
elif selected_function == "프로그래밍 코드 수정하기":
    st.header("2. 수정할 코드 및 오류 메시지 입력")
    user_code = st.text_area("💻 수정할 코드를 입력하세요", height=300)
    error_message = st.text_area("⏳ 발생한 오류 메시지를 입력하세요", height=150, help="전체 오류 로그 중 핵심 오류 메시지를 입력하면 더 정확합니다.")
```

위 코드는 선택된 기능에 따라 다른 입력 인터페이스를 제공하는 조건부 로직을 구현합니다. "사람 언어 번역하기"가 선택된 경우, 번역할 텍스트를 입력받는 텍스트 영역과 목표 언어를 선택하는 드롭다운을 제공합니다. 지원 언어로는 한국어, 영어, 일본어, 중국어, 스페인어, 프랑스어, 독일어, 이탈리아어, 포르투갈어, 러시아어 등 10개 언어를 포함합니다.

"프로그래밍 코드 수정하기"가 선택된 경우에는 수정할 코드를 입력받는 더 큰 텍스트 영역(height=300)과 오류 메시지를 입력받는 별도의 텍스트 영역을 제공합니다. 오류 메시지 입력 필드에는 help 매개변수를 통해 사용자에게 "전체 오류 로그 중 핵심 오류 메시지를 입력하면 더 정확합니다"라는 도움말을 제공하여 더 나은 결과를 얻을 수 있도록 안내합니다.

번역 함수 정의

```
# ④ 함수 정의: Gemini API를 활용한 번역 함수
def translate_text(api_key, text, target_lang):
    client = genai.Client(api_key=api_key)
    prompt = f"""너는 세계 최고의 번역가야. 문맥에 맞게 자연스럽게 번역해줘.
다음 문장을 {target_lang}로 번역해줘:
{text}"""
    response = client.models.generate_content(
        model="gemini-2.0-flash",
        contents=prompt
    )
    return response.text
```

위 코드는 Gemini AI를 활용한 번역 기능을 구현하는 함수를 정의합니다. translate_text 함수는 API 키, 번역할 텍스트, 목표 언어를 매개변수로 받습니다. genai.Client를 사용하여 Gemini API 클라이언트를 초기화하고, 효과적인 번역을 위한 프롬프트를 구성합니다.

프롬프트는 AI에게 "세계 최고의 번역가" 역할을 부여하고 "문맥에 맞게 자연스럽게 번역"하도록 지시합니다. 이러한 역할 설정과 구체적인 지시사항은 AI가 단순한 단어 대 단어 번역이 아닌 문맥을 고려한 자연스러운 번역을 수행하도록 돕습니다. client.models.generate_content를 통해 "gemini-2.0-flash" 모델을 사용하여 번역을 수행하고 결과를 반환합니다.

코드 수정 함수 정의

```
# ⑤ 함수 정의: 코드 수정 기능
def fix_programming_code(api_key, code, error_msg=None):
    client = genai.Client(api_key=api_key)
    # 오류 메시지가 있으면 포함하여 프롬프트 구성
    if error_msg:
        prompt = f"""너는 뛰어난 소프트웨어 엔지니어야. 아래 코드를 오류 메시지를 참고하여 수정하고 최적화해줘.

<수정 대상 코드>
{code}

<오류 메시지>
{error_msg}
"""
    else:
        prompt = f"""너는 뛰어난 소프트웨어 엔지니어야. 다음 코드를 읽고 오류를 수정하고 최적화해줘.

{code}"""

    response = client.models.generate_content(
        model="gemini-2.0-flash",
        contents=prompt
    )
    return response.text
```

다섯 번째 코드는 프로그래밍 코드 수정 기능을 담당하는 함수를 정의합니다. fix_programming_code 함수는 API 키, 수정할 코드, 그리고 선택적으로 오류 메시지를 매개변수로 받습니다. 오류 메시지 유무에 따라 다른 프롬프트를 구성하는 조건부 로직을 포함합니다.

오류 메시지가 제공된 경우에는 코드와 오류 메시지를 모두 포함하여 더 정확한 수정이 가능하도록 하고, 오류 메시지가 없는 경우에는 코드만으로 일반적인 오류 감지 및 최적화를 수행하도록 합니다. AI에게 "뛰어난 소프트웨어 엔지니어" 역할을 부여하여 코드 수정과 최적화 작업을 수행하도록 지시합니다.

실행 및 유효성 검사

```
# ⑥ 실행 버튼: 사용자 요청 실행
if st.button("🚀 작업 실행"):
    # ⑦ 입력값 유효성 검사
    if not api_key.strip():
        st.warning("🔑 API 키를 입력해주세요!")
```

```
elif selected_function == "사람 언어 번역하기" and not user_text.strip():
    st.warning("💬 번역할 문장을 입력해주세요!")
elif selected_function == "프로그래밍 코드 수정하기" and not user_code.strip():
    st.warning("💻 수정할 코드를 입력해주세요!")
else:
    with st.spinner("Gemini가 작업 중입니다... ⏳"):
        try:
```

여섯 번째 코드는 사용자의 작업 실행 요청을 처리하고 입력값의 유효성을 검사하는 로직을 구현합니다. "🚀 작업 실행" 버튼을 클릭했을 때 실행되는 조건부 블록으로, 여러 단계의 검증을 수행합니다.

먼저 API 키가 제대로 입력되었는지 확인하고, 선택된 기능에 따라 필수 입력값들이 모두 제공되었는지 검증합니다. 번역 기능의 경우 번역할 텍스트가, 코드 수정 기능의 경우 수정할 코드가 입력되었는지 확인합니다. 각 검증 단계에서 문제가 발견되면 st.warning을 통해 사용자에게 구체적인 안내 메시지를 제공합니다.

모든 검증을 통과한 경우 st.spinner를 사용하여 "Gemini가 작업 중입니다... ⏳"라는 로딩 메시지를 표시하고 try 블록을 시작하여 실제 AI 작업을 수행할 준비를 합니다.

AI 작업 실행 및 결과 처리

```
# ⑧ Gemini API 호출 및 결과 출력
            if selected_function == "사람 언어 번역하기":
                output = translate_text(api_key, user_text, target_language)
            elif selected_function == "프로그래밍 코드 수정하기":
                output = fix_programming_code(api_key, user_code, error_message)
            else:
                output = "지원하지 않는 기능입니다."
            st.success("✅ 완료되었습니다!")
            st.text_area("📄 결과", output, height=400)
        except Exception as e:
            st.error(f"❌ 오류 발생: {e}")
```

일곱 번째 코드는 실제 AI 작업을 실행하는 핵심 로직을 구현합니다. 선택된 기능에 따라 해당하는 함수를 호출하여 결과를 얻습니다. 번역 기능이 선택된 경우 translate_text 함수를 호출하여 사용자가 입력한 텍스트와 목표 언어를 전달하고, 코드 수정 기능이 선택된 경우 fix_programming_code 함수를 호출하여 코드와 오류 메시지를 전달합니다.

이 부분은 try 블록 내부에 위치하여 API 호출 과정에서 발생할 수 있는 다양한 오류(네트워크 오류, API 한도 초과, 잘못된 API 키 등)를 안전하게 처리할 수 있도록 설계되었습니다. 각 함수 호출의 결과는 output 변수에 저장되어 후속 처리에서 사용자에게 표시됩니다.

프로젝트 폴더에 .env 파일을 만들어 gemini_api_key를 입력해줍니다.

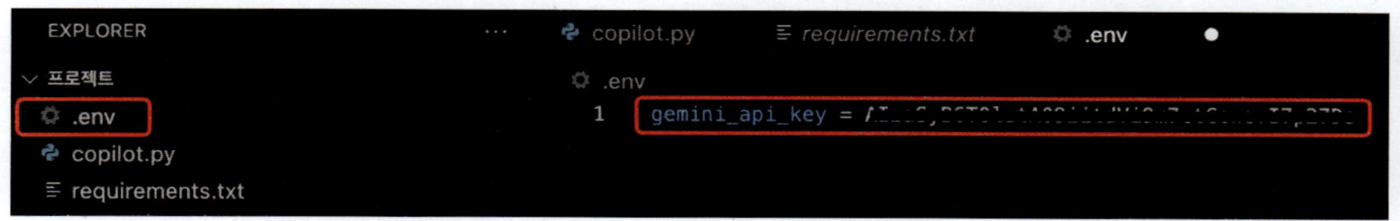

예시 코드 기준으로 파일을 실행시켰을 때 팝업 창에서 다음과 같은 화면을 확인 할 수 있습니다.

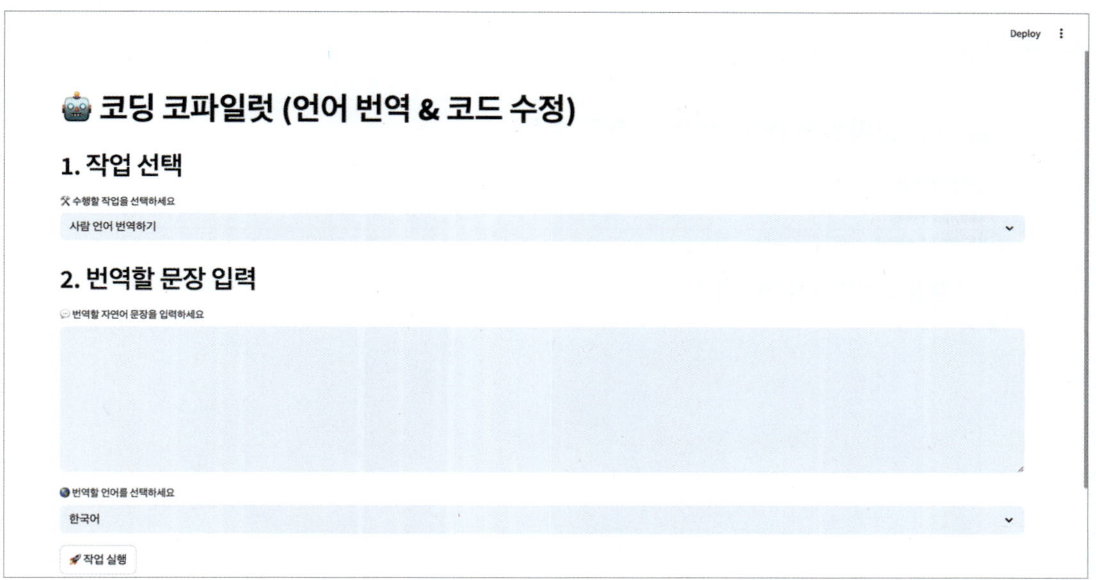

번역할 자연어를 입력하고 번역할 언어를 선택하고 작업 실행을 눌러줍니다.

다음과 같은 답변을 확인할 수 있습니다.

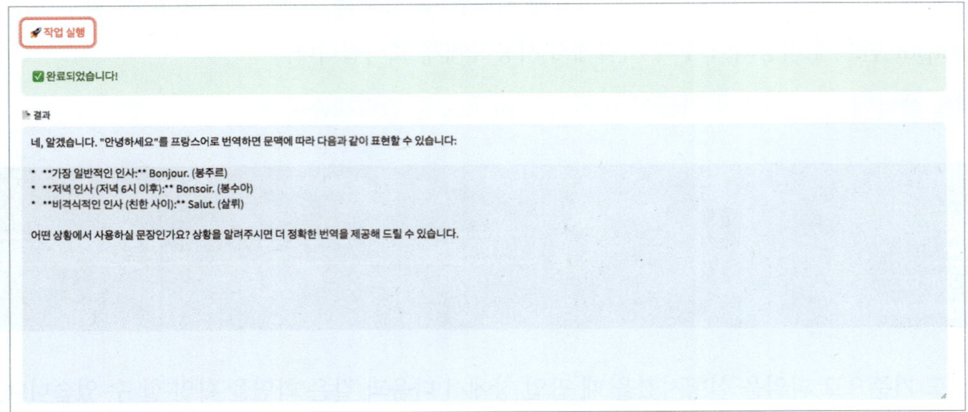

수행할 작업을 선택하세요를 "프로그래밍 코드 수정하기"로 설정합니다.

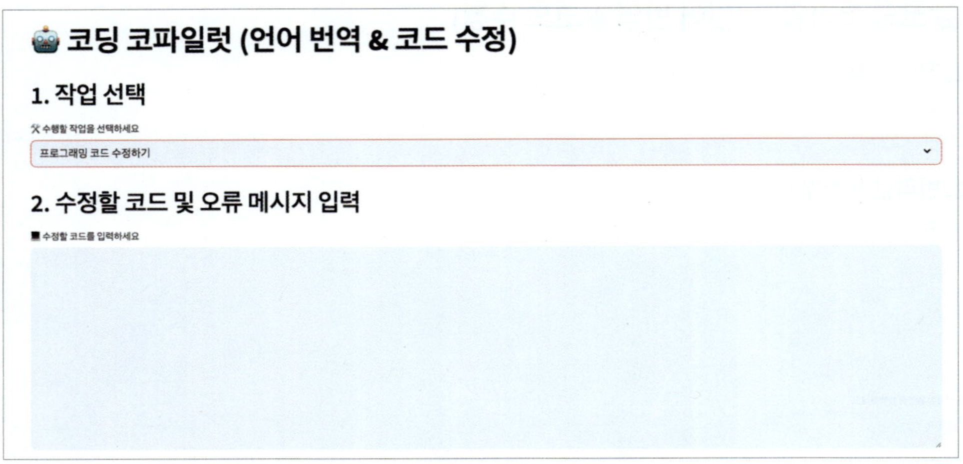

"수정할 코드를 입력하세요" 창에 수정할 코드를 입력해주고 "발생한 오류 메세지를 입력하세요" 창에 오류 메세지를 입력하고 작업 실행 버튼을 클릭합니다.

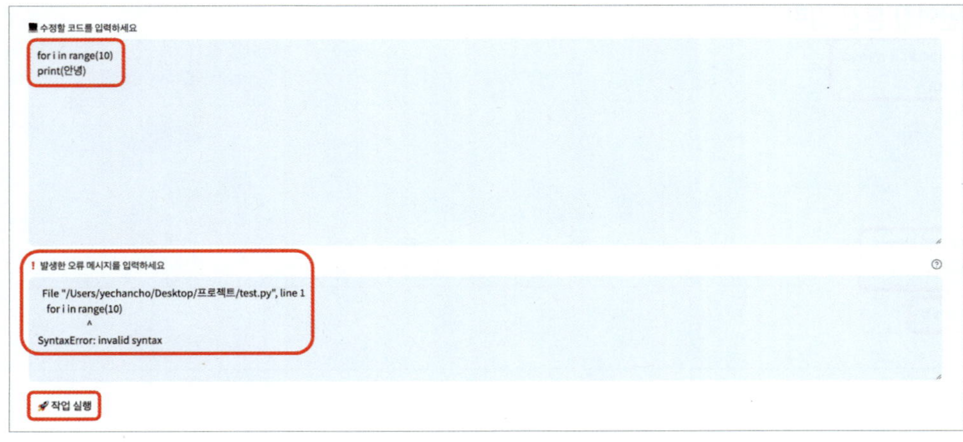

다음과 같은 답변을 확인할 수 있습니다.

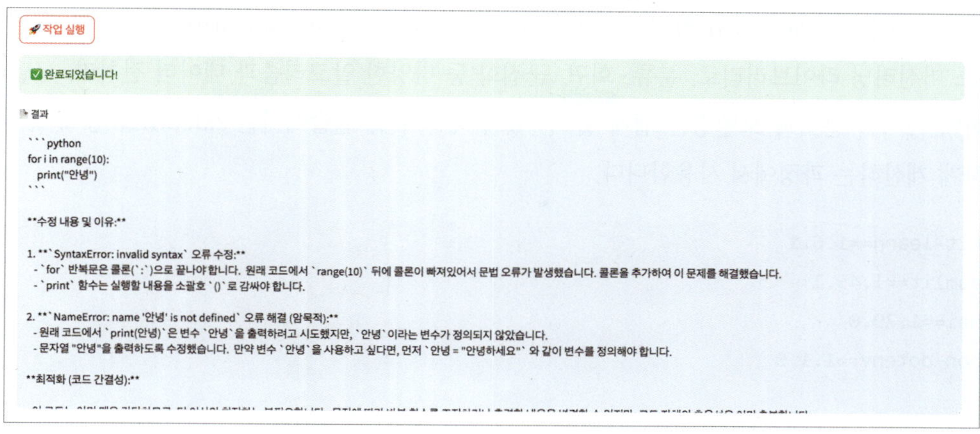

4 미니 프로젝트 5 : 유사도 기반 단어 추리 게임

이번 프로젝트에서는 단어 간 유사도 기반 단어 추리 게임을 만들고자 합니다. 게임은 다음과 같이 진행됩니다. 우선 랜덤하게 유저가 맞춰야할 단어 1개가 선택됩니다. 그럼 유저는 정답이라고 예상되는 단어를 입력합니다. 이후 정답 단어와 유저가 입력한 단어 간의 유사도가 계산되어 유저에게 보여집니다. 이 유사도를 보며 유저는 점점 정답에 가까운 단어를 입력하게 됩니다. 유저가 단어를 맞추면 게임에서 승리합니다.

프로젝트 구조 관리

우선 해당 프로젝트를 구현하기 위한 파일 구조는 다음과 같습니다.

```
├── venv_chpt5/ # 가상 환경
├── data/ # 데이터 파일
│   ├── words_dataset.txt
│   └── words_vectors.pkl
├── preprocess/ # 데이터 전처리
│   └── get_vectors.py
├── web.py # 웹 페이지
└── requirements.txt
```

위 파일들의 내용을 간단하게 살펴보면 data 폴더의 txt 파일은 위 파일들의 내용을 간단하게 살펴보면 data 폴더의 txt 파일은 게임에서 활용할 단어들로, 본 책에서는 한글 단어가 존재하는 텍스트 파일입니다. 해당 데이터를 get_vectors.py로 데이터 전처리를 진행하여 words_vectors.pkl 파일을 생성합니다. 처리된 pkl 파일은 streamlit으로 구현된 웹 페이지인 web.py에서 사용됩니다.

실습 환경

이번 실습에서는 scikit-learn 라이브러리를 다룹니다. scikit-learn(sklearn) 은 파이썬 기반의 오픈 소스 머신러닝 라이브러리로, 분류, 회귀, 군집화 등 다양한 알고리즘과 데이터 전처리, 모델 평가 제공하여 데이터 분석과 모델링을 쉽게 할 수 있게 해줍니다. 실습에서는 sklearn을 통해 유사도를 간단하게 계산하는 과정에서 사용합니다.

```
scikit-learn==1.6.1
streamlit==1.45.1
openai==1.79.0
python-dotenv==1.1.0
```

텍스트 데이터 전처리

data폴더 내의 words_dataset.txt 파일로 존재하는 텍스트 데이터는 국립국어원에서 제공하는 한국어 학습용 어휘 목록입니다. 실습에서는 해당 단어 목록에서 명사만 사용하며, 동음이의어는 단어의 중복으로 간주하여 1개만 남겨두었습니다. txt 파일내 단어 데이터는 아래와 같이 존재합니다.

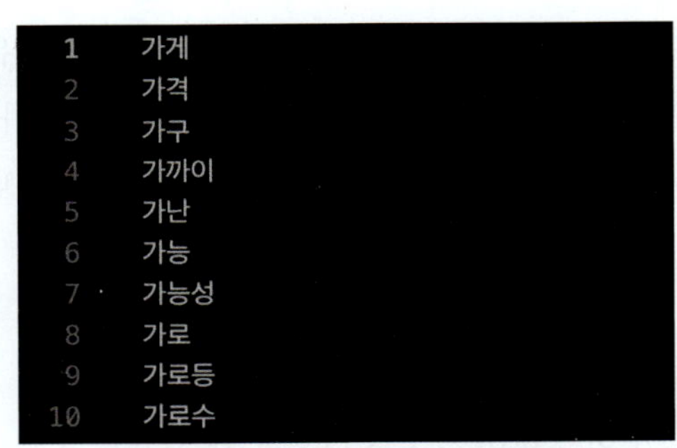

그림 4-1 한글 단어 데이터 셋의 일부 (words_dataset.txt)

우선은 이 한글 단어 텍스트들을 임베딩 해야합니다. 임베딩이란 다양한 데이터를 컴퓨터가 이해할 수 있도록 고정된 크기의 숫자 벡터로 변환하는 과정 또는 그 결과를 의미합니다. 이번 실습에서 컴퓨터가 자연어(한국어)를 이해할 수 있도록 임베딩을 통해 각 단어를 고차원 공간의 점으로 표현하면, 두 단어의 의미적 유사성을 벡터 간 거리로 수치화할 수 있어 유사도 게임에서 정답과 제시어의 유사도를 정확하게 비교할 수 있습니다.

실습 코드에서 전처리 코드는 preprocess 폴더 내, get_vecors.py 파일로 존재합니다.

필요한 라이브러리 import 및 환경 변수 설정

```
import os
```

```python
import pickle
import unicodedata
import re
from typing import Set
import time
from openai import OpenAI
from dotenv import load_dotenv

# ① OpenAI 클라이언트 인스턴스화
load_dotenv()
client = OpenAI(api_key=os.getenv("OPENAI_API_KEY"))
```

우선 필요한 라이브러리를 import를 통해 불러와 합니다. 이 중 주요한 라이브러리를 살펴보겠습니다.

- pickle은 파이썬에서 만든 리스트나 딕셔너리 같은 데이터를 파일로 저장하거나, 저장된 파일에서 다시 불러올 수 있게 해주는 표준 라이브러리입니다. 대용량 데이터나 복잡한 자료구조를 손쉽게 저장하고 불러올 때 많이 사용합니다. 우리는 pickle을 이용하여 임베딩된 다수의 단어 벡터를 저장합니다.
- typing은 type hint(타입 힌트) 즉 데이터의 자료형을 명시할 수 있도록 해주는 표준 라이브러리입니다. 타입 힌트를 통해 코드의 가독성과 명확성을 향상시키고 오류 예방에 도움됩니다.

앞선 실습들과 동일하게 .env파일에 OpenAI API 키를 저장해주세요. 이후에는 단어를 임베딩하고, 임베딩한 단어들의 정보를 저장하기 위해 필요한 함수들을 정의합니다.

한글 단어 로딩

```python
# ② 한글 단어 여부 확인 함수
def is_hangul(text) → bool:
    return bool(re.match(r'^[\u3130-\u318F\uAC00-\uD7A3]+$', text))
```

is_hangul 함수는 입력된 문자열이 한글로만 이루어져 있는지 정규표현식으로 판별하며 띄어쓰기, 숫자, 특수문자가 포함된 단어는 모두 제외됩니다.

함수내에 사용된 re.match( )는 파이썬의 re(정규표현식) 모듈에서 제공하는 함수로 문자열의 "처음부터" 정규표현식 패턴이 일치하는지 검사합니다. 첫 번째 인자에 정규표현식 패턴을 넣고, 두 번째 인자에 검사할 문자열(text)을 넣습니다. 만약 문자열의 시작 부분이 패턴과 일치하면 Match 객체를 반환하고, 불일치하면 None을 반환합니다.

이후 bool( )이 그 결과를 True(한글만 있을 때) 또는 False(한글 이외의 문자가 있을 때)를 반환합니다.

```python
# ③ 단어 txt파일 로드
def load_dic(path: str) → Set[str]:
        rtn = set()
        with open(path, 'r', encoding='utf-8') as f:
                for line in f.readlines():
                        word = line.strip()
                        word = unicodedata.normalize('NFC', word)
                        if is_hangul(word):
                                rtn.add(word)
        return list(rtn)
```

load_dic 함수는 파일 경로를 문자열로 입력받고 해당 파일 경로에서 한 줄씩 단어를 읽어, 한글 단어만 선별하여 리스트로 반환합니다. 한글 단어만 선별하는 작업은 이전에 정의했던 is_hangul 함수를 사용합니다.

위 코드에서 → Set[str]는 타입 힌팅에 대한 내용으로 함수의 반환값이 파이썬의 각 원소로 str(문자열)자료형을 가지고 있는 set자료형임을 명시합니다. 파이썬의 set 자료형은 중복을 허용하지 않고, 순서가 없는 데이터 집합을 저장하는 내장 자료형입니다. 중복을 허용하지 않는 set 자료형의 특징을 이용하여 중복 단어를 자동으로 제거합니다.

load_dic 함수에서 주요하게 살펴볼 다음 코드는 with문 입니다. 파이썬의 with문 파일, 데이터베이스, 네트워크 연결 등과 같이 사용이 끝난 뒤 반드시 정리(해제, 닫기 등)해야 하는 자원을 안전하고 간결하게 관리할 수 있도록 도와주는 구문입니다.

readlines( )를 통해 파일에 존재하는 데이터(단어)를 한줄씩(하나씩) 읽어오고, strip( )로 단어 앞뒤 공백을 제거합니다. 이후 파이썬의 unicodedata 라이브러리를 이용해 문자열(word)을 NFC(Normalization Form C) 방식으로 정규화(normalize)하여 동일한 글자가 항상 같은 방식으로 저장 · 비교될 수 있도록 해줍니다.

단어 임베딩

```python
# ④ OpenAI API를 통한 벡터 생성 함수
def get_embedding(word, model="text-embedding-3-small"):
        response = client.embeddings.create(
                input=word,
                model=model,
                dimensions = 10
        )
        return response.data
```

get_embedding 함수는 이 함수는 입력된 단어나 문장(word)을 OpenAI의 임베딩(Embedding) API를 통해 벡터(숫자 배열)로 변환해 줍니다. word는 임베딩을 생성할 입력값(단어나 문장, 또는 리스트)이며, model은 사용할 임베딩 모델 이름으로 OpenAI에서 API로 제공하고 있는 텍스트 임베딩 모델명을 작성합니다. dimensions은 임베딩 벡터의 차원 수이며, 함수의 반환값은 OpenAI API에서 반환된 임베딩 데이터(response.data) 입니다.

이 함수를 통해서 임베딩된 단어 정보와 기존 한국어 단어를 함께 딕셔너리로 저장하기 위해 아래의 create_word_vector_dict 함수를 정의합니다.

```
# ⑤ 단어 벡터 딕셔너리 생성
def create_word_vector_dict(word_list):
        word_vecs = {}
        emb_vectors = get_embedding(word_list)
        for idx,vec in enumerate(emb_vectors):
                if vec is not None:
                        word_vecs[word_list[idx]] = vec.embedding
        return word_vecs
```

create_word_vector_dict 함수는 입력된 단어 리스트(word_list)의 각 단어에 대해 임베딩 벡터를 생성하고, 이를 {단어: 벡터} 형태의 딕셔너리로 반환합니다. 앞서 정의했던 get_embedding(word_list)를 호출해, 단어 리스트 전체의 임베딩 벡터를 한 번에 요청합니다.

enumerate함수는 리스트, 튜플, 문자열 등 반복 가능한 객체를 순회할 때, 각 요소와 함께 그 요소의 인덱스도 함께 반환해주는 내장 함수입니다. 반환된 임베딩 벡터 리스트(emb_vectors)를 순회하며, if문으로 벡터가 None이 아닌 경우에만 각 단어(word_list[idx])와 그 임베딩(vec.embedding)을 딕셔너리에 저장합니다.

임베딩 단어 정보 저장

```
# ⑥ 벡터를 파일로 저장
def save_word_vectors(word_vecs, save_path):
        with open(save_path, 'wb') as file:
                pickle.dump(word_vecs, file)
        print(f"☑ 단어 벡터가 '{save_path}'에 저장되었습니다.")
```

save_word_vectors 함수는 단어와 임베딩 벡터로 이루어진 딕셔너리(word_vecs)를 지정한 경로(save_path)에 바이너리 파일로 저장합니다. open(save_path, 'wb')는 저장할 파일을 바이너리(컴퓨터가 읽는 형태)로 새로 엽니다. pickle.dump(word_vecs, file)는 파이썬의 딕셔너리 자료를 파일에 그대로 저장할 수 있게 바꿔서 넣어줍니다. 파일 저장이 끝나면 어디에 저장됐는지 터미널 창에 텍스트가 출력되어 알 수 있습니다.

정의한 함수 호출

```
# 파일 경로 설정
wordlist_path = '../data/words_dataset.txt'
save_path = '../data/words_vectors.pkl'
# 실행
print("📥 단어 사전 로딩 중...")
normal_words = load_dic(wordlist_path)
print(f"총 {len(normal_words)}개의 한글 단어 로드 완료.")

print("🔍 임베딩 벡터 생성 중 (OpenAI API 사용)...")
word_vecs = create_word_vector_dict(normal_words)
print("💾 벡터 저장 중...")
save_word_vectors(word_vecs, save_path)

print("완료")
```

한국어 단어가 존재하는 텍스트 파일을 로드해오고, 임베딩하여 파일로 저장하는 함수들을 정의했습니다. 위 코드는 정의한 함수들을 호출하여 사용하는 코드입니다.

파이썬 파일 실행

함수를 정의하고 호출하는 코드를 파이썬 파일(.py)로 작성했다면 파이썬 파일을 저장하고, 실행(run)시켜 한국어 단어들과 임베딩 벡터를 딕셔너리 자료형으로 저장한 pickle 파일을 생성합니다.

파이썬 파일을 저장했다면, 실행을 위해 터미널 창에서 아래의 명령어를 작성합니다.

```
python get_vectors.py
```

위 코드를 통해 파이썬 파일이 정상적으로 실행되었다면 data 폴더 내에 words_vector.pkl 파일이 생성되었습니다.

웹 페이지 구현

웹 페이지는 다른 프로젝트처럼 Streamlit을 통해 구현되며, 실습 코드에서는 web.py 이름의 파일로 다루고 있습니다. 구현할 웹 페이지는 아래와 같습니다.

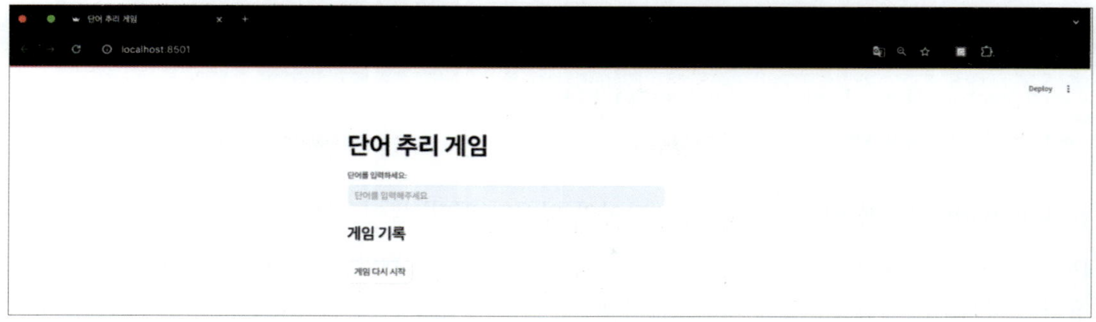

그림 4-2 구현한 웹 페이지 (web.py)

앞서 get_vetors.py을 통해 임베딩된 한국어 단어 벡터를 얻었습니다. 이후 웹 페이지에서 유저가 입력한 단어에 대한 임베딩 벡터와 정답 단어 벡터 간의 유사도를 계산해야합니다. 계산한 유사도는 유저에게 게임 기록으로 보여줄 예정이며, 정답을 맞추거나 '게임 다시 시작' 버튼을 누르면 정답 및 게임 기록을 초기화합니다.

필요한 라이브러리 import 및 환경 변수 설정

```
import streamlit as st
import pickle
import random
import pandas as pd
import numpy as np
from sklearn.metrics.pairwise import cosine_similarity
```

이 실습에서는 각 단어의 임베딩 벡터 간 유사도를 코사인 유사도를 기준으로 계산합니다. 코사인 유사도는 두 벡터가 이루는 각의 코사인 값을 이용해, 벡터 간의 유사도를 −1~1 사이의 값으로 정량적으로 측정할 수 있게 해줍니다. 코사인 유사도(Cosine similarity)를 계산하는 함수는 사이킷런(Scikit Learn) 라이브러리에서 제공하고 있습니다.

데이터 로딩

```
# ① 단어 벡터 딕셔너리 로드 함수
def load_word_vectors(pickle_path):
        with open(pickle_path, 'rb') as file:
                return pickle.load(file)
```

단어간 유사도를 계산하기 위해 지정한 경로(pickle_path)의 파일에서 open( )을 통해pickle로 저장된 단어 벡터 데이터를 읽어옵니다. 이후 load( )로 우리가 저장할때 명시했던 파이썬 객체인 딕셔너리로 복원하여 반환받습니다.

```
# ② 단어 임베딩 정보 및 단어 가져오기
pickle_path = './data/words_vectors.pkl'
word_vector_dict = load_word_vectors(pickle_path)
words =list(word_vector_dict.keys())
```

pickle_path 변수에 이용하여 '단어 : 단어의 임베딩 벡터' 쌍에 대한 딕셔너리가 저장되어있는 pickle 파일의 경로를 저장합니다. 해당 경로를 통해 위에서 정의한 load_word_vectors 함수를 이용하여 단어와 임베딩 벡터들을 가지고옵니다. 딕셔너리에 keys()를 통해서 딕셔너리의 키인 한국어 단어들만 words 변수에 저장합니다.

페이지 및 제목 설정

아래의 탭의 내용과 제목을 설정하고자 합니다. 설정 코드는 앞서 살펴본 함수에 대한 내용이므로 간단히 코드만 소개드리겠습니다.

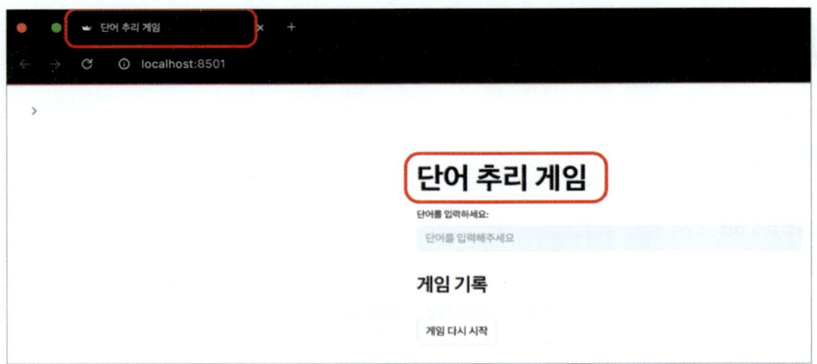

그림 4-3 페이지 및 타이틀 설정

```
# ③ 페이지 설정 및 제목 설정
st.set_page_config(
        page_title="단어 추리 게임",
        layout="centered"
        )
st.title("단어 추리 게임")
```

입력창 초기화 함수

아래의 입력창에서 유저가 단어를 입력하고 엔터키를 누르거나 옆의 '입력'버튼을 누르면 입력창에는 입력한 단어가 사라지며 초기화하고자 합니다. 그리고 유저가 입력한 단어는 다른 변수에 저장해두고, 이후 유사도 계산 및 게임 기록 시각화 과정에서 사용합니다.

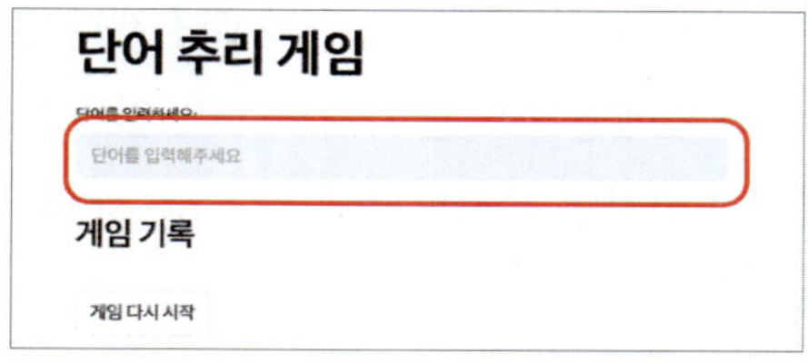

그림 4-4 단어 입력창

```
# ④ 유저의 입력(단어 정보) 제어
# 입력창 초기화
def submit():
    st.session_state.user_input = st.session_state.input_box
    st.session_state.input_box = ""
```

Streamlit 앱은 기본적으로 stateless 구조라서, 사용자가 입력하거나 버튼을 클릭할 때마다 전체 스크립트가 처음부터 다시 실행됩니다. 이 때문에 변수에 저장한 값이 매번 초기화되어, 사용자의 입력이나 이전 결과를 계속 유지하기 어렵습니다. 하지만 해당 실습에서는 사용자의 입력값인 단어, 랜덤하게 추출해둔 정답 단어등의 정보를 한 게임이 진행되는 동안에는 계속 저장해두어야 합니다.

때문에 st.session_state를 사용합니다. Streamlit에서 앱 실행 중에 변수의 값을 저장하고, 사용자의 상호작용(입력, 버튼 클릭 등) 이후에도 그 값을 유지할 수 있게 해주는 저장 공간입니다. st.session_state는 딕셔너리처럼 동작하는 객체로 원하는 값을 키-값 쌍으로 저장할 수 있습니다.

위 submit( ) 함수는 text_input( )에서 사용할 함수로, 유저가 입력창에 단어를 입력하고 제출하면 동작합니다. text_input으로 유저가 입력한 단어는 input_box라는 키에 저장되어 있으며 이를 user_input이라는 세션 상태 변수에 저장합니다. 이후 st.session_state.input_box를 빈 문자열로 바꿔 text_input (입력창)을 초기화하여 다음 입력을 받을 준비를 합니다.

유사도 계산 함수 정의

구현할 웹 페이지는 유저가 입력한 단어와 정답 단어 간의 유사도를 계산합니다.

```
# ⑤ 단어 간의 유사도를 계산하는 함수
def calculate_similarity(guess, target, word_vecs):
    # 새로운 단어와 랜덤 단어의 벡터를 가져오기
    guess_word_vec = word_vecs.get(guess)
    target_word_vec = word_vecs.get(target)
    # 코사인 유사도 계산
    similarity = cosine_similarity([guess_word_vec], [target_word_vec])
    # -1에서 1 사이의 유사도를 0에서 100 사이로 변환
    similarity = (similarity + 1) * 50
    return similarity[0][0]
```

calculate_similarity 함수는 두 단어(guess, target)의 임베딩 벡터를 가져와 코사인 유사도를 계산합니다. get( )을 사용해 두 단어의 임베딩 벡터를 가져오므로, 없는 단어일 때 KeyError가 발생하지 않습니다. 가져온 임베딩 벡터간의 코사인 유사도 값을 cosine_similarity( )를 통해서 구합니다. 기존 반환값인 유사도 값은 −1~1 범위를 가지지만, 유저가 유사도를 직관적으로 알 수 있도록 0~100 범위로 변환해 반환합니다.

게임 내 정보 초기화

게임이 시작되기 전에 정답 단어, 유저의 입력 단어, 유저가 맞추고자 시도했던 단어들 (게임 기록), 화면에 노출할 메세지 (정답 여부, 과거 시도 여부 등)에 대한 정보들을 가지고 있을 변수들을 초기화합니다.

```
# ⑥ 세션 상태 초기화 (게임 상태 유지를 위해)
# 정답 단어 정보 초기화
if 'target_word' not in st.session_state:
    # 정답 단어 랜덤 추출
    st.session_state.target_word = random.choice(words)
    st.session_state.guesses = []
    st.session_state.messages = ""
    # 유사도 저장을 위한 딕셔너리 추가
    st.session_state.similarities = {}
    # 단어 입력 순서 저장
    st.session_state.order_counter = 0
# 유저 입력 상태 초기화
if "user_input" not in st.session_state:
    st.session_state.user_input = ""
```

정답 단어 (target−word)가 현재 세션인 한번의 게임 과정에서 존재하지 않을 경우, 임베딩을 진행했던 한국어 단어들이 저장되어 있는 words 리스트에서 무작위로 선택해 저장합니다. guesses는 유저가 입력한 단어(추측)들을 저장하는 리스트입로 빈 리스트로 초기화됩니다. messages는 게임 진행 중 사용자에게 보여줄 메시지(예: 안내, 정답 여부 등)로 빈 문자열로 초기화됩니다. similarities는 유저의 각 추측 단어와 정답 단어 간의 유사도를 저장하는 딕셔너리로 빈 딕셔너리로 초기화됩니다. order_counter는 단어 입력 순서가 저장되며 0으로 초기화됩니다. 이후 유사도를 기준으로 단어들이 정렬될 때 사용됩니다.

user_input은 앞서 submit( )에서 살펴봤듯이 입력창과 연동되어 유저의 현재 입력값을 저장하는 변수로 빈 문자열로 초기화됩니다.

입력창 구현

입력창은 이전 프로젝트에서 많이 다뤘던 st.text_input( ) 함수를 사용하고 있습니다.

```
# ⑦ 유저의 입력 (단어 정보) 제어
st.text_input(
        "단어를 입력하세요:",
        value=" ", # 항상 빈 값으로 시작
        placeholder="단어를 입력해주세요",
        key="input_box",
        on_change=submit
)
```

text_input( )에서 사용하고 있는 매개변수의 내용은 다음과 같습니다. value는 입력창에 기본으로 표시되는 값입니다. 여기서는 항상 빈 문자열로 초기화되어, 입력창이 비어있는 상태로 시작합니다. placeholder는 입력창에 값이 없을 때 희미하게 나타나는 안내 문구입니다. 사용자가 어떤 내용을 입력해야 하는지 힌트를 줍니다. key는 Streamlit의 세션 상태에서 이 입력창의 상태를 관리하기 위한 고유 키입니다. 이 키를 통해 입력값이 st.session_state.input_box에 저장되고, 앱 상태가 유지됩니다. on_change는 사용자가 입력창에서 엔터를 누르거나 입력이 변경되어 제출할 때 호출되는 콜백 함수입니다. 여기서는 앞서 정의한 submit( ) 함수가 실행되어 입력값을 처리하고, 입력창을 초기화합니다.

유사도 계산 및 결과 웹 페이지 반영

구체적으로 구현하고자 하는 웹 페이지의 화면은 다음과 같습니다.

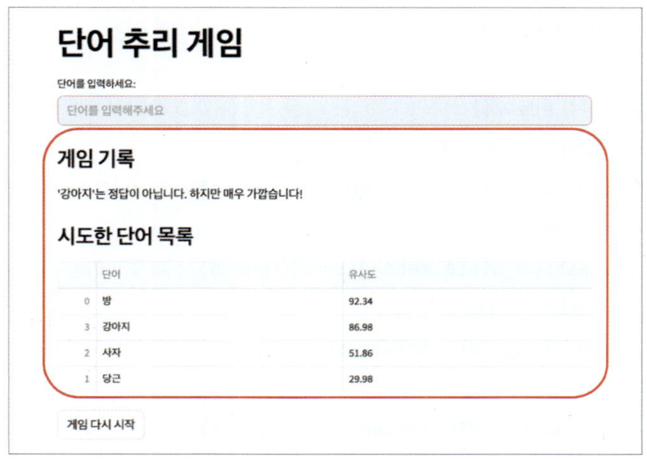

그림 4-5 유사도 정보가 반영된 웹 페이지

정의한 calculate_similarity( )를 통해서 유저가 입력한 단어의 임베딩 벡터와 정답 단어의 임베딩 벡터간의 유사도를 계산합니다. 이때 유저가 입력한 단어에 따라 힌트 문자열을 출력합니다. 또한 계산된 유사도는 단어와 함께 표 형태로 유사도 값에 따라 정렬되어 웹 페이지에 노출됩니다.

```
# ⑧ 입력한 단어와 정답 단어간의 유사도 계산 및 결과 확인
user_text = st.session_state.user_input
if user_text:
        # 입력한 단어 공백 제거 처리
        guess = user_text.strip()

        if guess in st.session_state.guesses: # 이미 입력했던 단어 처리
                st.session_state.messages=f"'{guess}'는 이미 시도한 단어입니다."
        elif guess not in word_vector_dict: # 유사도 계산할 수 없는 단어 처리
                st.session_state.messages=f"'{guess}'는 단어장에 없는 단어입니다."
        else:  #유사도 계산 및 결과 확인
                st.session_state.order_counter+=1
                # 유사도 계산
                similarity = calculate_similarity(guess,
                                st.session_state.target_word, word_vector_dict)
                # streamlit session 내 단어와 유사도 저장
                st.session_state.guesses.append(guess)
                st.session_state.similarities[guess] = {
                                "order": st.session_state.order_counter,
                                "similarity": similarity
                                }
                if guess == st.session_state.target_word:
                        st.session_state.messages = f"🎉 정답입니다! '{guess}'를 맞추셨습니다!"
                        st.balloons()
                else:
                        # 간단한 힌트 제공
                        if similarity > 0.7:
                        st.session_state.messages = f"'{guess}'는 정답이 아닙니다. 하지만 매우 가깝습니다!"
                        elif similarity > 0.5:
                        st.session_state.messages = f"'{guess}'는 정답이 아닙니다. 하지만 꽤 가깝습니다."
                        elif similarity > 0.3:
                        st.session_state.messages = f"'{guess}'는 정답이 아닙니다. 어느 정도 가깝습니다."
                        else:
                        st.session_state.messages = f"'{guess}'는 정답이 아닙니다. 많이 멀었습니다."
        # #입력창 초기화
        st.session_state.user_input = ""
```

맨 처음 코드는 user_text 변수에 text_input에서 받아온 유저의 입력 단어 정보를 저장하는 내용입니다. 이후 if user_text 조건문을 통해 입력 단어 존재 여부를 확인합니다. 존재한다면 True가 되어서 guess 변수에 strip( )을 이용하여 user_text 변수에 저장된 문자열에서 앞과 뒤에 존재하는 공백을 제거하여 저장합니다. 이는 유저가 단어 입력시 실수로 작성한 공백을 처리하기 위함입니다. 이후 다음 if문을 통해서 입력된 단어에 대해 이전 시도 여부, 임베딩 벡터 존재 여부, 유사도 계산 등을 수행합니다.

이후 아래 웹 페이지의 화면에서 유저가 입력한 단어가 이미 시도했던 단어이거나, 단어의 임베딩 벡터값이 없는 단어라면 웹 페이지에서 각 상황에 맞는 문자열을 출력합니다. 이를 위해 if–elif–else 문을 사용합니다.

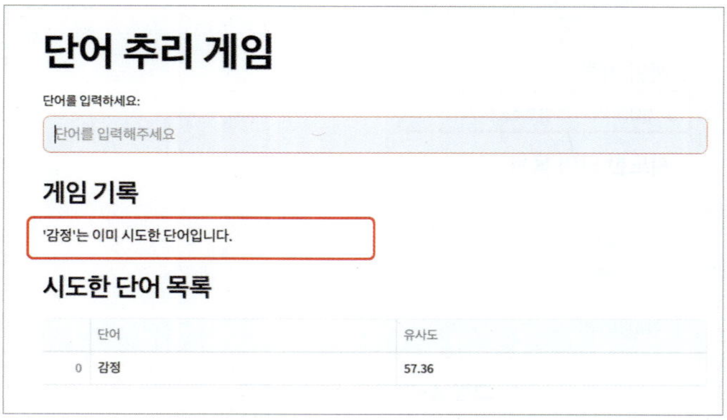

	단어	유사도
0	감정	57.36

그림 4-6 힌트 문자열 출력

- if guess in st.session_state.guesses:

  guesses는 유저가 이미 시도했던 단어를 저장해놓는 리스트입니다. 즉 유저가 해당 단어를 다시 입력했는지 확인합니다. 만약 이전에 입력한 적이 있는 단어라면, "이미 시도한 단어입니다."라는 메시지를 세션 상태(messages)에 저장합니다. 이렇게 하면 중복된 시도를 방지하고, 사용자에게 명확한 피드백을 줄 수 있습니다.

- elif guess not in word_vector_dict:

  word_vector_dict는 pickle 파일을 로딩해와 저장해놓은 변수로 {단어:임베딩 벡터}로 존재하는 딕셔너리입니다. 유저가 입력한 단어가 임베딩 벡터 딕셔너리(단어장)에 없는 경우를 처리합니다. 단어장에 없는 단어라면 유사도 계산이 불가능하므로, "단어장에 없는 단어입니다."라는 안내 메시지를 제공합니다. 이를 통해 잘못된 입력이나 오타에 대한 안내가 가능합니다.

- else:

  위의 두 조건(중복 입력, 단어장 미포함)이 모두 아니라면, 즉 새롭고 유효한 단어를 입력한 경우에 실행됩니다. 여기서는 먼저 단어의 인덱스 값(order_counter)을 1 증가시키고, 정의했던 calculate_similarity 함수로 입력 단어와 정답 단어의 임베딩 벡터 간 유사도를 계산합니다. guesses 리스트에 단어(guess)를 저장하여 위 if문에서 중복 시도를 확인합니다. 그리고 similarities 딕셔너리 세션 상태에 계산된 유사도(similarity)와 인덱스(order_counter)를 저장합니다. similarities의 정보는 게임 기록과 힌트 제공에 활용합니다.

else문을 통해 유사도를 계산했다면 다음 if문을 통해서 정답 여부를 확인합니다. 정답이라면 아래 그림 4-8과 같은 문자열이 출력되며 풍선 효과가 나타납니다. 만약 정답이 아닐 경우에는 유사도 값에 따라 출력되는 문자열이 다릅니다.

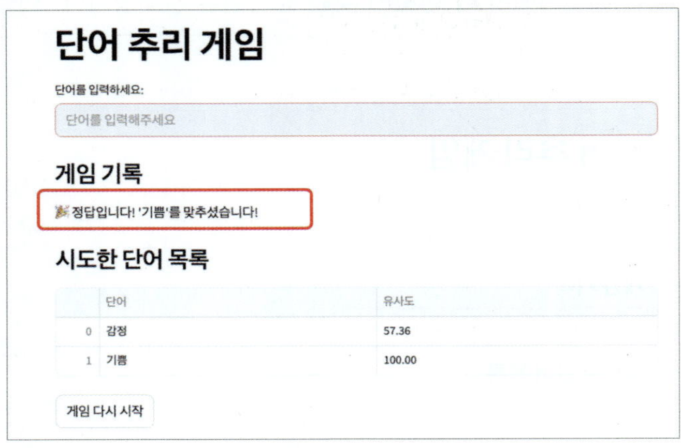

그림 4-7 정답 문자열 출력

- if guess == st.session_state.target_word:

  입력한 단어(guess)가 정답 단어(target_word)와 정확히 일치하는 경우를 처리합니다. 정답 메시지를 출력하고, Streamlit의 st.balloons( ) 함수를 호출해 시각적 축하 효과도 제공합니다. 이로써 사용자는 정답 여부를 명확하게 인지할 수 있습니다.

- else:

  입력한 단어가 정답이 아닌 경우, 유사도 점수에 따라 단계별로 힌트 메시지를 제공합니다. 유사도가 높을수록(0.7 초과) "매우 가깝다", 0.5~0.7는 "꽤 가깝다", 0.3~0.5는 "어느 정도 가깝다", 그 이하라면 "많이 멀었다"는 식으로 피드백을 줍니다.

- st.session_state.user_input = " "

  모든 입력 처리 후에는 유저의 입력값을 빈 문자열로 초기화하여, 다음 입력을 받을 준비를 합니다. 이렇게 하면 사용자가 연속적으로 단어를 입력할 때 불편함 없이 게임을 진행할 수 있습니다.

게임 기록 시각화

사용자가 시도한 모든 단어와 각각의 유사도를 표 형태로 웹 페이지에 구현합니다. 기존에 사용하였던 pandas 라이브러리와 st.dataframe( )을 사용합니다.

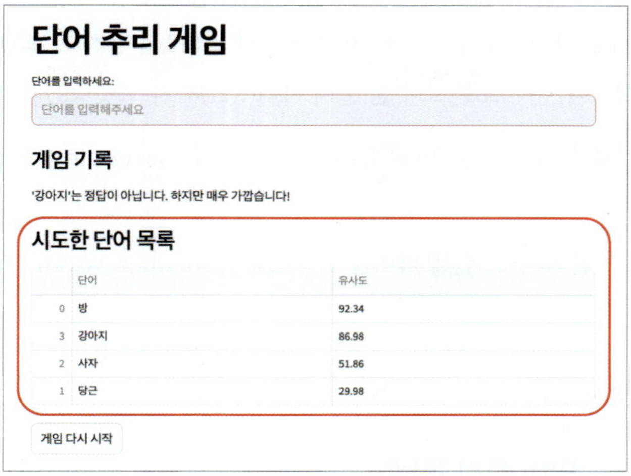

그림 4-8 단어와 유사도 표

```
# ⑨ 게임 기록 시각화
# 텍스트 표시 공간
st.subheader("게임 기록")
st.text(st.session_state.messages)

# 시도한 단어 목록을 표 형태로 시각화
if st.session_state.guesses:
    st.subheader("시도한 단어 목록")
    # 데이터프레임 생성
    data = []
    for word in st.session_state.guesses:
        data.append({
            "단어": word,
            "유사도": f"{st.session_state.similarities[word]['similarity']:.2f}"
        })
        # 데이터프레임으로 변환
        df = pd.DataFrame(data)
        # 유사도를 기준으로 내림차순 정렬
        df = df.sort_values(by="유사도", ascending=False)
        # 정렬된 데이터프레임 표시
        st.dataframe(df, use_container_width=True)
```

st.subheader("게임 기록")와 st.text(st.session_state.messages)로 게임 메시지를 간단히 출력하고 있습니다.

- if st.session_state.guesses:

  유저가 입력한 단어(st.session_state.guesses)가 존재할 때만 표를 생성하도록 조건문이 잘 설정되어 있습니다. 각 시도 단어별로 유사도를 가져와 딕셔너리로 구성하고, 리스트에 추가한 뒤 데이터프레임으로 변환합니다. 유사도는 소수점 둘째 자리(:.2f)까지 포맷팅(f)되어 가독성이 좋습니다.

df = df.sort_values( )로 유사도 기준 (by="유사도") 내림차순 (ascending=False) 정렬이 잘 적용되어 있습니다.

st.dataframe( ) 로 표가 출력되며, 전체 너비를 사용(use_container_width=True)해 출력되어 시각적으로도 보기 좋습니다.

게임 초기화 (다시 시작)

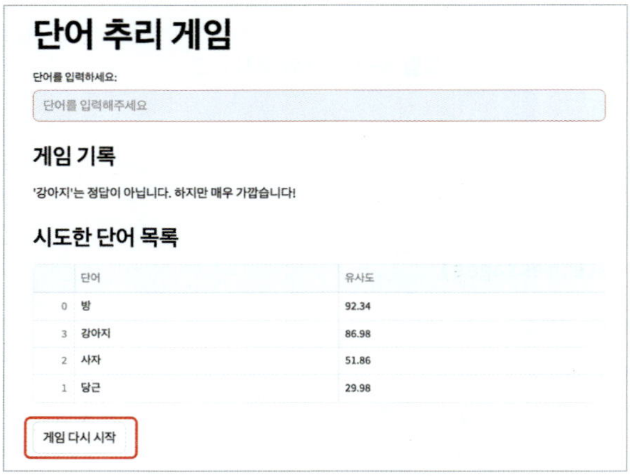

그림 4-9 게임 다시 시작 버튼

```
# ⑩ 게임 재시작 설정
if st.button("게임 다시 시작"):
        # 이전 게임의 정답을 messages에 추가
        st.session_state.messages = f"정답은 '{st.session_state.target_word}'였습니다. \n새 게임
        이 시작되었습니다!"
        # st.text(st.session_state.messages)
        # 게임 상태 초기화
        st.session_state.target_word = random.choice(words)
        st.session_state.guesses = []
        st.session_state.similarities = {}
        st.session_state.order_counter = 0
        # 화면 새로 고침
        st.rerun()
```

st.button("게임 다시 시작")을 이용해 사용자가 '게임 다시 시작'버튼을 클릭할 때만 아래 코드가 실행되도록 잘 구성되어 있습니다. 게임 재시작 시, 이전 게임의 정답을 메시지로 알리고 새로운 게임이 시작되었음을 안내하는 메시지를 st.session_state.messages에 할당하고 있습니다. 게임의 주요 상태값(target_word, guesses, similarities, order_counter)을 모두 초기화하여 새로운 게임이 정상적으로 시작될 수 있도록 했습니다. st.rerun( )을 통해 화면을 즉시 새로 고쳐 초기화된 상태가 반영되게 했습니다.

5 미니 프로젝트 6 : 나만의 논문 요약 & 번역기

이번 프로젝트에서는 PDF 자료 중에 논문 PDF의 내용을 요약하고 번역해주는 웹 어플리케이션을 구현합니다. 구현하고자 하는 웹 페이지는 아래 그림 6-1과 같습니다.

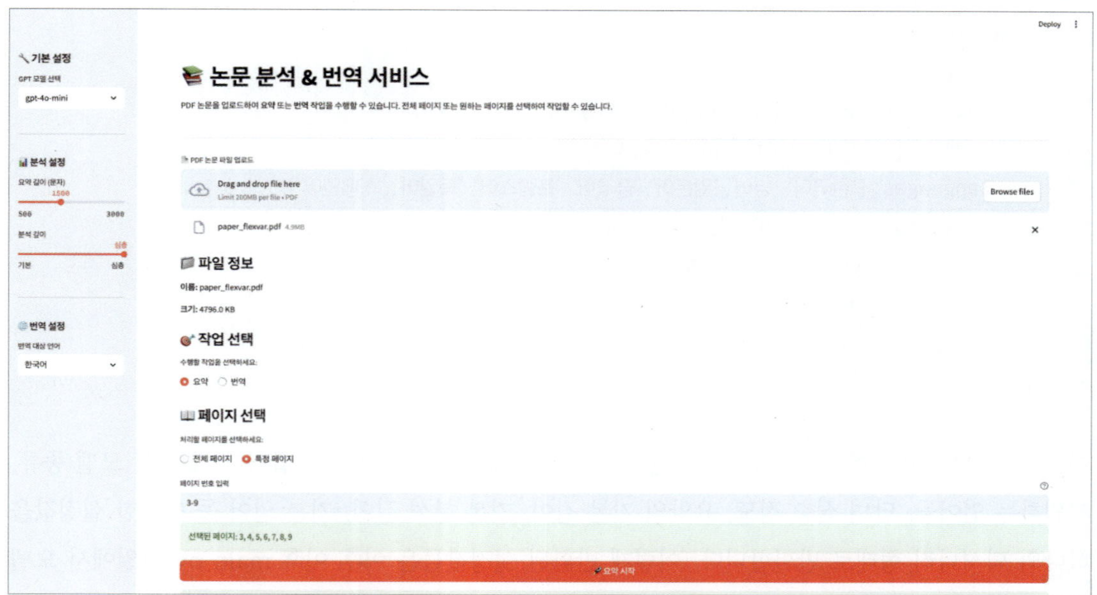

그림 4-10 구현할 웹 페이지 전체 화면

프로젝트 구조 관리

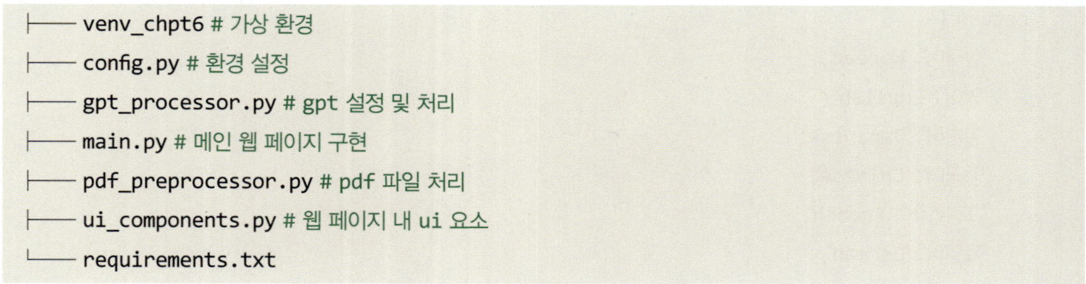

```
├── venv_chpt6 # 가상 환경
├── config.py # 환경 설정
├── gpt_processor.py # gpt 설정 및 처리
├── main.py # 메인 웹 페이지 구현
├── pdf_preprocessor.py # pdf 파일 처리
├── ui_components.py # 웹 페이지 내 ui 요소
└── requirements.txt
```

프로젝트 파일 구조는 다음과 같습니다. 각 py 파일에서 필요한 함수들을 구현하고, 이를 main.py에서 최종적으로 호출하여 메인 웹페이지를 구현하고 있습니다. 각 py파일들 구체적으로 살펴보겠습니다.

설정 관리 (config.py)

config.py 에서는 환경 변수와 사용하고자 하는 모델 및 답변 받고자 하는 언어 등을 설정합니다.

```
import os
from dotenv import load_dotenv
```

필요한 라이브러리들은 이미 앞서 다룬 라이브러리로 위와 같습니다.

```
# ① 환경변수 로드 및 설정 반환
def load_config():
    load_dotenv()
    return {
        'api_key': os.getenv("OPENAI_API_KEY"),
        'models': ["gpt-4o-mini", "gpt-4", "gpt-3.5-turbo"],
        'languages': ["한국어", "영어", "일본어", "중국어", "프랑스어", "독일어", "스페인어"],
        'analysis_depths': ["기본", "중간", "심층"],
        'default_summary_length': 1500,
        'default_depth': "심층",
        'default_language': "한국어"
    }
```

이 함수는 AI 서비스에서 필요한 여러 설정값을 한 번에 불러오는 역할을 합니다. 설정할 모델 종류, 지원하는 언어들, 답변 심층 정도, 요약의 기본 길이, 기본 분석 깊이, 기본 언어 등 다양한 설정값을 하나의 딕셔너리 형태로 반환합니다. 이렇게 반환된 설정값들은 이후 이후 main.py 파일에서 모델을의 설정 과정에서 활용됩니다.

```
# ② 언어 코드 매핑 반환
def get_language_codes():
    return {
        "한국어": "Korean",
        "영어": "English",
        "일본어": "Japanese",
        "중국어": "Chinese",
        "프랑스어": "French",
        "독일어": "German",
    }
```

이 함수는 서비스에서 지원하는 각 언어의 한글 이름과 그에 대응하는 영어 이름을 매핑해서 반환합니다. 예를 들어, "한국어"는 "Korean", "영어"는 "English"와 같이 한글로 입력된 언어명을 영어 코드로 바꿔서 사용할 수 있도록 도와줍니다. streamlit을 통해 구현된 웹 페이지에서 유저에게 선택받은 언어 버전으로 모델의 답변을 제어합니다.

언어 모델 처리 (gpt_processor.py)

gpt_processor.py 에서는 모델에 입력되는 프롬프트 생성, OpenAI API 호출, 답변을 생성하기 위해 처리한 글자 수 등의 통계 표시, 결과 답변 다운로드 기능 등을 구현합니다.

```
import time
import streamlit as st
from openai import OpenAI
from config import get_language_codes
```

필요한 라이브러리는 위와 같습니다. config 모듈에서 import 하여 불러오는 get_language_codes 함수는 앞서 설명한 config.py에서 정의한 함수입니다.

```
# ① 요약 프롬프트 생성
def create_summary_prompt(text, settings):
        return f"""아래 논문 내용을 바탕으로 {settings['depth']} 수준의 요약을{settings['length']}자 이
상으로 작성해주세요.

요약 구조:
1. **논문 제목 및 저자**
2. **연구 목적 및 배경**
3. **연구 방법**
4. **주요 결과**
5. **결론 및 시사점**

논문 내용:
{text}

한국어로 작성하고, 학술적 용어는 원문과 함께 병기해주세요."""
```

이 함수는 문자열 포매팅을 이용하여 논문 요약을 위한 프롬프트 문장을 자동으로 만들어주는 역할을 합니다. 사용자가 요약하고자 하는 논문 PDF에서 추출해온 본문(text)과 웹 페이지의 sidebar에서 유저에게 입력받은 요약의 깊이(settings['depth']) 그리고 요약의 최소 글자 수(settings['length'])의 값을 통해 변수의 위치에 변수의 값을 동적으로 삽입합니다. 이를 통해 하나의 문자열, 즉 모델에게 입력되는 프롬프트를 반환합니다. 이렇게 생성된 프롬프트는 모델에게 논문 요약을 요청할 때 일관되고 명확한 지침을 제공하는 데 사용됩니다.

```
# ② 번역 프롬프트 생성
def create_translation_prompt(text, target_lang):
        lang_codes = get_language_codes()
        return f"""다음 학술 논문 내용을 {lang_codes[target_lang]}로 정확하고 자연스럽게 번역해주세요.
번역 지침:
- 학술적 용어와 개념을 정확히 번역
- 원문의 의미와 뉘앙스 유지
- 자연스러운 {target_lang} 표현 사용
- 전문 용어는 괄호 안에 원문 병기
원문:
{text}"""
```

위에서 살펴본 create_summary_prompt 함수와 유사하게 논문 내용을 원하는 언어로 번역할 수 있도록 프롬프트 문장을 자동으로 생성합니다. 번역할 논문의 본문(text)과 목표 언어(target_lang)를 입력받으면, 먼저 get_language_codes( ) 함수를 호출해서 한글 언어명을 영어 코드로 변환합니다. 그리고 문자열 포매팅을 통해서 변수의 값을 동적으로 삽입하여 프롬프트를 완성합니다.

```
# ③ GPT를 사용하여 텍스트 처리
def process_with_gpt(text, task_type, api_key, model, settings):
    if not api_key:
        st.error("OpenAI API 키가 설정되지 않았습니다.")
        return None

    client = OpenAI(api_key=api_key)

    if task_type == "요약":
        prompt = create_summary_prompt(text, settings)
        system_msg = "당신은 학술 논문 요약 전문가입니다. 정확하고 체계적인 요약을 작성해주세요."
        temperature = 0.5
    else: # 번역
        prompt = create_translation_prompt(text, settings['target_language'])
                        system_msg = f"당신은 전문 번역가입니다. 학술 논문을 {settings['target_
language']}로 정확히 번역해주세요."
        temperature = 0.3

    try:
        with st.spinner(f'{task_type} 진행 중...'):
            start_time = time.time()
            response = client.chat.completions.create(
                model=model,
                messages=[
                    {"role": "system", "content": system_msg},
```

```
                {"role": "user", "content": prompt}
            ],
            temperature=temperature,
            max_tokens=4000,
            top_p=0.9
        )
        duration = time.time() - start_time

    result = response.choices[0].message.content
    st.success(f"{task_type} 완료 (소요 시간: {duration:.1f}초)")
    return result
except Exception as e:
    st.error(f"{task_type} 실패: {str(e)}")
    return None
```

이 함수는 사용자가 입력한 논문 텍스트를 GPT 모델을 활용해 요약하거나 번역하는 역할을 합니다. 먼저 if not api_key 조건문을 통해 OpenAI API 키가 입력되지 않은 경우에는 오류 메시지를 출력하고 처리를 중단합니다. API 키가 정상적으로 입력되면 OpenAI 클라이언트를 생성합니다.

이후 if–else 조건문을 통해 작업 유형이 "요약"일 때(if)는 앞서 정의한 create_summary_prompt 함수를 통해 논문 요약 프롬프트를 생성하고, 시스템 메시지에는 논문 요약 전문가임을 명시합니다. 이때 gpt 모델의 파라미터인 창의성(temperature)은 0.5로 설정하여 모델의 답변 결과에 반영합니다. 작업 유형이 "번역"일 경우(else)에는 앞서 정의한 create_translation_prompt 함수를 통해 번역 프롬프트를 만듭니다. 또한 시스템 메시지에는 전문 번역가임을 안내하며 번역 목표 언어를 명시합니다. 번역의 경우 temperature는 0.3으로 다소 낮게 설정해 일관된 번역 결과를 유도합니다.

try–except 문을 통해서 try문에서 API 호출이나 기타 예외 발생 시 except문을 통해 사용자에게 에러 메시지를 제공합니다. except에서 에러 메시지를 사용자에게 명확하게 전달(st.error)하여 디버깅이 유용하며, 사용자도 에러 발생을 인지할 수 있습니다. with st.pinner( )를 통해 with문 내 코드가 모두 동작할 때까지 진행 상황을 표시합니다. client.chat.completions.create( )를 통해 GPT 모델에 메세지를 전달합니다. 매개변수인 messages는 시스템 역할(system_msg)과 사용자 입력(prompt)을 명확히 분리해 전달합니다. temperature와 top_p는 생성 결과의 다양성과 창의성을 조절합니다. max_tokens는 응답의 최대 길이를 제한해 예기치 않은 과도한 토큰 사용을 방지합니다. 이후 response.choices.message.content에서 모델의 답변 텍스트 만을 추출합니다. 이를 통해 논문 요약과 번역 작업을 하나의 함수에서 일관되게 처리할 수 있습니다.

```
# ④ 결과 통계 정보 표시
def display_result_statistics(combined_text, result, selected_pages):
    col1, col2, col3 = st.columns(3)
```

```
    with col1:
        st.metric("처리된 페이지", len(selected_pages))
    with col2:
        st.metric("원문 글자수", len(combined_text))
    with col3:
        st.metric("결과 글자수", len(result))
```

이 함수는 논문 요약이나 번역 결과를 보여줄 때, 사용자가 한눈에 작업의 규모와 결과를 파악할 수 있도록 간단한 통계 정보를 제공합니다. st.columns( )을 이용해 화면을 세 부분으로 나눕니다. 첫 번째 칸에는 사용자가 선택한 논문 페이지 수를, 두 번째 칸에는 원문 전체의 글자 수를, 세 번째 칸에는 요약 또는 번역 결과의 글자 수를 각각 표시합니다. 이렇게 하면 사용자는 작업의 범위와 결과의 길이를 직관적으로 확인할 수 있습니다.

pdf 파일 처리 (pdf_preprocessor.py)

PDF에서 텍스트 추출, 페이지 번호 파싱, 유저가 선택한 페이지 내의 텍스트 결합등의 기능을 구현합니다.

```
import os
import tempfile
import time
import streamlit as st
import pdfplumber
```

필요한 라이브러리는 이와 같으며, 이 중 주요한 라이브러리를 살펴보겠습니다. tempfile은 임시 파일 및 폴더를 생성하고 관리할 수 있는 파이썬 표준 라이브러리를 불러오는 코드로 파일을 임시로 저장하거나 임시 작업 공간이 필요할 때 사용합니다. pdfplumber는 PDF 파일에서 텍스트, 표, 이미지 등 다양한 정보를 추출할 수 있는 파이썬 라이브러리입니다.

```
# ① PDF에서 페이지별로 텍스트 추출
def extract_text_by_pages(pdf_file):
    try:
        with tempfile.NamedTemporaryFile(delete=False, suffix=".pdf") as temp_file:
        temp_file.write(pdf_file.getvalue())
        temp_file_path = temp_file.name

    pages_text = {}
    with pdfplumber.open(temp_file_path) as pdf:
        total_pages = len(pdf.pages)
        progress_bar = st.progress(0, text="PDF 처리 중...")
```

```
            for page_num, page in enumerate(pdf.pages, 1):
                page_text = page.extract_text()
                if page_text:
                    pages_text[page_num] = page_text.strip()
                    progress_bar.progress(page_num / total_pages, text=f"페이지 {page_num}/
{total_pages} 처리 중...")
                time.sleep(0.01)

        progress_bar.empty()
        os.unlink(temp_file_path)
        return pages_text, total_pages
    except Exception as e:
        st.error(f"PDF 처리 오류: {str(e)}")
        return None, 0
```

이 함수는 업로드된 PDF 파일에서 각 페이지의 텍스트를 추출하여, 페이지별로 딕셔너리에 저장하고 전체 페이지 수와 함께 반환합니다. Streamlit을 활용해 처리 진행 상황도 시각적으로 제공합니다.

with tempfile.NamedTemporaryFile(delete=False, suffix=".pdf") as temp_file:

임시 PDF 파일을 생성합니다. delete=False로 설정해 파일이 닫힌 후에도 파일이 유지됩니다. temp_file.write(pdf_file.getvalue( ))는 업로드된 PDF 파일 객체(pdf_file)의 내용을 임시 파일에 저장합니다. temp_file_path = temp_file.name으로 임시 파일 경로를 저장합니다.

with pdfplumber.open(temp_file_path) as pdf:

pdfplumber를 사용해 임시 PDF 파일을 엽니다. total_pages = len(pdf.pages)로 전체 페이지 수를 구합니다. progress_bar = st.progress(0, text="PDF 처리 중...")로 Streamlit의 진행 바를 초기화합니다.

enumerate( )는 반복문에서 인덱스와 값을 동시에 쉽게 사용할 수 있게 해주는 파이썬 내장 함수 입니다. for page_num, page in enumerate(pdf.pages, 1)를 통해 각 페이지를 순회하며 page_num(1부터 시작)과 page 객체를 가져옵니다. page_text = page.extract_text( )로 해당 페이지의 텍스트를 추출합니다. 텍스트가 존재하면 (if page_text), strip( )로 텍스트의 앞뒤 공백을 제거해 딕셔너리에 저장합니다. progress_bar.progress( )로 진행 상황을 업데이트합니다. time.sleep(0.01)로 UI 갱신이 자연스럽게 보이도록 잠깐 대기합니다.

for문을 통해 pdf내 모든 페이지에 대한 텍스트 추출이 완료된 후에 progress_bar.empty( )로 진행 바를 제거합니다. os.unlink( )로 임시 파일을 삭제해 디스크 공간을 확보합니다. return pages_text, total_pages로 페이지별 텍스트와 전체 페이지 수를 반환합니다.

예외가 발생할 경우 st.error( )로 사용자에게 에러 메시지를 표시하고 None, 0을 반환합니다.

```
# ② 페이지 번호 입력을 파싱하여 유효한 페이지 리스트 반환
def parse_page_numbers(page_input, total_pages):
    try:
        pages = set()
        parts = page_input.replace(" ", "").split(",")
        for part in parts:
            if "-" in part:
                start, end = map(int, part.split("-"))
                pages.update(range(start, end + 1))
            else:
                pages.add(int(part))
        # 유효한 페이지만 필터링
        valid_pages = [p for p in pages if 1 <= p <= total_pages]
        return sorted(valid_pages)
    except:
        return []
```

이 함수는 사용자가 입력한 페이지 번호 문자열(예: "1,3-5,8")을 해석하여, 주어진 전체 페이지 수(total_pages) 범위 내의 유효한 페이지 번호만을 정렬된 리스트로 반환합니다. replace(" ", "")를 통해서 입력 문자열에서 모든 공백을 제거합니다. 이후 split(",")을 통해 쉼표를 기준으로 문자열을 분할하고 분할한 문자열 요소로 갖는 parts 리스트를 생성합니다. 예를 들면 "1, 3-5, 8" 을 ["1", "3-5", "8"]로 만듭니다.

if "-" in part: part리스트에 하이픈(-)이 요소로 존재하는 경우 split("-")을 통해 하이픈을 기준으로 앞과 뒤의 값을 각각의 문자열로 쪼갭니다. 이후 반복 가능한 객체의 각 요소에 지정한 함수를 순차적으로 적용하여 그 결과를 새로운 이터레이터(iterator)로 반환하는 파이썬 내장 함수인 map 함수를 이용합니다.

각 문자열 값을 정수(int)형 변환 함수를 통해 정수로 변환하여 start, end 변수에 각각 저장합니다. 이후 pages에 해당 범위의 모든 페이지 번호 (range(start, end + 1)) 를 집합에 추가(update( ))합니다. else를 통해 단일 페이지 번호는 int(part)로 변환해 집합에 추가합니다.

```
# ③ 선택된 페이지들의 텍스트를 결합
def combine_pages_text(pages_text, selected_pages):
    combined_text = ""
    for page_num in selected_pages:
        combined_text += pages_text.get(page_num, "") + "\n"
    return combined_text
```

이 함수는 사용자가 선택한 페이지들의 텍스트를 하나로 합치는 역할을 합니다. pages_text는 각 페이지 번호를 키로 해당 페이지의 텍스트를 값으로 갖는 딕셔너리입니다. selected_pages는 결합할 페이지 번호들의 리스트(혹은 시퀀스)입니다. combined_text = ""로 결합 결과를 저장할 빈 문자열을 초기화합니다. for문으로 각 페이지의 인덱스(page_num)를 가지고 옵니다. 그리고 pages_text에 get함수를 사용합니다. get 함수는 지정한 키(Key)에 해당하는 값을 반환하며, 만약 키가 존재하지 않으면 두 번째 인자를 반환하여, 키가 없을 때도 KeyError 없이 안전하게 값을 조회할 수 있게 해주는 메서드입니다. 실습 코드에서는 인덱스에 해당되는 페이지의 텍스트를 가져옵니다. 만약 텍스트가 없을 경우 빈 문자열을 반환해 KeyError를 방지합니다.

```
# ④ 업로드된 파일 정보 표시
def display_file_info(uploaded_file):
    st.subheader("🗀 파일 정보")
    st.write(f"**이름:** {uploaded_file.name}")
    st.write(f"**크기:** {uploaded_file.size/1024:.1f} KB")
```

display_file_info 함수를 통해서 웹 페이지에 다음과 같이 나타납니다.

그림 4-11 웹 페이지 내 업로드한 파일 정보

먼저 "🗀 파일 정보"라는 소제목(subheader)을 출력하고, 그 아래에 파일의 이름과 크기를 각각 표시합니다. 파일 크기는 바이트 단위를 킬로바이트(KB)로 변환(.1024)해 소수점 첫째 자리(.1f)까지 보여주므로, 사용자가 파일의 용량을 직관적으로 확인할 수 있습니다.

웹 페이지 내 ui 요소 (ui_components.py)

웹 페이지의 페이지 설정 및 사용하고자 하는 ui 요소들을 정의합니다. 해당 모듈에서는 앞서 사용했던 streamlit 요소들을 다수 사용하고 있습니다.

```
import streamlit as st
from config import load_config
```

우선 필요한 라이브러리를 import 합니다. 특히 앞서 생성한 config 모듈에서 정의한 load_config 함수를 import 합니다.

```
# ① 페이지 기본 설정
def setup_page_config():
    """"""
    st.set_page_config(
        page_title="논문 분석 & 번역 서비스",
        page_icon="📚",
        layout="wide"
    )
```

이 함수는 Streamlit 앱의 기본 페이지 설정을 담당합니다. 실행 시 페이지의 제목을 "논문 분석 & 번역 서비스"로 지정하고, 책 아이콘(📚)을 페이지 아이콘으로 설정합니다. 또한, 화면 레이아웃을 넓게(wide) 지정하여, 다양한 정보와 기능을 한눈에 보기 쉽게 배치할 수 있도록 합니다. 이런 설정은 사용자가 논문 분석 및 번역 서비스를 보다 쾌적하게 이용할 수 있도록 돕습니다.

```
# ② 헤더 표시
def display_header():
    st.title("📚 논문 분석 & 번역 서비스")
    st.markdown("""
    PDF 논문을 업로드하여 **요약** 또는 **번역** 작업을 수행할 수 있습니다.
    전체 페이지 또는 원하는 페이지를 선택하여 작업할 수 있습니다.
    """)
    st.markdown("---")
```

이 함수는 서비스의 헤더 부분을 화면에 표시하는 역할을 합니다. 먼저 페이지 상단에 "📚 논문 분석 & 번역 서비스"라는 제목(title( ))을 크게 보여주고, 그 아래에는 PDF 논문을 업로드해서 요약 또는 번역 작업을 할 수 있다는 안내 문구를 출력(markdown( ))합니다. 사용자는 전체 페이지뿐만 아니라 원하는 특정 페이지만 선택해서 작업할 수 있다는 점도 함께 안내합니다. 마지막으로 구분선을 삽입(st.markdown("---"))해, 헤더와 본문 내용을 시각적으로 분리해줍니다.

```
# ③ 사이드바 생성 및 설정값 반환
def create_sidebar():
    config = load_config()

    with st.sidebar:
        st.header("🔧 기본 설정")

        model_choice = st.selectbox(
            "GPT 모델 선택",
            config['models'],
            index=0
        )
```

```
        st.markdown("---")
        st.markdown("### 📊 분석 설정")

        summary_length = st.slider(
            "요약 길이 (문자)",
            500, 3000,
            config['default_summary_length']
        )

        analysis_depth = st.select_slider(
            "분석 깊이",
            config['analysis_depths'],
            value=config['default_depth']
        )

        st.markdown("---")
        st.markdown("### 🌐 번역 설정")

        target_language = st.selectbox(
            "번역 대상 언어",
            config['languages'],
            index=0
        )

    return {
        'model_choice': model_choice,
        'summary_length': summary_length,
        'analysis_depth': analysis_depth,
        'target_language': target_language
    }
```

그림 4-12 웹 페이지 내 설정 사이드 바

create_sidebar 함수는 Streamlit을 활용해 웹 앱의 사이드바에 설정 UI를 만드는 역할을 합니다. 코드의 첫 부분에서는 load_config( )를 호출하여 모델 목록, 언어 목록, 요약 길이 등 앱의 기본 설정값을 불러옵니다. 이어서 with st.sidebar 블록 안에서 st.header("🔧 기본 설정")으로 사이드바 상단에 제목을 표시합니다. st.selectbox를 사용해 config['models']에 있는 GPT 모델 중 하나를 선택할 수 있도록 드롭다운 메뉴를 제공합니다. 구분선(st.markdown("---"))을 추가한 뒤, st.markdown("### 📊 분석 설정")으로 분석 관련 설정 섹션을 만듭니다. 여기서는 st.slider로 요약 길이(문자 단위)를 500에서 3000 사이에서 조절할 수 있게 하고, st.select_slider로 config['analysis_depths']에 정의된 분석 깊이 옵션 중 하나를 선택할 수 있게 합니다. 다시 구분선을 추가한 후 st.markdown("### 🌐 번역 설정")으로 번역 관련 설정 섹션을 만들고, st.selectbox로 config['languages']에 있는 언어 목록 중 번역 대상 언어를 선택할 수 있도록 합니다. 마지막으로 사용자가 선택한 model_choice, summary_length, analysis_depth, target_language 값을 딕셔너리로 묶어 반환합니다.

```
# ④ 요약 또는 번역 작업 유형 선택
def select_task_type():
    st.subheader("🎯 작업 선택")
    task_type = st.radio(
        "수행할 작업을 선택하세요:",
        ["요약", "번역"],
        horizontal=True
    )
    return task_type
```

그림 4-13 웹 페이지 내 업로드한 파일 정보

select_task_type 함수는 Streamlit을 활용해 사용자가 "요약" 또는 "번역" 중 하나의 작업 유형을 선택할 수 있도록 하는 인터페이스를 제공합니다. 함수의 첫 줄에서 st.subheader("🎯 작업 선택")을 호출해 사이드바나 본문에 "작업 선택"이라는 소제목을 표시합니다. 이어서 st.radio를 사용하여 "수행할 작업을 선택하세요:"라는 안내 문구와 함께 ["요약", "번역"] 두 가지 옵션을 라디오 버튼 형태로 제공합니다. horizontal=True 옵션을 통해 라디오 버튼이 가로로 나열되도록 하여, 사용자 경험을 높입니다. 사용자가 선택한 작업 유형은 task_type 변수에 저장되며, 함수는 이 값을 반환합니다.

```
# ⑤ pdf 페이지 선택 UI
def select_pages(total_pages):
    st.subheader("📖 페이지 선택")
    page_option = st.radio(
        "처리할 페이지를 선택하세요:",
        ["전체 페이지", "특정 페이지"],
        horizontal=True
    )
    selected_pages = []
    if page_option == "전체 페이지":
        selected_pages = list(range(1, total_pages + 1))
        st.info(f"전체 {total_pages}페이지가 선택되었습니다.")
```

```
    else:
        page_input = st.text_input(
            "페이지 번호 입력",
            placeholder="예: 1,3,5-8,10",
            help="쉼표로 구분하여 입력하세요. 범위는 하이픈(-)으로 표시"
        )

        if page_input:
            from pdf_preprocessor import parse_page_numbers
            selected_pages = parse_page_numbers(page_input, total_pages)
            if selected_pages:
                st.success(f"선택된 페이지: {', '.join(map(str, selected_pages))}")
            else:
                st.error("유효하지 않은 페이지 번호입니다.")

    return selected_pages
```

📖 페이지 선택

처리할 페이지를 선택하세요:

◉ 전체 페이지 ○ 특정 페이지

전체 13페이지가 선택되었습니다.

그림 4-14 웹 페이지 내 작업할 페이지 선택 1

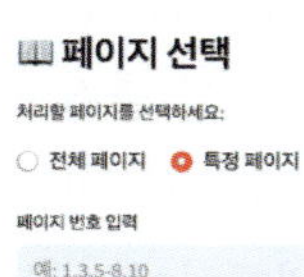

그림 4-15 웹 페이지 내 작업할 페이지 선택 2

select_pages 함수는 Streamlit을 활용해 사용자가 PDF에서 처리할 페이지 범위를 직관적으로 선택할 수 있도록 하는 UI를 제공합니다. 함수의 첫 부분에서 st.subheader("📖 페이지 선택")을 호출해 페이지 선택 섹션의 제목을 표시합니다. 이어서 st.radio를 사용해 "전체 페이지"와 "특정 페이지" 중 하나를 선택할 수 있도록 라디오 버튼을 가로로 배치합니다. 사용자가 "전체 페이지"를 선택하면, selected_pages에 1부터 total_pages까지의 모든 페이지 번호를 리스트로 저장하고, st.info를 통해 전체 페이지가 선택되었음을 안내합니다.

반면 "특정 페이지"를 선택하면, st.text _input으로 페이지 번호를 입력받는 입력창을 제공합니다. 입력 예시와 도움말을 통해 사용자가 올바른 형식으로 페이지 번호를 입력할 수 있도록 안내합니다. 사용자가 입력을 하면, pdf_preprocessor 모듈의 parse_page_numbers 함수를 호출해 입력값을 실제 페이지 번호 리스트로 변환합니다. 변환 결과가 유효하면 st.success로 선택된 페이지를 안내하고, 유효하지 않으면 st.error로 오류 메시지를 표시합니다.

```
# ⑥ api key , page 입력 검증
def validate_inputs(api_key, selected_pages):
    if not api_key:
        st.error("❌ OpenAI API 키를 설정해주세요!")
        return False
    elif not selected_pages:
        st.error("❌ 처리할 페이지를 선택해주세요!")
        return False
    return True
```

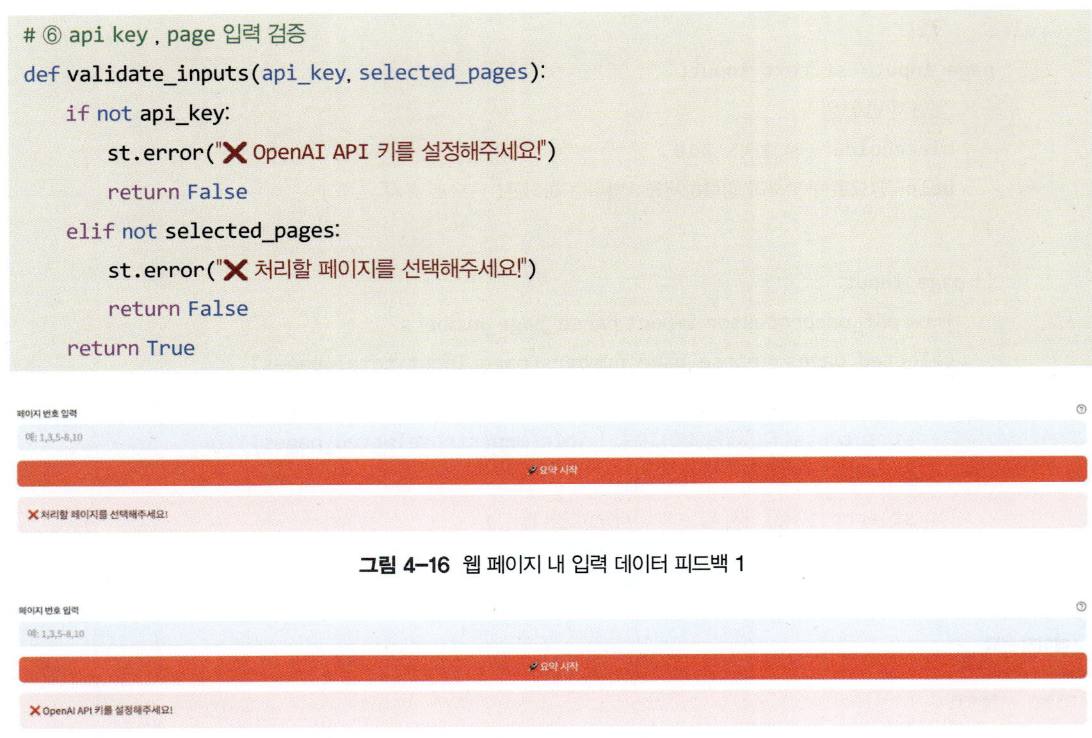

그림 4-16 웹 페이지 내 입력 데이터 피드백 1

그림 4-17 웹 페이지 내 입력 데이터 피드백 2

이 함수는 OpenAI API 키와 처리할 페이지 번호가 모두 올바르게 입력되었는지 검증하는 역할을 합니다. 먼저 API 키가 비어 있으면 "❌ OpenAI API 키를 설정해주세요!"라는 오류 메시지를 출력하고, False를 반환합니다. 다음으로 선택된 페이지가 없으면 "❌ 처리할 페이지를 선택해주세요!"라는 오류 메시지를 출력한 뒤, 역시 False를 반환합니다. 두 조건 모두 충족되면 True를 반환하여 이후 작업이 정상적으로 진행될 수 있도록 합니다. 이렇게 입력값을 사전에 검증함으로써, 불필요한 오류 발생을 미리 방지하고 사용자에게 명확한 피드백을 제공합니다.

웹 페이지 메인 구현 (main.py)

전체 앱 로직 통합, 파일 업로드 처리, 세션 상태 관리 등에 대한 것을 구현하는 모듈로 streamlit run 명령어를 통해 실행합니다. 앞서 생성한 모듈들을 활용합니다.

```
import streamlit as st
from config import load_config
from ui_components import (
    setup_page_config, display_header, create_sidebar,
    select_task_type, select_pages,
    validate_inputs
)
```

```
from pdf_preprocessor import (
    extract_text_by_pages, combine_pages_text,
    display_file_info
)
from gpt_processor import (
    process_with_gpt, display_result_statistics,
    create_download_button
)
# ① UI 요소 설정
setup_page_config()
display_header()
# 설정 로드
config = load_config()
# 사이드바 설정
sidebar_settings = create_sidebar()
# 파일 업로드
uploaded_file = st.file_uploader("📄 PDF 논문 파일 업로드", type="pdf")
```

setup_page_config( ) 함수와 display_header( ) 함수는 Streamlit 앱의 전반적인 UI 환경과 상단 헤더를 설정하는 역할을 합니다. setup_page_config( )는 페이지의 제목, 아이콘, 레이아웃 등 기본적인 페이지 설정을 담당하며, display_header( )는 앱 상단에 표시될 제목이나 로고, 설명 등을 렌더링합니다. 이 두 함수는 앱의 첫인상과 사용성에 큰 영향을 주는 중요한 UI 요소입니다.

그 다음 load_config( )는 앱 실행에 필요한 설정값(모델 목록, 언어, 기본값 등)을 불러오는 함수로, 이후의 UI와 기능들이 일관된 환경에서 동작할 수 있도록 합니다. 설정값이 잘못되면 전체 앱 동작에 영향을 줄 수 있으므로, 신뢰성 있는 설정 로드가 중요합니다.

create_sidebar( )는 사이드바에 모델, 요약 길이, 분석 깊이, 번역 언어 등 주요 설정 UI를 생성하고, 사용자가 선택한 값을 sidebar_settings에 딕셔너리 형태로 저장합니다. 이 값들은 이후 요약, 번역 등 주요 기능에서 반복적으로 활용됩니다.

마지막으로 st.file_uploader("📄 PDF 논문 파일 업로드", type="pdf")는 사용자가 PDF 파일을 업로드할 수 있는 파일 선택 UI를 제공합니다. 파일이 업로드되면 uploaded_file 변수에 파일 객체가 저장되어, 이후 텍스트 추출, 요약, 번역 등 다양한 작업에 활용됩니다.

```
# ② PDF 파일 처리
if uploaded_file:
# 파일 정보 표시
    col1, col2 = st.columns([1, 3])
```

```
with col1:
    display_file_info(uploaded_file)
    # PDF 텍스트 추출 (세션 상태 관리)
if 'pages_text' not in st.session_state or st.session_state.get('current_file') !=
uploaded_file.name:
    with st.spinner("PDF 텍스트 추출 중..."):
        pages_text, total_pages = extract_text_by_pages(uploaded_file)
        if pages_text:
            st.session_state.pages_text = pages_text
            st.session_state.total_pages = total_pages
            st.session_state.current_file = uploaded_file.name
            st.success(f"☑ PDF 추출 완료 (총 {total_pages}페이지)")
        else:
            st.error("PDF 텍스트 추출에 실패했습니다.")
            st.stop()
```

파일 정보

이름: paper_flexvar.pdf

크기: 4796.0 KB

☑ PDF 추출 완료 (총 13페이지)

그림 4-18 pdf 내 텍스트 추출

이 코드는 Streamlit을 사용해 업로드된 PDF 파일의 정보를 표시하고, 텍스트 추출 결과를 세션 상태로 관리하는 과정을 구현합니다. 먼저 uploaded_file이 존재할 때만 실행되며, st.columns( )로 화면을 두 개의 열로 나누고, col1에서 display_file_info(uploaded_file) 함수를 호출해 파일의 기본 정보를 사용자에게 제공합니다. 이로써 사용자는 업로드한 파일의 이름, 크기 등 주요 정보를 직관적으로 확인할 수 있습니다.

그 다음, PDF 텍스트 추출 단계에서는 세션 상태(st.session_state)를 적극적으로 활용합니다. 만약 'pages_text'가 세션 상태에 없거나, 현재 세션에 저장된 파일명이 새로 업로드된 파일명과 다를 경우에만 extract_text_by_pages(uploaded_file) 함수를 호출해 텍스트를 추출합니다. 이 구조는 동일한 파일에 대해 불필요한 중복 추출을 방지하고, 파일이 변경될 때만 새로 추출을 진행하게 하여 효율성을 높입니다.

텍스트 추출 작업은 st.spinner("PDF 텍스트 추출 중...")로 진행 상황을 시각적으로 안내하여, 사용자가 대기 중임을 쉽게 인지할 수 있도록 합니다. 추출이 성공하면 pages_text와 total_pages를 세션 상태에 저장하고, 현재 파일명도 함께 기록해 이후 파일 변경 여부를 쉽게 판별할 수 있게 합니다. 성공 시 st.success로 완료 메시지를 명확하게 안내하며, 추출에 실패하면 st.error로 에러 메시지를 표시하고 st.stop( )을 호출해 이후 코드를 중단합니다. 이는 오류 발생 시 불필요한 후속 작업을 방지하고, 사용자에게 명확하게 문제 상황을 전달하는 데 효과적입니다.

```python
# ③ 작업 수행
if 'pages_text' in st.session_state:
    pages_text = st.session_state.pages_text
    total_pages = st.session_state.total_pages
    # 작업 선택
    task_type = select_task_type()
    # 페이지 선택
    selected_pages = select_pages(total_pages)
    # 작업 실행 버튼
    if st.button(f"🚀 {task_type} 시작", type="primary", use_container_width=True):
        if validate_inputs(config['api_key'], selected_pages):
            # 텍스트 결합
            combined_text = combine_pages_text(pages_text, selected_pages)
            # GPT 설정 준비
            gpt_settings = {
            'length': sidebar_settings['summary_length'],
            'depth': sidebar_settings['analysis_depth'],
            'target_language': sidebar_settings['target_language']
            }
            # GPT 처리
            result = process_with_gpt(
            combined_text,
            task_type,
            config['api_key'],
            sidebar_settings['model_choice'],
            gpt_settings
            )
```

이 코드는 Streamlit 기반 대화형 PDF 문서 처리 앱에서 실제로 요약 또는 번역과 같은 AI 작업을 수행하는 핵심 로직을 담당합니다. 각 단계를 자세히 살펴보면 다음과 같습니다.

우선, 'pages_text'가 세션 상태에 존재하는지 확인합니다. 이는 앞서 PDF 텍스트 추출이 정상적으로 완료되었는지 검증하는 단계로, 추출된 텍스트와 전체 페이지 수를 세션에서 불러옵니다. 이로써 불필요한 재처리를 방지하고, 앱의 효율성을 높입니다.

다음으로 select_task_type( ) 함수를 호출해 사용자가 "요약" 또는 "번역" 중 어떤 작업을 수행할지 선택하게 합니다. 이어서 select_pages(total_pages) 함수로 사용자가 처리하고자 하는 페이지 범위를 선택할 수 있도록 합니다. 이 두 단계는 사용자의 의도를 명확하게 반영하며, 앱의 유연성과 사용자 경험을 높입니다.

이후 st.button을 사용해 "요약 시작" 또는 "번역 시작"과 같은 작업 실행 버튼을 제공합니다. 버튼을 누르면 validate_inputs(config['api_key'], selected_pages) 함수로 API 키와 선택된 페이지의 유효성을 검사합니다. 이로써 필수 입력값이 누락되었거나 잘못된 경우, 불필요한 API 호출을 미연에 방지합니다.

유효성 검증을 통과하면, combine_pages_text(pages_text, selected_pages) 함수로 선택된 페이지의 텍스트를 하나의 문자열로 결합합니다. 이 결합된 텍스트는 실제 GPT 작업의 입력 데이터로 사용됩니다. 이어서 sidebar_settings에서 요약 길이, 분석 깊이, 번역 언어 등 사용자가 사이드바에서 지정한 설정값을 gpt_settings 딕셔너리로 준비합니다.

이후 process_with_gpt 함수가 호출되어, 결합된 텍스트와 작업 유형, API 키, 선택된 GPT 모델, 그리고 gpt_settings를 인자로 전달해 실제 OpenAI GPT API를 통한 요약 또는 번역 작업을 수행합니다. 이 함수는 작업의 성공 여부에 따라 결과를 반환합니다.

```
# ④ 작업 결과 처리
if result:
        # 결과 표시
        st.markdown(f"## 📝 {task_type} 결과")
        st.markdown(result)
        # 통계 정보
        display_result_statistics(combined_text, result, selected_pages)
```

위 코드는 앞서 설명했던 코드의 if 'pages_text' in st.session_state: 조건문 내에 존재하는 코드입니다. 작업 결과(result)가 존재하면, st.markdown을 이용해 "요약 결과" 또는 "번역 결과"라는 제목과 함께 결과 텍스트를 화면에 표시합니다. 마지막으로 display_result_statistics 함수를 호출해 원본과 결과 텍스트, 선택된 페이지 정보를 바탕으로 통계 정보를 시각적으로 제공합니다. 이를 통해 사용자는 작업 결과뿐 아니라, 텍스트 길이, 요약률, 번역 범위 등 다양한 부가 정보를 한눈에 확인할 수 있습니다.

코딩의 세계를 확장하라

PYTHON PROGRAMMING

다양한 언어, 다양한 가능성

프로그래밍은 단순히 하나의 언어를 배우는 것에서 끝나지 않습니다. 어떤 언어를 선택하느냐에 따라 만들 수 있는 결과물도, 진출할 수 있는 분야도 달라집니다. 파이썬은 입문자에게 친숙한 언어이지만, 세상에는 그 외에도 다양한 목적과 철학을 지닌 프로그래밍 언어들이 존재합니다. 또한, 사람마다 흥미를 느끼는 분야가 다르기에, 어떤 기술을 배우고 어떤 방향으로 나아갈지를 고민해보는 것은 매우 중요합니다.

1 파이썬 외에도 이런 언어들이 있어요

파이썬은 배우기 쉽고 활용 범위도 넓어 많은 사람들이 입문 언어로 선택합니다. 하지만 웹 개발, 시스템 프로그래밍, 게임 제작, 데이터 시각화 등 각 분야에는 파이썬 외에도 더 적합한 언어들이 존재합니다. JavaScript, HTML/CSS, Java, C언어 등 다양한 언어들은 서로 다른 환경과 목적을 위해 설계되었으며, 그만큼 각자의 강점을 가지고 있습니다. 이 절에서는 대표적인 언어들의 특징과 활용 분야를 간략히 살펴보겠습니다.

웹 개발에 필수! JavaScript, HTML, CSS

웹 개발에 관심을 가지게 되면 가장 먼저 마주하게 되는 세 가지 핵심 기술이 있습니다. 바로 HTML, CSS, 그리고 JavaScript입니다. 이 세 가지는 각각 웹 페이지의 구조, 디자인, 그리고 동작을 담당하며, 웹 개발의 근간을 이루는 필수 요소들입니다. 초보자든 전문가든 웹 개발을 수행하는 사람이라면 이 세 가지 기술에 대한 이해 없이는 작업을 이어가기 어렵습니다. 본 글에서는 각각의 언어가 어떤 역할을 하는지, 그리고 이들을 어떻게 학습하면 좋을지에 대해 자세히 설명드리겠습니다.

그림 5-1 Html, Css, Javascript

우선 HTML은 HyperText Markup Language의 약자로, 웹 페이지의 골격을 만드는 마크업 언어입니다. 프로그래밍 언어라기보다는 태그를 활용하여 문서의 구조를 정의하는 도구입니다. 예를 들어, 제목은 〈h1〉, 문단은 〈p〉, 이미지 삽입은 〈img〉 태그로 지정하며, 이러한 태그들의 조합을 통해 페이지의 전반적인 뼈대를 구성하게 됩니다. 사용자가 보는 화면의 배치나 구성은 대부분 HTML로 정의됩니다. HTML은 단순히 정보를 나열하는 것이 아니라, 정보 간의 관계를 명확히 하여 브라우저나 검색 엔진, 혹은 보조 기술이 이를 이해할 수 있도록 돕는 역할도 수행합니다.

CSS는 Cascading Style Sheets의 약자로, HTML로 구성된 구조에 디자인을 입히는 언어입니다. 글자 크기나 색상, 위치, 여백, 테두리, 배경 이미지 등 시각적 표현을 담당하는 모든 요소는 CSS를 통해 제어됩니다. 동일한 HTML 구조를 가지고 있어도 CSS를 어떻게 설정하느냐에 따라 전혀 다른 웹사이트가 만들어질 수 있습니다. 특히 현대 웹 개발에서는 반응형 웹 디자인이 필수가 되면서 CSS의 중요성은 더욱 커졌습니다. 반응형 웹이란, 사용자의 화면 크기나 디바이스 종류에 따라 웹사이트의 디자인이 유연하게 변화하도록 만드는 기법이며, CSS의 미디어 쿼리(media query) 기능을 통해 이를 구현할 수 있습니다.

JavaScript는 웹 페이지에 동작을 부여하는 프로그래밍 언어입니다. HTML과 CSS가 정적인 구조와 스타일링을 제공한다면, JavaScript는 사용자와의 상호작용을 처리합니다. 예를 들어, 버튼을 눌렀을 때 새로운 내용을 추가하거나, 실시간으로 입력값을 확인하거나, 마우스의 움직임에 반응하여 레이아웃이 변하는 등의 기능을 담당합니다. JavaScript는 브라우저 상에서 동작하는 클라이언트 사이드 언어로 출발했지만, 현재는 Node.js와 같은 런타임 환경을 통해 서버 측에서도 활용되는 범용적인 언어로 자리잡았습니다.

이 세 언어는 각기 다른 역할을 가지고 있지만, 함께 사용되었을 때 그 진가를 발휘합니다. 웹 페이지를 만들기 위해서는 HTML로 구조를 잡고, CSS로 디자인을 입히며, JavaScript로 동적인 기능을 부여해야 완성도 높은 결과물을 만들 수 있습니다. 예를 들어, HTML로 로그인 폼을 구성하고, CSS로 폼의 디자인을 정리한 후, JavaScript로 '로그인' 버튼을 눌렀을 때 입력된 값을 확인하고 메시지를 띄우는 등의 동작을 구현할 수 있습니다.

웹 개발을 처음 접하는 분들에게는 이 세 가지를 어떻게 학습해야 할지 막막할 수 있습니다. 가장 추천되는 학습 순서는 HTML → CSS → JavaScript입니다. HTML을 통해 기본적인 웹 문서 구조를 이해하고, CSS를 통해 시각적 구성의 원리를 익힌 뒤, JavaScript를 통해 페이지에 동작을 추가하는 방식으로 차근차근 접근하는 것이 좋습니다.

결론적으로 HTML, CSS, JavaScript는 웹 개발의 출발점이며, 이들을 제대로 이해하고 활용할 수 있게 된다면 스스로 원하는 웹사이트를 만들 수 있을 뿐 아니라, 더 넓은 프로그래밍 세계로 나아가는 데 든든한 기초가 됩니다. 처음에는 생소하고 어렵게 느껴질 수 있지만, 반복적인 실습과 작은 프로젝트를 통해 충분히 극복할 수 있습니다. 이 세 가지 언어를 익히는 과정은 단지 기술을 배우는 것을 넘어, 논리적 사고와 창의력을 함께 기를 수 있는 소중한 경험이 될 것입니다.

Java, C언어 등 다른 분야의 주요 언어들

그림 5-2 Java, C, C++

Java는 1995년 Sun Microsystems에 의해 처음 발표된 객체지향 프로그래밍 언어입니다. 발표된 지 30년 가까이 되었지만 여전히 전 세계적으로 널리 사용되고 있으며, 대규모 기업용 시스템, 안드로이드 앱, 서버 개발 등에 널리 활용되고 있습니다. Java의 가장 큰 특징은 플랫폼 독립성입니다. 한 번 작성한 코드는 어느 운영체제에서든 실행될 수 있도록 'Java Virtual Machine(JVM)' 위에서 돌아갑니다. 이러한 특성 덕분에 Java는 'Write Once, Run Anywhere(한 번 작성하면 어디서든 실행 가능)'이라는 슬로건을 내걸 수 있었습니다.

Java는 강력한 형식 검사와 예외 처리 기능을 갖추고 있어 안정성이 매우 높습니다. 대기업에서 미션 크리티컬한(오류가 치명적인) 서비스를 만들 때 주로 Java를 사용하는 이유도 이 때문입니다. 또한 풍부한 라이브러리와 프레임워크(Spring, Hibernate 등)는 기업용 백엔드 서버 개발을 효율적으로 지원합니다.

Java는 안드로이드 앱 개발의 주 언어이기도 합니다. 최근에는 Kotlin이 안드로이드 공식 언어로 부상하고 있지만, 여전히 많은 앱이 Java로 작성되어 있으며, 기존 시스템 유지보수나 마이그레이션 작업을 위해 Java 개발자는 꾸준히 수요가 존재합니다. 또한 금융, 공공기관, 대기업의 내부 시스템은 대부분 Java 기반으로 구축되어 있어, 취업 시장에서도 여전히 강력한 경쟁력을 가질 수 있는 언어입니다.

C언어는 1972년 데니스 리치가 개발한 프로그래밍 언어로, 오늘날 대부분의 프로그래밍 언어가 C언어의 영향을 받았다고 해도 과언이 아닙니다. 특히 C언어는 운영체제, 임베디드 시스템, 디바이스 드라이버, 마이크로컨트롤러 등의 하드웨어 가까운 개발에 매우 적합한 언어입니다. 윈도우나 리눅스 커널, 컴파일러, 마이크로프로세서 제어 소프트웨어 등 많은 저수준 시스템은 여전히 C언어로 작성되어 있습니다.

C언어의 강점은 바로 '하드웨어에 가까운 제어'가 가능하다는 점입니다. 메모리 주소에 직접 접근하거나 포인터를 통해 변수와 배열을 정밀하게 다룰 수 있습니다. 이는 고수준 언어에서는 불가능하거

나 매우 제한된 방식으로만 제공되는 기능입니다. 반면, 이러한 장점은 동시에 C언어의 진입 장벽을 높이기도 합니다. 포인터나 메모리 관리, 버퍼 오버플로우 등은 초보자에게 다소 난해하게 느껴질 수 있기 때문입니다.

하지만 C언어를 배우는 것은 단지 시스템 프로그래밍을 위한 것에 그치지 않습니다. 많은 컴퓨터 과학 개론 교재와 대학 강의는 여전히 C언어를 중심으로 진행됩니다. 이는 C언어가 언어적 추상화가 적고, 개발자가 논리적인 흐름을 명확히 이해할 수 있도록 돕기 때문입니다. 다시 말해, C언어를 익히는 것은 단지 하나의 언어를 배우는 것을 넘어 컴퓨터가 실제로 어떻게 동작하는지를 깊이 있게 이해하는 데 도움이 됩니다.

C++는 C언어를 기반으로 하여 객체지향 프로그래밍(OOP) 개념을 추가한 언어입니다. 복잡한 소프트웨어를 체계적으로 개발할 수 있도록 구조화된 방식으로 코드를 관리할 수 있게 하며, 동시에 C언어와의 호환성도 유지합니다. 특히 대규모 소프트웨어, 게임 개발, 시뮬레이션, 고성능 그래픽 처리에 주로 사용됩니다.

C++는 성능이 중요한 분야에서 주로 사용되며, 게임 엔진(Unity, Unreal Engine), 금융 시스템, 물리 기반 시뮬레이션 등에서 활약합니다. 복잡하고 무거운 프로그램을 만들 때 속도와 자원 효율성을 최우선으로 고려해야 하는 경우에 C++는 매우 유리한 선택지입니다.

객체지향 외에도 C++은 템플릿, 다중 상속, 연산자 오버로딩 등 다양한 고급 기능을 지원하기 때문에, 학습 곡선이 가파르지만 한 번 익혀두면 다른 언어를 배울 때도 훨씬 빠르게 접근할 수 있습니다.

2 나만의 흥미로운 분야를 찾아서

어떤 언어를 배우느냐만큼이나 중요한 것은, 내가 어떤 분야에서 일하고 싶은지를 아는 것입니다. 웹 개발처럼 시각적으로 결과물이 드러나는 분야가 매력적일 수도 있고, 인공지능처럼 논리적 추론과 데이터 분석에 집중하는 분야에 끌릴 수도 있습니다. 또는 게임 개발, 클라우드 인프라 등 다양한 길이 존재합니다. 나의 성향과 관심에 맞는 분야를 탐색해보는 것은, 긴 개발 여정에서 방향을 잃지 않게 해주는 중요한 나침반이 됩니다.

게임 개발, 인공지능, 클라우드

게임 개발은 단순한 소프트웨어 제작을 넘어서, 예술적 감각과 기술적 구현력이 동시에 요구되는 종합적인 분야입니다. 게임은 사용자가 직접 조작하고 반응하는 '인터랙티브한 콘텐츠'로, 스토리, 그래픽, 사운드, 물리 시뮬레이션 등이 유기적으로 결합되어야 합니다. 따라서 게임 개발자는 단순한 기능 구현 외에도 몰입감 있는 사용자 경험(UX)을 제공하는 데 초점을 맞춥니다.

게임 개발에 사용되는 대표적인 엔진은 Unity, Unreal Engine이 있으며, 프로그래밍 언어로는 C#, C++, Lua 등이 활용됩니다. Unity는 비교적 배우기 쉽고 2D/3D 모두를 지원하며, 모바일 게임에 강점을 가집니다. Unreal Engine은 고사양의 그래픽 처리와 물리 기반 렌더링에 강하며, 콘솔이나 PC 게임에 자주 사용됩니다.

게임 개발의 핵심은 실시간성, 최적화, 사용자 반응성에 있습니다. 예를 들어, 키보드 입력에 따라 캐릭터가 움직이거나, 물체 충돌에 따라 점수가 증가하는 등의 상호작용은 매 프레임마다 정확히 처리되어야 하며, 렉 없이 부드럽게 실행되어야 합니다. 이를 위해 게임 개발자는 알고리즘뿐만 아니라 수학, 물리, 그래픽 처리까지 두루 이해해야 합니다.

인공지능(Artificial Intelligence, AI)은 데이터를 기반으로 기계가 스스로 판단하거나 행동하도록 만드는 기술입니다. 전통적인 소프트웨어가 '규칙 기반'으로 작동한다면, 인공지능은 '학습 기반'으로 작동한다는 점에서 본질적으로 다릅니다. AI는 다양한 형태로 활용될 수 있으며, 그 중에서도 기계학습(Machine Learning), 딥러닝(Deep Learning), 자연어 처리(NLP), 컴퓨터 비전 등이 대표적인 분야입니다.

AI 개발자는 파이썬을 주 언어로 사용하며, TensorFlow, PyTorch, scikit-learn, Keras 등과 같은 프레임워크를 통해 모델을 설계하고 학습시킵니다. 예측 모델, 이미지 인식, 음성 분석, 텍스트 분류, 챗봇 등의 결과물을 만들어내는 것이 AI 개발자의 역할입니다.

AI의 가장 큰 특징은 '패턴을 학습하여 일반화하는 능력'입니다. 예를 들어, 과거의 구매 이력을 분석하여 다음 상품을 추천하거나, 환자의 의료 데이터를 분석하여 질병을 조기 예측하는 것이 가능합니다. 이처럼 AI는 인간의 인지 및 판단 능력을 기계적으로 구현함으로써, 자동화와 고도화된 의사결정을 가능하게 만듭니다.

AI 분야에서는 알고리즘의 성능뿐 아니라 데이터의 품질, 피처 엔지니어링, 모델 해석력 등도 중요하게 작용합니다. 실험과 반복을 통해 모델을 튜닝하고, 예측 결과를 현업 문제 해결에 연결하는 능력이 요구됩니다.

클라우드 컴퓨팅(Cloud Computing)은 컴퓨팅 자원(서버, 스토리지, 네트워크 등)을 인터넷을 통해 제공하는 기술입니다. 사용자는 하드웨어를 직접 소유하거나 유지보수하지 않아도 되며, 필요한 만큼의 자원을 유동적으로 할당받아 사용할 수 있습니다. 클라우드는 단순한 저장 공간 그 이상으로, 현대의 거의 모든 디지털 서비스의 기반이 되는 인프라 플랫폼입니다.

대표적인 클라우드 서비스 제공자는 AWS(Amazon Web Services), Microsoft Azure, Google Cloud Platform(GCP)이며, 각 플랫폼은 다양한 서비스들을 제공합니다. 예를 들어, 서버를 대신해주는 가상머신(EC2, Compute Engine), 데이터 저장소(S3, Cloud Storage), 데이터베이스(RDS, BigQuery), AI 플랫폼(SageMaker, Vertex AI), CI/CD 파이프라인 도구까지 모두 클라우드에서 제공됩니다.

클라우드 엔지니어는 인프라 설계, 네트워크 구성, 자원 최적화, 보안 설정 등을 담당하며, DevOps, 컨테이너(Docker), 쿠버네티스(Kubernetes) 등의 도구를 활용합니다. 최근에는 'Infrastructure as Code(IaC)'처럼 인프라를 코드로 정의하고 자동화하는 방식이 널리 사용되고 있습니다.

클라우드의 핵심 가치는 확장성, 유연성, 비용 효율성입니다. 갑작스러운 트래픽 증가나 글로벌 서비스 확장이 필요할 때, 클라우드는 물리적 제약 없이 신속하게 대응할 수 있도록 도와줍니다. 특히 스타트업이나 실험적인 서비스에 있어서, 초기 비용을 최소화하면서도 빠른 프로토타이핑이 가능하다는 장점이 있습니다.

내가 흥미를 느끼는 분야는 어디일까?

우리는 살아가면서 수많은 선택을 마주합니다. 그중에서도 "나는 어떤 분야에서 일하고 싶은가?", "무엇을 배워야 즐겁고 오래 지속할 수 있을까?"라는 질문은 인생의 방향을 결정짓는 중요한 고민입니다. 기술과 산업이 빠르게 변화하는 지금, 게임 개발, 인공지능, 클라우드, 데이터 분석, 웹 개발 등 선택지는 점점 다양해지고 있지만, 그만큼 어떤 분야가 나에게 맞는지 판단하기 어려운 것도 사실입니다. 이 글은 "내가 흥미를 느끼는 분야는 어디일까?"라는 물음에 대해, 스스로의 성향과 관심사를 점검하고, 구체적인 분야를 탐색할 수 있도록 돕기 위한 안내서입니다.

첫째, 자신이 '어떻게 문제를 해결하고 싶은지'를 떠올려보는 것이 중요합니다. 어떤 사람은 눈에 보이는 결과물이 빠르게 나타나는 것을 좋아합니다. 코드를 입력하고, 화면에 버튼이 생성되거나 캐릭터가 움직이는 것을 직접 확인하며 뿌듯함을 느낍니다. 이런 사람에게는 게임 개발이나 웹 개발이 좋은 선택이 될 수 있습니다. 이 분야는 시각적으로 즉각적인 피드백이 주어지며, 창의성과 디자인 감각을 발휘할 수 있는 영역입니다. 특히, 스토리텔링이나 그래픽 연출, 사용자 경험 설계에 관심이 있다면 게임 개발은 단순한 기술을 넘어 예술과 소통하는 도전이 될 수 있습니다.

둘째, 반대로 '보이지 않는 것을 분석하고 예측하는 일'에 흥미를 느끼는 사람이 있습니다. 숫자를 정리하고, 데이터 안에 숨겨진 패턴을 발견해낼 때 희열을 느끼며, 논리적인 사고로 문제를 해석하고 싶은 욕구가 강한 사람입니다. 이 경우에는 데이터 분석이나 인공지능 분야가 적합할 수 있습니다. 이 분야는 통계적 사고, 수학적 기반, 논리적 설계가 중요하며, 결과물은 눈에 보이기보다는 "분석 결과로 얻어진 인사이트" 혹은 "정확한 예측"입니다. 반복 실험과 조정 과정을 즐길 수 있다면 머신러닝과 딥러닝 모델링 작업도 큰 성취감을 줄 것입니다.

셋째, 어떤 사람은 '복잡한 시스템을 구조화하고, 효율적으로 운영하는 데'에서 성취감을 느낍니다. 사물의 흐름과 체계적인 연결에 관심이 많고, 문제가 생겼을 때 근본 원인을 분석하여 시스템 차원에서 개선하는 일을 좋아합니다. 이런 사람은 클라우드 인프라, DevOps, 백엔드 설계 분야에서 빛을 발할 수 있습니다. 클라우드는 눈에 보이지 않지만, 대규모 시스템을 지탱하는 기반으로서의 역할을 하며, 보안, 효율성, 확장성 같은 현실적인 문제를 해결하는 데 중점을 둡니다. 특히 자동화, 아키텍

처 설계, 네트워크 구조 등에 관심이 있다면 클라우드 기술은 매우 매력적인 선택지가 됩니다.

넷째, 흥미의 방향을 확인하는 가장 좋은 방법 중 하나는 '실제로 해보는 것'입니다. 아무리 흥미롭다고 생각해도 직접 코드를 작성해보거나 도구를 다뤄보지 않으면 진짜 적성인지 판단하기 어렵습니다. 예를 들어, 간단한 HTML/CSS로 웹페이지를 만들어보거나, 파이썬으로 데이터 분석 예제를 따라 해보거나, Unity로 캐릭터를 움직여보는 것만으로도 자신의 흥미를 가늠할 수 있습니다. 체험은 말보다 훨씬 강력한 기준이 됩니다. 처음부터 완성도 높은 결과를 만들 필요는 없습니다. 가볍게 따라 하며 "내가 이 작업을 하고 있을 때 시간이 잘 가는가?", "더 알고 싶고, 더 만들어보고 싶은 마음이 드는가?"를 자문해 보시기 바랍니다.

결론적으로, 내가 흥미를 느끼는 분야는 머릿속에 있는 정답이 아니라, 작은 시도와 경험을 통해 확인되는 과정 속에 숨어 있습니다. 다양한 기술을 경험해보며, 나에게 맞는 도전이 무엇인지 찾는 여정은 단순한 진로 탐색을 넘어, 나 자신을 이해하고 성장시키는 시간입니다. 어느 분야든 꾸준함과 몰입이 함께한다면, 흥미는 점점 확신으로 바뀌게 될 것입니다. 당신이 어떤 분야에서 빛날 수 있을지는 아직 확정되지 않았지만, 지금 이 질문을 던졌다는 것만으로도 이미 그 여정은 시작되었습니다.

성향/질문	추천 분야	대표 활동 특성	사용 기술/도구 예시
눈에 보이는 결과를 빠르게 확인하고 싶다. 시각적 상호작용이 즐겁다.	게임 개발, 웹 개발	실시간 피드백, 창의적 설계, 사용자 경험 중심	Unity, HTML/CSS, JavaScript, C#, Figma
숫자나 데이터에서 의미를 찾는 것을 좋아한다. 분석과 논리를 즐긴다.	데이터 분석, 인공지능	통계 기반 해석, 패턴 발견, 예측 모델 설계	Python, Pandas, scikit-learn, TensorFlow, Power BI
시스템의 구조와 흐름을 설계하고 최적화하는 것에 흥미가 있다.	클라우드, DevOps, 백엔드	시스템 구축, 자동화, 확장성 확보	AWS, GCP, Docker, Kubernetes, Terraform

02 CHAPTER 코딩으로 세상을 바꾸다

지금까지 우리는 파이썬 기초부터 AI API 활용까지, 프로그래밍의 다양한 측면을 배워왔습니다. 하지만 진정한 코딩의 가치는 단순히 기술을 익히는 데 있지 않습니다. 코딩은 우리 주변의 문제를 해결하고, 새로운 가치를 창출하며, 더 나은 세상을 만들어가는 강력한 도구입니다. 이 절에서는 코딩이 현재 우리 사회를 어떻게 변화시키고 있는지, 그리고 여러분이 직접 만들 수 있는 의미 있는 서비스들에 대해 살펴보겠습니다.

1 코딩이 바꾸는 우리의 현재와 미래

교육 혁신: 개인 맞춤형 학습의 시대

전통적인 교육은 모든 학생에게 같은 속도로, 같은 방식으로 지식을 전달하는 '일률적 교육', 또 소득이나 정보의 차이로 인한 '불평등 교육'이었습니다. 하지만 코딩 기술은 이러한 교육 패러다임을 근본적으로 바꾸고 있습니다.

개인 맞춤형 학습 플랫폼들이 대표적인 예입니다. 칸아카데미(Khan Academy), 코세라(Coursera), 듀오링고(Duo lingo), 국내 대표적인 플랫폼인 매쓰플랫(Mathflat) 같은 서비스들은 각 학습자의 학습 패턴, 이해도, 선호하는 학습 방식을 분석하여 개인에게 최적화된 학습 경로를 제공합니다. 매쓰플랫의 경우, 수학 문제를 틀린 학생에게는 비슷한 유형의 문제를 더 제공하고, 빠르게 이해하는 학생에게는 더 도전적인 내용을 제시합니다.

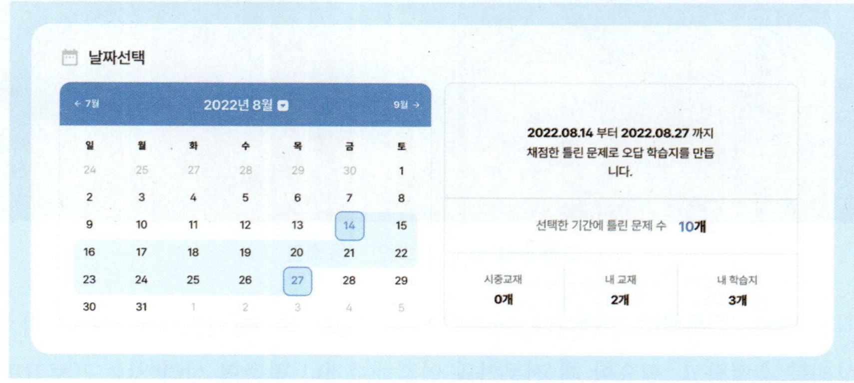

그림 5-3 매쓰플랫 서비스

AI 튜터 시스템도 주목할 만합니다. 24시간 언제든지 질문할 수 있고, 학생의 질문 패턴을 분석하여 부족한 부분을 파악해 맞춤형 설명을 제공합니다. 더 나아가 VR/AR 기술과 결합하여 추상적인 개념을 3D로 시각화하거나, 역사적 현장을 가상으로 체험할 수 있게 해줍니다.

국내에서도 에듀테크 스타트업들이 이러한 변화를 이끌고 있습니다. 웅진씽크빅의 AI 학습, 야나두의 개인 맞춤 영어 학습, 클래스101의 온라인 취미 교육 등이 그 예입니다.

의료 서비스: 예방 중심의 스마트 헬스케어

의료 분야에서 코딩 기술의 활용은 단순한 진료 기록 전산화를 넘어 예측, 예방, 개인화로 발전하고 있습니다.

웨어러블 디바이스는 이미 우리 일상에 깊숙이 들어와 있습니다. 애플워치, 갤럭시워치 같은 기기들은 심박수, 수면 패턴, 걸음 수를 실시간으로 모니터링합니다. 더 나아가 심전도, 혈중 산소 농도까지 측정하여 심장 질환이나 수면 무호흡증을 조기에 발견할 수 있게 도와줍니다.

AI 진단 시스템은 의료진의 진단 정확도를 크게 향상시키고 있습니다. 구글의 DeepMind는 안과 질환 진단에서 전문의와 동등한 수준의 정확도를 보여주었고, IBM Watson은 암 진단과 치료법 추천에 활용되고 있습니다. 국내에서도 뷰노, 루닛 같은 기업들이 의료 영상 분석 AI를 개발하여 실제 병원에서 사용되고 있습니다.

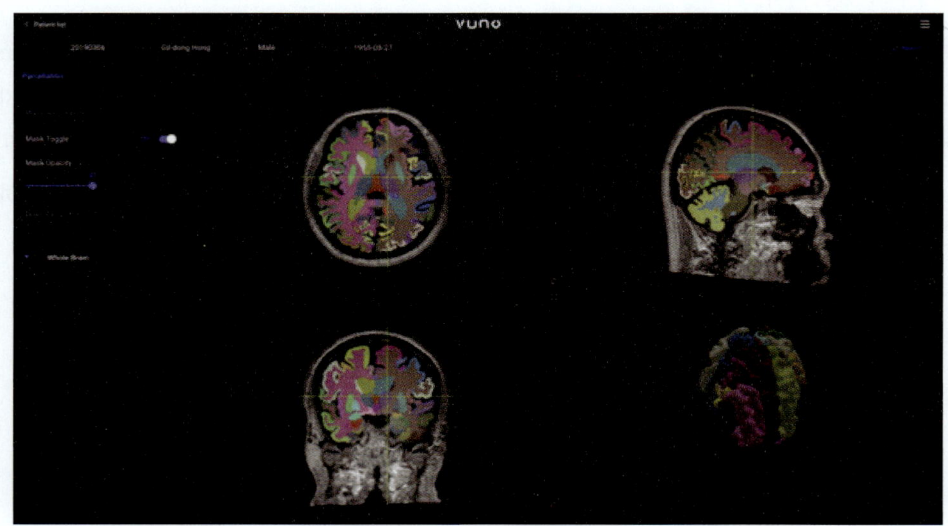

그림 5-4 뷰노 딥브레인 구동 화면

정신건강 관리 앱들도 주목받고 있습니다. 마음의 날씨, 트로스트, 마인드카페 같은 서비스들은 사용자의 감정 상태를 추적하고, 필요할 때 전문가와 연결해주거나 맞춤형 심리 치료 프로그램을 제공합니다.

범죄 예방: 안전한 사회를 위한 스마트 기술

지능형 CCTV 시스템은 단순한 녹화를 넘어 이상 행동을 실시간으로 감지하는 것도 가능합니다. 폭력 상황, 절도 시도, 화재 발생 등을 AI가 자동으로 인식하여 관제센터에 즉시 알리는 방식 입니다. 서울 지하철에서 운영 중인 AI 안전관제시스템이 그 예입니다.

그림 5-5 서울시 AI 안전관제시스템

사이버 보안도 중요한 영역입니다. AI 기반 보안 시스템은 평상시와 다른 네트워크 접근 패턴을 감지하여 해킹 시도를 조기에 차단합니다. 또한 피싱 메일, 악성 코드를 실시간으로 탐지하여 사용자를 보호합니다.

아동 안전을 위한 기술도 발전하고 있습니다. 스쿨존 알림 시스템, 실시간 통학로 모니터링, 아동 대상 범죄 예측 시스템 등이 아이들의 안전한 성장 환경을 만드는 데 기여하고 있습니다.

그림 5-6 어린이 안전관리 시스템

2 나만의 아이디어를 현실로 만들기

작은 문제에서 시작하는 큰 변화

세상을 바꾸는 서비스들은 대부분 작은 일상의 불편함에서 시작되었습니다. 여러분도 자신만의 아이디어를 코드로 구현하여 실제 서비스로 만들 수 있습니다. 내 일상에서 발견한 "사소한 불편함"이 바로 혁신의 씨앗 입니다. 문제를 선명하게 정의하고, 1-2 주 안에 실사용자가 쓸 수 있는 최소기능제품(MVP)을 만들어 검증하는게 포인트 입니다.

작은 문제에서 시작하는 큰 변화

대부분의 성공 사례는 "남들도 그러려니 하고 넘겼던 불편함"을 집요하게 파고든 결과입니다. 아래 네 단계를 반복하면 나만의 아이디어가 서비스가 되는 과정을 체계적으로 경험할 수 있습니다.

단계	질문	구체적 액션
① 문제 정의	"왜 불편한가?" "이 문제로 누가, 얼마나 자주 고통받는가?"	일주일간 문제 상황을 사진 · 메모로 기록하고 불편 빈도를 계량화
② 가설 설정	"어떤 해결책이면 불편을 80% 이상 줄일까?"	핵심 기능 1-2개를 뽑아 스케치 · 와이어프레임 작성
③ MVP 제작	"한 달 안에 베타 버전으로 실사용 피드백을 받을 수 있을까?"	노코드 도구 + 간단한 스크립트(파이썬 등)로 구현
④ 검증 · 확장	"사용자 수 · 재방문 · NPS가 늘어나는가?"	데이터 로그 분석, 인터뷰, 소셜 반응 확인 후 피벗 or 스케일

문제 정의 및 아이디어를 구체화 하는건 어렵지 않습니다. 우선 개인적 불편함을 느끼는 부분과 해결책에 대한 예시를 보겠습니다.

개인적 불편함을 해결하는 아이디어

불편함	해결책	확장 방향
매일 복용하는 약을 깜빡함	개인 맞춤형 복약 알림 앱 ← QR 코드가 있는 약통을 찍으면 자동으로 복용 시간 설정	가족 간 복약 이력 공유, 약국 자동 재처방 알림
지역 맛집 정보를 찾기 어렵다	동네 리뷰 지도(GPS + 5초 음성 리뷰 업로드)	맛집 혼잡도 실시간 표시, 소상공인 프로모션 연동
분리수거 방법 헷갈림	쓰레기 사진 찍으면 AI 분리수거 가이드	지자체별 배출 요일 자동 캘린더 생성, 탄소 절감 포인트 적립
반려동물 증상 모호	반려동물 체크 · 예약 앱 (증상 체크리스트 + 주변 24시 병원 예약)	보험 연계 진단 기록, 원격 수의사 상담

이를 지역사회 문제를 해결하는 아이디어로 전환 하면 아래와 같은 예시가 있을수 있습니다.

지역사회 문제를 해결하는 아이디어

지역 문제 → 해결책	데이터·기술 포인트	장기 비즈니스 모델
독거노인 안전 확인 → 센서 기반 생활 패턴 모니터링	저전력 모션/도어 센서, 임계값 이상 시 문자 알림	지자체 · 보험사 B2B 구독, 가족 프리미엄 서비스
공공자전거 부족 → 실시간 따릉이 현황 + 수요 예측	공공 API 수집, LSTM 수요 예측	광고 · 프리미엄 경로 추천, 관제센터 솔루션
주차 공간 부족 → 개인 주차 공간 공유 플랫폼	지도 SDK, 결제 게이트웨이, 주차면 IoT 락	거래 수수료, 스마트 락 판매
재택근무자 소통 부족 → 동네 재택근무자 커뮤니티 앱	위치 기반 매칭, 주제별 스레드	커피숍 · 코워킹 스페이스 제휴 광고

추가로 시도해 볼만한 아이디어

분야	문제	스타트라인(1주 MVP)
교육	강의 자료가 산재	강의 슬라이드 · 과제 · Q & A를 한곳에 모아주는 크롬 확장
금융	생활비 파악 어려움	카드 · 계좌 알림을 자동 태그 후 주간 소비 리포트 봇
정신 건강	일기 꾸준히 못 씀	하루 한 줄 음성 일기를 텍스트 · 감정 분석해 주는 챗봇
환경	전기 · 가스 과소비	스마트미터 API로 구역별 사용량 비교 그래프 제공
여행	일정 짜기 번거로움	GPT로 3박 4일 맞춤 일정을 생성해 주는 카카오톡 챗봇
사회공헌	봉사활동 정보 분산	관심사 · 시간대 기반 봉사 매칭 앱
농업	소규모 농가 판로 협소	산지 직송 구독 박스 플랫폼 (주 1회 묶음 배송)

꼭 저자가 제안한 아이디어가 멋진 아이디어라고 할 수는 없지만, 중요한건 불편함을 느끼고 개선하려는 자세가 아이디어의 시작이라고 볼 수 있습니다.

성공 사례에서 배우는 교훈

실제로 작은 아이디어에서 시작하여 세상을 바꾼 서비스들을 살펴보면 공통점을 발견할 수 있습니다.

당근마켓은 동네 중고거래라는 단순한 아이디어에서 시작했습니다. 기존의 중고나라, 번개장터가 전국 단위였다면, 당근마켓은 '우리 동네'라는 지역성에 집중했습니다. 이 작은 차이가 거대한 성공으로 이어졌고, 현재는 지역 커뮤니티 플랫폼으로 발전했습니다.

배달의민족도 마찬가지입니다. 단순히 음식을 주문하는 앱이 아니라, 재미있는 카피와 브랜딩으로 차별화를 이뤘습니다. "요기요"라는 경쟁사보다 늦게 시작했지만, 독특한 마케팅과 사용자 경험에 집중하여 시장을 선도했습니다.

토스는 복잡한 금융 서비스를 단순하게 만들어 주는 아이디어에서 출발했습니다. 과거에 간단한 이체 하나를 전화를 걸어 텔레 뱅킹을 해야 하던 유료 서비스를 앱 하나로 송금 하나만 정말 쉽게 만드는 것에서 시작하여, 현재는 제1금융의, 종합 금융 플랫폼이 되었습니다.

이들의 공통점을 살펴보면 몇 가지 핵심 패턴이 드러납니다. 먼저 단순하고 명확한 핵심 가치에 집중한다는 점입니다. 복잡하고 많은 기능을 욕심내기보다는 하나의 문제를 완벽하게 해결하는 데 모든 역량을 집중합니다. 또한 사용자 중심의 사고를 바탕으로 움직입니다. 최신 기술이나 화려한 기능보다는 사용자가 실제로 겪는 불편함과 그들의 경험을 최우선으로 생각합니다.

성공하는 서비스들은 지속적인 개선의 문화를 갖고 있습니다. 사용자 피드백을 빠르게 수집하고 반영하며, 작은 변화라도 꾸준히 서비스를 발전시켜 나갑니다. 처음부터 완성된 서비스로 나오지 않았다는 부분이 핵심 입니다.

마지막으로 차별화된 포지셔닝을 통해 기존 서비스들과는 다른 관점이나 접근 방식으로 시장에 진입합니다. 완전히 새로운 것을 만들기보다는 기존 문제를 다른 각도에서 바라보고 해결하는 것이죠.

지속적인 학습과 성장을 위해

코딩을 배우는 여정에는 끝이 없습니다. 기술은 계속 발전하고, 새로운 도구들이 등장하며, 사람들의 니즈도 변화합니다. 중요한 것은 포기하지 않고 꾸준히 학습하며 성장하는 것입니다.

- **커뮤니티 참여를 적극 추천합니다.** 개발자 커뮤니티(OKKY, 생활코딩, 페이스북 그룹, 개발 오픈 카톡방 등), 오픈소스 프로젝트, 해커톤 참여 등을 통해 다른 개발자들과 교류하고 함께 성장할 수 있습니다. 혼자 공부하는 것보다 함께 하는 것이 훨씬 효과적입니다.
- **작은 성공을 차근차근 쌓아가세요.** 완벽한 앱을 한 번에 만들려고 하지 말고, 작은 기능 하나라도 완성해서 실제로 사용해보는 경험을 쌓는 것이 중요합니다. 그 과정에서 자신감도 생기고, 새로운 아이디어도 떠오를 것입니다.
- **실패를 두려워하지 마세요.** 모든 성공한 개발자들은 수없이 많은 버그와 실패를 경험했습니다. 오류 메시지는 적이 아니라 선생님이라고 생각하고, 매번 새로운 것을 배우는 기회로 받아들이세요.

여러분이 만들 세상

여기까지 읽고 따라 하시며 경험하셨듯, 코딩은 단순한 기술이 아닙니다. 세상을 바꿀 수 있는 강력한 도구이자, 자신의 아이디어를 현실로 만들어주는 마법과 같은 능력입니다. 여러분이 지금 배우고 있는 파이썬, HTML, 자바스크립트, AI API들은 모두 미래의 여러분이 세상을 바꾸는 데 사용할 도구들입니다.

10년 후 여러분이 만든 앱으로 누군가의 하루가 조금 더 편해질 수도 있고, 20년 후 여러분이 개발한 시스템으로 환경이 조금 더 깨끗해질 수도 있습니다. 어쩌면 50년 후에는 여러분이 만든 AI가 인류의 난치병을 치료하는 데 기여할지도 모릅니다.

그 모든 가능성의 시작이 바로 지금 여러분이 작성하는 첫 번째 print("Hello, World!")입니다. 작은 시작이지만, 그 안에는 무한한 가능성이 담겨 있습니다.

이제 여러분의 차례입니다. 어떤 문제를 해결하고 싶으신가요? 어떤 세상을 만들어가고 싶으신가요? 독자님들이 코딩이라는 도구를 손에 쥔 여러분이 만들어갈 미래가 기대됩니다.

코딩으로 세상을 바꾸는 여정은 이제 시작입니다.

한번보고 만드는
AI가 코딩해주는 파이썬

발 행 일 2026년 4월 10일 초판 1쇄 인쇄
2026년 4월 20일 초판 1쇄 발행

저자협의
인지생략

저 자 류태선/ 오근철/ 안가영/ 조예찬

발 행 처 크라운출판사 http://www.crownbook.com

발 행 인 李尙原

신고번호 제 300-2007-143호

주 소 서울시 종로구 율곡로13길 21

공 급 처 (02) 765-4787, 1566-5937(무료전화)

전 화 (02) 745-0311~3

팩 스 (02) 743-2688, 02) 741-3231

홈페이지 www.crownbook.co.kr

I S B N 978-89-406-5055-4/ 13550

특별판매정가 22,000원

이 도서의 문의를 편집부(02-744-4959)로 연락주시면
친절하게 응답해 드립니다.